新媒体影像创意传播技巧

侯冬青　王利芹　陈　蓓◎著

时代文艺出版社

SHIDAI WENYI CHUBANSHE

图书在版编目（CIP）数据

新媒体影像创意传播技巧 / 侯冬青, 王利芹, 陈蓓著. -- 长春: 时代文艺出版社, 2023.12
ISBN 978-7-5387-7341-5

Ⅰ. ①新… Ⅱ. ①侯… ②王… ③陈… Ⅲ. ①传播媒介－研究 Ⅳ. ①G206.2

中国国家版本馆CIP数据核字(2024)第047075号

新媒体影像创意传播技巧
XINMEITI YINGXIANG CHUANGYI CHUANBO JIQIAO

侯冬青　王利芹　陈蓓　著

出 品 人：吴　刚
责任编辑：卢宏博
装帧设计：文　树
排版制作：隋淑凤

出版发行：时代文艺出版社
地　　址：长春市福祉大路5788号　龙腾国际大厦A座15层　（130118）
电　　话：0431-81629751（总编办）　　0431-81629758（发行部）
官方微博：weibo.com/tlapress
开　　本：710mm×1000mm　1/16
字　　数：250千字
印　　张：15
印　　刷：廊坊市广阳区九洲印刷厂
版　　次：2023年12月第1版
印　　次：2023年12月第1次印刷
定　　价：76.00元

图书如有印装错误　请寄回印厂调换

前　　言

在信息技术发展的催动下，新媒体逐渐兴起并快速蓬勃发展起来，而影像制作与传播在新媒体环境下发生了很多重大改变，获得了更多元、更便捷的传播方式。因此，研究新媒体环境下的影像传播，积极进行创新，有利于影像媒体更好地适应受众需求，进一步拓宽影像传播的路径并提升效率。

随着数字技术的深入发展，其对媒介与艺术所带来的影响也越来越显著，这不仅体现在影像艺术的表现力方面，还包含其沟通性、交互性及传播性的发展。在这一大环境下，新媒体无论是传播形式还是传播速度都发生了飞速转变，不同途径的优势及局限也开始凸显。

本书从新媒体概述出发，介绍了新媒体艺术的时代特点、新媒体传播理论和效果、多视角下的新媒体艺术传播，并详细分析了新媒体纪录片的影像语言、新媒体时代科教片影像设计以及新媒体水墨影像互动装置的设计等内容。

本书在撰写过程中参考了大量文献资料，吸取了许多老师的宝贵经验，在此一一表示感谢。但由于时间与精力有限，虽在撰写中力求完美，也难免存在疏漏与不足之处，还请专家学者与广大读者批评指正，以使本书更加完善。

目　录

第一章 新媒体概述

第一节 媒介、媒体与"脱媒化"

媒介多指信息传播的介质、载体，强调的是传播技术和物理层面的属性；媒体多指传播的主体、机构，或者传播的渠道，更多呈现为社会属性和经济属性。20世纪以来，技术飞速发展，信息传播总体上呈现出不同于以往时代的特征。"媒介""媒体""中介化""媒体化"等概念涌现并呈现交锋的姿态。概念的纠结，毋宁说是学者试图去厘清议题的边界，建立一个可以展开研究和商讨的语境。在这个意义上说，本节内容实为全书议题的一个"背景"或者"语境"。目标是尝试对"新媒体"在其重构社会性的属性和媒体研究观照的视野下，进行学理性考量。

一、媒体与每日生活

今天，媒体已然成为个体每日生活中的一部分，不再是过去少数人关注或者掌握的稀缺资源；媒体也不再只是一种娱乐消遣，或者是获取信息的工具。拥有和使用媒体已经成了许多现代人的生存方式、生活方式、工作方式和社会交往方式，个体社会关系趋于媒介化。

传媒技术的最新发展趋势体现为个人化和移动化。技术在家居和日常生活空间的使用跨越或者勾连家居与异域、私人与公共、工作与休闲、本地与全球、消费与生产等一系列的二元区划。一些琐碎的、私人的话题进入公众视野，且亚文化的传播得到空前的张扬。长尾理论与头部理论此消彼长中，成就了各种"微"话题，以及当前在互联网内容领域公众号垂直化运作的异军突起的范例。打破过去二元区隔的网络层面的"社会化"呈现，以及线下层面对个体人的生活产生的影响，这两者之间又会有交集，交集的碰撞正重新定义人的"社会性"。无论是虚拟还是现实的群体机制，一旦建构起来，其存在的时间超过一个月或者更短，都会出现组织机制。生物世界亦有其天然的组织规则。不能忽视的是，目前在"新媒体"的观察视野上已经出现了众多需要规范和管理的事实。

随着未来可穿戴技术发明，媒体的概念可能泛化为一种技术应用，凭借此可以更好地感知外部环境，并传播个人信息和汇聚社会信息并时时交互。这也是"万物皆媒"到来前的时代特征。今天商业营销模式借助传媒的力量，与个体日常生活、社会交往联系更为紧密。深具渗透力的商业机构逐渐掌握和行使过去媒体的很多职能。目前国内媒体与商业化力量间的关联十分显赫。基于盈利压力下全力开发线下活动，使当前很多主流媒体同时发挥"营销公司"和"广告执行公司"的功能，大众媒体超越媒体整合平台的其他功能得到进一步的挖掘。"媒体"不再是过去一个机构的代名词，更多自媒体和PUGC（Professional User Generated Content，专业用户生产内容）也具有了与媒体机构相似的力量。媒体传播的变化与社会文化的变革越来越紧密地联系在一起，而这种变化更多借助技术的优势与资本结合，呈现为旺盛的发展态势。

目前新技术本身的渗透力，决定了媒体本身的渗透力穿越了国界、地区，跨越了不同文化，与个体本身的直接联系更为紧密，这也意味着规制和管理媒体传播的技巧和方式面临革新，媒体和信息传播更多与社会发展的底层机制休戚相关。曼纽尔·卡斯特把"信息"提升到一个"元传播"的位置——社会模式依赖于对于信息的存储、提取和处理来重新构型。而

"信息化社会"是"信息社会"的深度发展阶段。其特征为：随着技术的发展，"信息"成为社会组织普遍属性，在社会组织内部，信息的生产、处理与传递成为生产力与权力的基本来源。

社会组织拥有使用这种技术、功能的普遍能力，并影响、控制社会形态的构建。在这个意义上，学界把"信息化"等同于"媒介化"，信息依托各类媒介成为促进并参与社会发展的基石，并塑造社会文化，使非物质化的信息媒体直接进行"社会现实"的建构。

二、中介化交往

传播与"中介"密不可分。信息传播的"中介化"指的是借助特定的工具或者机构在一般意义上实现的交往过程，在交往过程中突出了"中介"的价值和意义，重心体现在"意义建构的中介化"。"中介化"可以作为考察传媒在个体日常生活和文化动态中的一个理论视角。

语言是人类交往过程中典型的"中介物"。"万物皆媒"的时代真正来临，也就是对媒介或者中介特有社会功能的消解，因为具有传播信息和交互作用的媒介泛化为一种当然的存在，如同"水""空气"和"电"，人对于中介的依赖性也被消解，直接服务于对于"交往"的效率和效果，人的交往活动在某种意义上空前被放大。

在信息中介化的过程中，特定的信息传播专业机构促使或者参与了人与人之间基于信息的互动和体验；在引入技术参与交往的过程中，人的互动和过程体验不可避免地为"中介物"型塑或导引。一定意义上，被"中介"连接的双方对中介产生相应的依赖。

随着技术的发展，现代社会中人们越来越习惯借助中介工具来感知世界；这种获取信息和交互的习惯很大程度上使人们按照媒体本身预设的逻辑做出反应，在感受"中介"便利性的同时，也不得不接纳并习惯于"中介"的局限；在这个意义上建构起社会基础，并集中体现在社会交往层面，使共同体的归属和文化身份的认同超越了直接感知的地域和时空，深深打上了"虚拟时空"或者互联网的烙印，不仅改变实体的交往空间，也延展了在互联网虚拟时空层面的社会交往的可能，并影响着现实的社会交往，改写并丰富社会象征意义的资源。

大众媒体主导的时代中介化交往已经深度发生，并非新媒体时代独有。但互联网技术的发展改写了以往的社会交往方式和社会交往空间。世界上不同地方的人，接入互联网，拥有可以互联的充要条件，"六度分隔"理论讨论的正是这种高度互联的可能；以互联网为中介的交往，不同于以往的社会交往，在交往的自由度、深度、广度上都展现了不同凡响的一面；个体"自我"的概念被空前确立，交往和传播以个体为中心展开，这样造成碎片化的公众和社会交往的私人化，而信息茧房也会导致个体在传统意义上"社会黏性"的减弱。

传播学角度关涉的"中介化"呈现在三个领域：

其一，文化研究领域。从符号学的角度，对于意义的再现依赖大众媒体和今天的新媒体采用不同结构标准采集、编辑并发布的文本——话语及其结构、叙事模式等。基于工业社会对于信息的需求，成为结构和解读当下社会的主要方式，成为一定时代和阶段背景下社会公共意义对于世界的呈现。

其二，政治经济批判领域。在媒介产业和体制关照下，信息"中介"渗入并参与信息生产和传播过程中的政治经济逻辑，例如传播的商品化、商业化、垄断化等。

其三，媒介理论领域。媒体及其特性渗透到社会生活，并影响社会机构和普通人交往和预判的基础。

本书中讨论的"中介化"指经过传媒中介进行的社会交往、表述与交流的过程，有别于面对面直接的社交互动，是人类社会现代化的产物。"中介化"理论观照的价值，体现在目前大众交往互动的活动一般经由中介完成，在这个过程中"中介"的属性和发生作用的机制都参与了传播对话活动。理论观照和分析中介机制，是理解传播行为以及社会生活深层含义的一个重要入口。

"中介化"更为广泛的意义在于，任何人、事和物都可以充当媒介，而不仅仅是过去专属的从事信息生产的特定机构，过去这些专业机构是为国家和商业集团服务。"万物皆媒"是一种理想化的观照，目前的认识是"万物"都有机会作为传播信息的"中介"，更具体说是"介质"；而"万物皆媒"的实在指向，则是对于传播信息门槛的消解，消除行业、专业化的壁垒进行信息的传递。但作为一种社会组织形式，信息传播往往会为一定的机构力量所控制。

三、媒介化与媒介逻辑

（一）"媒介化"议题的源起

"中介化"的概念相对宽泛，谈的是一种普遍的机制，"媒介化"的概念则在"中介化"的基础上，更加突出媒体的特征，强调信息交换的中介化过程，以及在中介化过程中呈现的媒体逻辑。二者共通之处在于"中介"发挥链接和协调的重要功能，促进交往对话实现，并在其中参与构型过程。

自 20 世纪 70 年代以来，欧美学者开始谈及"媒介化"概念。英国社会学家汤普森在《媒介与现代性》一书中用"文化的泛媒介化"来强调人类步入现代社会，以媒介为机构和载体的文化和信息传播是现代性的一种普遍特征。20 世纪末期后工业化的西方社会，媒介作为一种社会机构，深度参与社会的运转。

2008 年以来"媒介化"逐渐涌入到欧洲传播学和社会学研究视域中，例如政治媒介化、宗教媒介化、游戏媒介化研究等。曼纽尔·卡斯特在其《网络社会的崛起》一书中强调社会与技术之间存在复杂的辩证互动过程，而非简单的技术决定论。

"媒介化"的意义在于，确立一种理念和学术分析语境、学术议题，目的是批判地分析媒介与传播的变迁，特别是突破"媒介和媒体"的既有区隔，讨论文化与社会的变迁，以及这两个讨论体系之间的相互关联的学术话语基础。"媒介化"建立的学术场，目的是发挥学者主体性和创造性的理论空间，大家可以在同一语境下，建构学术讨论的有序性和继承性，从而促进理论的建构与发展，推进针对现实性研究的发展。

社会学领域对于"媒介化"的讨论，可以摆脱简单的"媒介中心论"的窠臼，过去媒介研究的因果叙事讲的基本都是人和社会如何运用媒介，以此实现生活追求和理想。而目前"媒介化"的议题明显恢复一定的初衷，或许在目前和未来媒体机构性传播瓦解中起到中间过渡的作用。

（二）媒介形态迭代本身参与制度化变革

回到新媒体的层面，互联网搭建底层基石的同时，也搭建起真实社会相互依托的"网络"，社会个体成为四通八达网络间相互关联的"节点"。网络形态的演进、各个节点上的传播逻辑成为媒介化关注的核心点。

德国齐美尔的"形式社会学"认识到新的社会条件下，过去经验检测的"社会本体"并非考察的核心，而是要转向考察当前社会"各种要素本身里先验存在的条件"，通过这些条件"各种要素现实的结合为社会的综合体"。每一社会个体之间的互动、相互影响建构了这一"综合体"。因此齐美尔把理论研究归结为：新的社会研究需要侧重相互发生作用的形式，而不是单纯地将社会看作预先存在，然后去探寻满足维系这种结构的客观条件。这个被动的时代已经一去不复。《媒体逻辑》的作者阿什德和斯诺将形式社会学引入传播研究领域：社会通过形式得以呈现自身。形式本身并不是一种结构，而是一种过程性的框架。媒介逻辑就是这样一种形式。这意味着媒介化的研究取得了理论上的合法支撑，即侧重由媒介形态迭代本身所引起的制度化变革的分析。

（三）"媒介逻辑"成为社会结构的逻辑

"社会"并不是等待着行动者利用媒介来适应其各个场域的互动规则，媒介事实上本身与社会处在一种相互互动的关系之中。媒介可以依照其自有的逻辑（媒介逻辑）对社会环境进行重构与再表征。这意味着一方面媒介的位置更为重要，另一方面也意味着"媒介"功能的非专属化倾向。意味着社会组织与个人的高度"媒介化"，因为组织机构和个人的高度参与，才可以作为"媒介化"社会构型成立的一个充要条件。这也要求非媒介的行动者开始依照媒介逻辑重新组织社会行动，媒介逻辑正式成为社会结构的逻辑所在。

（四）媒介化对人类传播行为的影响

媒介化对人类传播行为的影响主要体现在扩展、替代、融合和接纳四个层面：1.扩展，在空间和时间维度上扩展了人类的交流能力；2.替代，替代了一些传统面对面的交流活动；3.融合，日常生活的不同层面的交流活动融合为一体；4.接纳，不同行动者开始有意识地依照媒介逻辑、准则、形式和规律从事交往活动。

"媒介化"与"全球化""个体化"和"商业化"并置，成为影响和改变社会发展历史的四种"元进程"力量。每一种元进程都是一种秩序性规则，使得我们将文化和社会领域的改变关联起来，这同时也影响了其他相关的领域。

（五）媒介化研究的意义

"媒介化"研究与处于"中介化"的媒介研究不同：其更多呈现为社会和文化生活的媒介化形式的关注，如媒介与日常生活、工作和休闲的相关性；媒介与社会关系的相关性；媒介与族群和身份认同的相关性；媒介和企业、制度的相关性等。"中介化"的媒介研究体现为：个体传播、中介化的人际传播、大众传播等等。

欧洲"媒介化"学者及其理论强调了媒介在现代社会中的重要作用，认识到以媒介为动力的新型社会结构，但也要警惕"技术乌托邦"和以媒介为中心的社会本体论倾向。

基于上述分析，媒介如何深入日常生活，媒介与新型网络社会关系的结构，以及网络社群的研究，企业经济行为与媒介形态发展的关联等，或可成为新媒体研究的主要内容领域。

四、"脱媒化"趋势

"脱媒"一般是指在进行交易时跳过中间人而直接在供需双方间进行。常用于金融行业，指的是金融"非中介化"，弱化了金融机构的能力。

随着互联网技术的发展，个人生产、分发新闻成为可能，借助互联网，具有共同兴趣的人可以结成团体，共同推进信息的传播、制作、分享和挖掘，这意味着作为机构性质的新闻媒体能力被弱化，出现"脱媒化"的潜在趋势。

从这个意义上，"媒介化"突出的是社会组织结构越来越受到媒体逻辑的影响，不一定具有专业化媒体的身份，但是受到信息传播中介化的影响，不单指的是媒体机构发生的强大作用。"媒介化"是一个横跨"现代性"的社会学研究和互联网影响下新媒体研究两个视角的过渡性概念，或者具有多指向含义的概念；而"脱媒化"特指的是实体意义上，个体和社会组织对于当前和过去专业化媒体机构功能的弱化或者解构的现实，强调的是对当前大众媒体发展现状的表层描述。个体和其他社会组织机构本身具有了过去大众媒体的专业化媒体能力，也是"脱媒化"的一个要素。

社会个体自由和充分地传播自身信息，塑造自身形象，强化自身的独立性、自主性，打破了过去在新闻传播领域中对职业新闻组织主体的依赖性结构。促使新闻传播的专业性机构收缩阵地，改变信息获取、加工和传播的传统路径，并思考其承担社会功能的潜力。

对于企业而言，企业宣传和产品的推广可以更多借助互联网平台的便利条件，进行新媒体营销活动或者文案传播，这意味着大众媒体所赖以生存的广告主拥有了更多借助信息媒介进行传播和宣传的能力，这是目前大众媒体盈利模式改变的一个深层原因。

五、新媒体作为一种认知的能力

从社会功能的角度看，互联网发展之前的媒体，更多体现的是信息的告知功能。目前互联网从技术搭建层面基本完成后，如何在互联网基础上做好社会化服务？媒体从方向、规模、体系等角度仍然缺乏一个完整的途径，或者是整体框架。这意味着基于互联网的社会化的服务功能，尚处于发展中，这个任务也是基于互联网建立起的新媒体的主要方向和任务。当前新媒体发展迅猛而遍地生花。网络社会中，新媒体的社会治理与被治理的规则和作用尚处于探索阶段，对于新媒体的理论支持、研究方法、研究范围的学术商议是开展新媒体上述研究方向和任务的基础。

社会治理面临着一个总体的转向，主要源自：

首先，从技术上说，目前大多数社会个体都开始拥有更为现实的传播权利，信息的输入与输出量空前加大；其次，基于信息量的累积，大规模的信息匹配成为一种必然和基本需求，这种匹配是极其多元化和随机的，正是新媒体而非传统大众媒体可以促使其实现；再次，过去社会分工比较细，产生各种壁垒，需要有一种力量来穿透，"穿透"之后可以实现基于信息大规模化重新匹配，而信息拥有巨大生产力，在这个过程中，"穿透""消解"与"融合"等可能是同步发生的；最后，现实社会的认知主体与媒介的关系发生了巨大的变化。社会个体之间的关系，从理论上说可以"任意"建立，其"结构"的探讨事关重要。"关系"的建立跨越了国家、地区、种族、社群，跨越了生活方式、认知范畴和基本逻辑，跨越了意识形态。在经济领域，行业的衰落与新的融合实时发生着。人、物、事以各种方式发生新的连接。在这个关系重建的过程中，人类对自身和社会的认知有爆炸性的提升，也产生了混乱，在这个过程中如何有序化，重建主体认知和社会治理的新秩序？新媒体研究在这个过程中应该扮演重要的角色。

对于新媒体的研究，可以从进化的角度看对人之发展的影响，环境对于人的影响，或者说新媒体对于人类的进步和社会发展产生什么样的影响。新媒体的观察点，不是侧重研究如何释放了媒介的力量，而是人在使用新媒体和在新媒体大的发展环境中，在社会关系的重建过程中，发生了何种变化。

技术有自身的成长路线。从人的进化和社会进化的角度看，如果说工业化革命时期的蒸汽机等发明，是外在于人类的一种工业化技术，那么新媒体的数字化技术，一定程度上突破了信息传播的时间和空间的限制，知识传播的认知过程发生了根本变化，如同语言是人类的言说能力一样，新媒体正成为人类认知的一种能力。

第二节　迭代的新媒体传播

一、新媒体的界定

新媒体的发展并不意味着在传播形态或者传播技术上与过往的断裂，更多体现为一种迭代"继承"。从传播技术层面看，电报从形态上已经不再纳入日常应用的视野，但这些技术并未消失，在技术迭代的过程中，蕴藏在新技术内核中。例如，广播是在电报技术基础上发展而来；电视作为一类媒体进入公众视野，从广播中汲取了媒体技术经验，大量广播和纸媒的媒体人转行到电视台工作，今天广播和电视媒体并未消失，而是与网络和移动平台结合呈现一种新的复兴；报纸也未消失，就像一些媒体人所说的，被告别了的不是报纸，而是作为介质的纸张。从某种意义上来讲，书籍也不会消失，我们看的电子书未必不是书，正如网络报纸未必不是报纸。这些称呼所指代的介质形态，它们自身所蕴含的交往和信息传播的方式会以文化传承的方式发展下去。这意味着构成今天数字媒体基本的交往和信息文化传播的界面仍然与我们熟知的本原有相同之处。

那么，如何界定新媒体？界定"新媒体"的特征，仍然需要回归到特定理论提出的具体情境当中进行考虑，即理论视角的回归。

（一）媒介理论角度

媒介平台或应用的技术特征在判定媒体类别区分和特征区分中，具有十分重要的地位，也是从技术层面对其属性进行根源性把握的出发点。"新媒体"的媒介应用或平台，回归到网络和数字技术，即信息是以 0 和 1 的数字编码形式被记载下来的。这意味着新媒体尽管在形态上异彩纷呈，并呈现旺盛的迭代趋势，特别是在社交和移动要素层面上的不断发展，均离不开上述土壤。因此，从技术特征的角度来切入，可以将数字化和网络两点作为最基本特征用以区分"新""旧"媒体的分野。

（二）人与技术之间的界面角度

这一角度主要考察现代人把媒介使用作为一种重要的社会交往手段和资源，在主要借助何种媒介的过程中，来达成个人、集体或社会的目标。在媒介理论的视角中，考量的是媒介或者媒体如何参与人、社会活动和社会文化的建构，而在考虑人类使用媒介作为工具或资源以达到自身目的时，媒介或者媒体的人格、能动性被抽离出来，重新回归到人作为行动者的层面上。这一理论取向在人机互动、增强现实等研究和设计当中体现出来，也体现在智慧化人与生活空间之间的互动、人文和审美价值转换为互动界面的设计等理论和设计探索中，例如建设智慧的城市和生活空间，设计并建造智能的基础设施。在技术设计之初，强调这种工具性的人格和能动性抽离，但是在实际的用户应用中，则更容易"破坏"人对于"真实"的基本感官表述。对于传统大众媒体而言，这一局面是不会出现的，因而成为"新""旧"媒体的一个区分点。

（三）行动场所的界面角度

这一角度与第一种界面取向在某些方面有相似之处。人的行动场所既包括物理或地理上的空间，也包含社会体制或文化结构层面的空间。以行动场所的界面来考虑对新旧媒体的区分，媒介理论所提供的数字化、网络化标准同样适用。媒介承载这个层面的问题，回溯到麦克卢汉时期从人的认知角度出发的介质，如听觉、视觉等。无论新旧媒体，均需要通过这个层面的信息转化来实现人对世界的认知，以及人与社会交往。从行动场所的界面来看，我们日常生活的地理空间以及发生各种社会关系所在的社会结构与制度，一直处于不断型塑与再型塑、生产与再生产的变动当中。新媒体考察的问题围绕着传统大众媒体如何融入以数字化、网络化为特征的新技术迭代中，技术形态融入对多元和流动空间的打造中。新媒体也延展了"旧媒体"的行动场所，进入一些新的领域。

综上所述，对"新媒体"的界定标准以数字化、网络化为基本特征。在此基础上，我们进一步探讨媒介技术的延展维度，媒介对于人类信息传播和社会交往互动所提供的可能性：信息生产领域、社交领域和移动传播领域等。一般而言，在上述三个层面革新程度越高的媒体，往往就是越"新"的媒体，并具有更加突出的开放性特征。

二、新媒体传播特征

（一）新媒体要义

新媒体是相对传统大众媒体而言的一系列新的传播形态，新媒体利用数字技术、网络技术和移动技术，通过互联网、无线通信网和有线网络等渠道以及智能手机、数字电视机、平板电脑等其他终端设备，向用户提供信息、娱乐、交易和社会交往功能等。

新媒体构成要素：建立在数字和网络技术基础之上；以多媒体作为信息的呈现形式；具有全天候和全覆盖性的特征；在技术运营、产品服务等商业模式上具有创新性；新媒体的边界不断变化呈现出媒介融合的趋势。

计算机性能的迅速提高使得其成为新媒体传播的中心环节。各种传播技术不断汇聚，形成了以计算机为传播中心、互联网为基本载体的"虚拟空间"。新媒体技术不断成熟，技术终端日新月异，这一切硬件技术和支持技术为新媒体发展提供重要的主导力和推动力。

（二）新媒体改变传播进程及各要素关系

传统媒体的传播过程主要是信源、信道、信众三个信息传递环节的一种规律性作用链。即从信源找到信息，借助信道分发信息，信众接受信息。新媒体改变了上述传播的作用链条，或者改变了链条中各种角色的定位。

越来越多的信众更倾向于个性化的信息，借助搜索引擎等直接接触信息，这些看似未经过专业加工的信息，往往比强制信息更具穿透力，传播过程省略了信息采集和发布的环节，也省去了信息传播过程中的信道环节；信息的接受者也同时可能是信息的生产者。

"互联网革命"本质的改变在于从工业信息经济过渡到网络信息经济。伴之而来的社会转向体现在：1. 从中心化走向了去中心化；2. 从商业化走向了非市场化，合作与分享开始正式成为一种信息的重要的、关键的生产和交换方式；3. 从所有权占有到使用权强化的过渡；4. 从产品走向服务。

（三）新媒体带来社会组织的纯文化模式

"人人都有麦克风"的时代，人们开始同时扮演"传者"和"受众"两种角色，并且乐在其中；具有独立思考能力的新生代消费者在新媒体上大量聚拢，热衷于群组建立、文化信息与商品信息的分享与互动，并在这个过程中创造青年亚文化潮流。

网络社会之前，几千年的社会特征呈现为自然支配文化。随着网络媒体在日常生活中占据越来越重要的位置，网络社会更深入地参与到个体身份的建构中，人与人和人与社会的交往程度加深，主要的经济活动和文化活动需要借助互联网"中介"进行，我们已进入新阶段，超越自然，到达了自然人工再生成文化形式的地步。

三、"新媒体"界定的误区

何为"新媒体"很难确切界定，作为领域的"新媒体研究"，至今仍然不是建立在具有抽象层次足够高的社会理论基础之上。

1967 年美国哥伦比亚广播电视网技术研究所所长戈尔德马克首先提出了"新媒体"这一概念。20 世纪 80 年代中期是思考"新媒体"概念的一个转折点。20 世纪 80 年代中期个人电脑的出现是一个分水岭：计算机开始装配交互界面；有一定的存储空间去储存视觉图像的软件；以计算机为基础的媒体——"网络媒体"开始出现，出生于 80 年代的人，使用媒介的习惯发生了变化，从而带动了整个社会文化和经济的变化。新媒体技术蓬勃发展的短短几十年时间里，从预言、理论到实践各种创新和探索多到让人难以呼吸的地步。

1996 年美国《电信法案》的出台，打破了传统意义上无线电视、有线电话等行业之间的壁垒和界限：从法律层面对我们今天基于数字化和网络化建立起来的新媒体，进行性质界定和发展规则的界定。借此，商业力量逐步推进新媒体技术和形态的发展，新媒体技术和更迭的形态也被赋予某种为资本和权力服务的基因。

"新媒体"发展的时序性伴随着不同代际人的不同的时间接触点，也形成不同的认识逻辑；基于新媒体技术及其媒体社会影响的研究者之间，源自各自领域的坚守、侧重，而很难达成总体性概念的共识；业界层面的探索也远没有促成一种水到渠成或者压倒一切的研究和认识态势。当然，最初简单地以时间出现的远近界定"新媒体"，可能带来的一系列问题。事实上，出现时间的早晚与技术的特征和功能一般没有本质关系。

四、新媒体研究思辨

什么是新媒体研究的重点和核心？

客观地说，新媒体不是媒介形态上呈现的新与旧，而是其促成了媒介形态的边界消弭，为媒介形态的各类融合提供可能，打破基于媒介形态建立起来的传播机构垄断的局面，重构了传播的流程。媒体的边界消融了，不再成为一种门槛和行业的分野，那么建立在媒介形态区分基础上的现代

"媒体"的机构性作用也会降低其意义。在新的传播的时代情景下，如何定义一个"传播行为""一组传播内容""一个传播效果"，以及基于"一个"基础上的各种"总体"？本节无意对"媒体"这个概念进行"重写"，仅考虑需要一个囊括多学科议题范围、忠实于当前传播现象、现实的描述性概念。

　　在本书中将从音频、视频和虚拟现实三个层面上去界定新的媒介形态范围，从而对"新媒体"现象进行目前理解层面上的阶段性分析；对于信息传播而言，不管是新闻还是媒体研究，已经不是单纯按照简单的内容性质进行严格分野的时代了，因此，新闻、艺术、虚拟现实，包括个人情绪与感想，各类日常的琐碎知识等，都可以纳入新媒体传播的内容视角。

　　作为一类独立的研究现象，对于"新媒体"的观照不会按照新技术如何融合和改进了既有大众媒体的思路去考察，也不会偏向基于新技术的传播现象在何种意义上模拟或者模仿了大众传播行为的角度考察。今天新媒体技术借助媒体实践，与生产、营销深刻绑定，快速渗透到个体生活中，信息传播与商品贩卖借助个人化和移动化的传播技术，无孔不入地在日常生活场景中开展混搭的消费活动。在这个崭新的舞台上，新的传媒技术获得或实现着其社会和文化的意义。传统新闻传播考虑的视野，新媒体会涵纳，而营造互联网化生活的一些交际、交流和商业营销行为等也在纳入新媒体传播行为考察的视野中，并占有一定的分量，而不是局限于"新闻"的"传播"。

　　关于媒体渠道的认识不断被迭代。把互联网和计算机看作是最大的传播平台和渠道，替换过去和今天既存的大众媒体机构和渠道。这并不意味着大众媒体机构性平台的消失，而是过去其独占的渠道性优势被衰减了，现在需要纳入一个更为开放的平台上对话。互联网的"平台"和"渠道"是基于技术架构原理运转的，在实际发生作用中是以技术原理为其基础。从学术研究角度，需要掌握技术原理建构起来的机制，在此基础上进行社会性的考察；同时对基于技术迭代呈现的不同形态的网络产品，进行基于

"现象"与"本质"层面的考察，试图把握技术迭代后的可靠性和可预测性，从而定义新媒体这一新的"体制""机制"类型。

理解新传媒技术的社会文化意义需要将着眼点放在作为社会实践主体的使用者及他们的日常生活实践，需要解读他们如何通过使用新传媒技术，展开意义或再现的创造，并以此参与社会与文化的建构。学术讨论的命题首先研判的是它是否应该存在，然后是如何发展的问题，而今这两个问题成了一个问题。

如果抛开传播学，另立门户谈"新媒体"，无异于在低估整个传播学领域的实力。基于目前的传播学研究，也存在一种用既有的理论去解读支离破碎的"新媒体"发展概貌的现象。在重视理论来源的基础上，也可能会忽视当下发展新语境下，对于"新媒体"现象的完整解读，相当于用理论肢解现象，不利于对于客观现实的把握和理论的引领。

目前"新媒体研究"在两个领域开展更为可靠：一个是传播学的领域，从现象层面的案例分析，到理论的整合和新的解读，以及新的理论趋势的提出，从而结构其"数字"和"网络化"为特征的"新""旧"媒体分野，建立起完整的理论体系；另一个是"媒体"层面的研究，对于"新媒体"发展演进几十年来形态学上的系统追踪和调研，从客观的"介质"演变进行研究以保障研究的对象作为完整、连续性的整体，实际上做的是新媒体"史论"层面的研究。

基于大众媒体形态研究基础上建立的传播理论体系，面临着理论再更新。系统分析新媒体和新的媒体发展语境基础上，对大众媒体进行新一轮的再界定和表述。例如"大众传播效果理论"的新应用等。目前的一些研究者在提到传播理论时，仍然只简单应用基于过去时代建构的大众传播理论，去解读今天新的传播语境和传播现象，缺乏对新媒体整体性的理论关注和建构的大众传播理论新发展。

新媒体与其他学科联系渐趋密切，正打破界限以实现真正的学科交叉：1.将新媒体技术与艺术表现以及历史资料的整理与解读结合起来，实现基于"数字人文"路径上的学科交叉；2. 把人类传播行为与硬件和软件层面上的技术平台设计结合起来，即靠拢计算机科学领域的跨学科研究，如麻省理工的媒体实验室。从当前理论建构的角度来讲，上述两种学科交叉的前景并不乐观。真正关乎新媒体系统性和理论化的核心问题将是本书和笔者后续研究努力的方向。

第三节　新媒体核心理念

一、去中心化

"去中心化"既是互联网技术搭建的核心思想，作为一种基因，也深刻地蕴含在一切基于互联网传播的形态和现象中，是新媒体核心概念的基础。

20 世纪 90 年代，马克·波斯特的《信息方式》和《第二媒介时代》中均提及"去中心化"。"去中心化"在互联网层面的实践可以追溯到互联网的搭建起源。20 世纪 60 年代，美国国防部的项目中，保罗·巴兰开创性地提出了一个容错性很强的分布式网络设计方案。在名为"分布式通信网络"的系列报告中，巴兰给出了不同网络系统的本意图，并将其分别称为集中式网络、去中心化网络、分布式网络。

集中式网络有明确的中心节点，而分布式网络没有，去中心化网络介于这两者之间——其包含数个集中式的星形网络节点，各节点间通过附加链路构成环形网络。

"集中式"的系统有唯一一个明确中心，"分布式"系统没有任何明确中心，它们是系统结构的两个端点。"集中式"和"分布式"强调的是系统的"形态"。"完全去中心化"的系统，实际上就是"分布式系统"；"中心化"的系统，实际上就是"集中式系统"。近年又有人提出了"再中心化"的概念，用以描述一个经历过去中心化变革的系统再次中心化的情况，其实际上仍是某种形式的"中心化"。

组织思想家奥瑞·布莱福曼对比了这两种系统，总结出了属于去中心化系统的十条特征：

（一）无人总揽

一个集中式系统的稳定运作依赖于秩序和层级架构，一般情况下，集中式系统总存在一个等级金字塔，金字塔顶的人负责掌管一切。而去中心化系统的结构是扁平的，没有哪一个人总揽一切。

（二）没有总部

集中式系统总会在某个地方设立一个总部，总部甚至常常成为用以评估一个传统公司状况的依据，若是一家公司卖掉了自己的总部大楼，那它多少是遇到困境了。去中心化系统不一样，它从不会停留在某个固定的地方或依赖某个总部的，它会在任意一个地方视情况开展工作，到了某个段落，可能又会转到另一个地方继续。

（三）头部可灭

如果毁灭一个集中式系统的总部，整个系统消失。去中心化系统是无法单凭摧毁头部来消灭的。

（四）分工可变

绝大多数集中式系统都会被划分为多个部门，各部门内部的分工相当明确。每个角色的责任和义务比较固定，每个部门的特定功能相当确定。在一个健康的集中式系统中，每一分工都是稳定的，起到支撑系统的作用。去中心化系统呈现出的是任何人都可以做任何事，系统中的任何一部分不必向任何人汇报任何事情，只需要向自己负责，不管那个人具体做了什么，都是他自己的分内事。

（五）部分可毁

去中心化系统的每个部分是完全自治的，去除了一部分，整个组织通常仍会正常运作，甚至去除的部分又会成长为一个完整的新组织。但在集中式系统中，每个部分都很重要。

（六）知识分散

在集中式系统中，权力和知识全都集中在高层。通常人们会认为，在一家公司中全面负责的人是知识渊博的人，有能力在任何关键问题上做出正确的决定。而在去中心化系统中，权力和知识是分散的，每个成员都拥有同其他成员一样的权力和知识，每个成员也能据此做出相对可靠和负责的决定。

（七）组织灵活

去中心化系统总是高度灵活的，因为在这样的系统中，权力和知识是分散的，个体可以迅速地对内外部力量做出反应，这些力量的变动会令系统总是处于不断地产生、成长、壮大、收缩、转变、死亡、重生的过程中，系统也在这个过程中获得了良好的适应性。但集中式系统的组织结构是相对刚性的，比如，银行的几个员工不能擅自决定从某一天开始停止他们的日常业务，在自己的工位上改卖甜点和饮料，他们没有这个自由。

（八）资金自筹

由于去中心化系统是自治的，所以这个组织中的个体几乎总是自行筹资的，可以说，在一个去中心化系统中是不会存在一个集中的资金中心的。去中心化系统中的个体可能会接受系统外部的资金，但其要为获得和管理这些资金负责。集中式系统在这方面就有着很大的区别，在一个集中式系统中，往往只有少数部门创造利润，而其他部门都是消耗资源提供支持的，为了让每个部门都能获得足够正常运转的资金，集中式系统往往要依赖总部里的资金管理中心来分配收益。

（九）成员无数

任何一个集中式系统的成员数目都是可以查清的，这些信息总是能通过工资账册、员工名单、人事档案等记录进行明确。即使是一些类似情报部门一样的秘密组织，也会有内部的雇员档案。但想要搞清楚一个去中心化系统中的成员数目，通常不大可能，这不仅是因为系统中缺乏相关的记录资料，还因为系统是高度灵活的，随时会有个体加入系统，也会有个体退出系统。

（十）直接交流

在集中式系统中，重要信息往往要交由总部处理。比如在一个典型的工厂里，营销部门对某些产品的销售状况进行调研后，会将结果上报给公司主管，主管再决定要对其做出什么反应，继而对制造部门下发增产或减产的指令。而在一个去中心化的系统中，成员之间直接交换信息，完全不需要经由某个特定部门，也不存在这样的部门。

根据上述十条特征可以评估某个系统究竟是集中式的还是分布式的，事实上，很多系统处于混合式形态，但它们去中心化的程度还是会有些不同的。

一个高度去中心化的分布式系统有着生命力强、适应性强的优势，但它的复杂度也比较低，同时有执行力较弱和消耗量较大的劣势。分布式系统的这些特点，使得其难以和集中式系统的发展速度相媲美。集中式系统和分布式系统各有长短，不能简单地认定哪一种系统"更好"，只能说，针对某个特定问题，哪种系统更能发挥出优势。很多时候，一个混合式系统比纯粹的集中式系统或分布式系统表现得更好，但具体来说，一个混合式系统的去中心化程度到多少算是合适，也是一个颇费考量的问题。

去中心化系统在自然领域和社会领域都有悠久的历史，直到互联网诞生之后，去中心化才真正开始向整个人类世界展示出它的光彩。去中心化是互联网技术搭建的理论基础，也体现在互联网对于传统社会机构边界的消解作用，体现在互联网商业运行逻辑以及数字文化研究的深处。

二、用户自制

互联网发展之前，专门的媒体机构承担新闻信息的采制与传播。随着互联网技术的普及，社会个体开始拥有制作并分发新闻、娱乐内容、小道消息、集合聚会等信息的能力，个体与社会管理和社会发展之间的对话频繁，以"自制内容"为中心，延伸出新的社会交往模式和产业模式。

（一）用户自制内容与"自媒体"

自媒体又称公民媒体，美国新闻学会媒体中心于 2003 年 7 月出版了"自媒体"研究报告，里面对"自媒体"下了一个十分严谨的定义："自媒体"是普通大众经由数字科技强化、与全球知识体系相连之后，一种开始理解普通大众如何提供与分享他们本身的事实、他们本身的新闻的途径。

自媒体是用户、记者、编辑共同参与的自下而上的新的传播过程，对话互动成为新闻生产过程中的重要一环，新闻生产者和消费者之间的界限模糊，大众传媒结构对于原创和草根新闻变得包容性更强。而这种改变不是破坏性的而是建构性的。

社会个体可以有机会创立微信公众号，也可以开通自己的直播账号，从事个人"电视台"的直播活动……互联网扩展了社会个体网络表述的渠道。传播正从机构向个人过渡。传统的新闻传播必须有一个中心，中心有一个新闻把关人，新的媒体形态中"把关人"这个中心往边缘移动。

（二）用户自制的传播主体

以往传播学研究往往把重点放在传者身上，大众传媒时代传者是整个传播过程的中心，控制着信息的筛选和发布，而受众只能从专业人士筛选后的信息中选择个人感兴趣的新闻信息，处于完全被动接收状态。传者与受者的界限分明，他们在传播过程当中的地位和作用表现出唯一性和不可逆性。

1.解构传统传者

在传统广播电视媒体中，取得一个波段，建立一个广播电台需要经过国家严格控制，个人很难取得相关的许可证。

"自媒体"的出现冲击了这一事实，对"传播者"的概念提出了挑战。传者的范围更加广泛，不仅包括传统意义上的传者，还包括一切在网上发布信息的个人。

2.个体传播的建立

自我表达的意愿是人类永恒的追求。随着互联网的发展，大众的话语权利有机会和条件得到充分展示。例如，博客的发展为"播客"的出现奠定了良好的大众表达的基础，语言文字的自我表达和交流得到彰显。

"播客精神"的核心不仅仅是个人表达增加了自由度，也呈现了互联网对于个人表达的宽容度，体现开放性和共享性。播客作为开放的媒体源代码，初步实现了传播的无边界。

3. 理想的传者非中心化

新媒体传播中，传统意义上的传者不再处于中心地位，传播者和接受者之间的地位是平等的，可以实现互相转换，接受者同样也可以贡献知识和见解，并参与二次传播。以百度百科为例，所有的阅读者都有机会成为编辑创作者，文本始终处于更新和变化中，用户在使用中实现传播和编辑。

（三）用户自制的传播流程

1. 打破大众传媒的时间和空间的线性结构限制

广播电视节目播出具有一定的时间限制，按照不可逆的时间流程方向来呈现媒体内容，受众必须在媒体指定的播出时段守候在电视或收音机前，收看或收听自己喜欢的节目。尽管后来出现了电视的点播回放功能，早期也曾出现过内化在机顶盒中的节目录制功能，但以传播机构为中心的节目内容释放方式，始终无法与互联网基于个体需求和渠道无限性的内容释放方式形成竞争。目前广播电台大多都开发自己的新媒体产品，拓展网络的内容搭载能力，但是与互联网原生属性层面的相容性仍然不够理想。

网络的信息的扩容性、范围的无限性使得用户在互联网中获取信息的路径呈现非线性的特征。今天互联网海量内容的蓄积，已经完全可以实现由用户来决定接收什么样的内容，什么时候接收，以怎样的方式和设备来接收。目前互联网与传统广电本质的区别，并非传统广电媒体没有能力在互联网平台上增容和改装自身的节目呈现方式，或者突破时间和空间的线性结构限制，而是在内容生产和发送的理念上存在着基于体制本身的不易和解性。

2. 传播和接受信息几乎可以同时完成，传播者和受众在瞬间进行角色

转换

从个体对于信息的需求上来看，独特和个性化的信息服务备受青睐。同时信息的加工和生产越加强调即时性，甚至几乎与事件发生的时间同步，这就使得一些事件的亲历者可能比专业的记者对于时间性和传播角度的把握更有优势；随着互联网汲取信息模式的普及，社会对于信息符号层面的质量和新闻内容输出的专业化程度，表现出很强的包容性。人们更青睐于在第一时间了解新闻信息，做到与事件发生同步，至于其他则可以被忽略。

3. 把关人理论的重新阐释

"把关人"理论最早由美国新闻传播学的奠基人之一卢因提出，他认为："在群体传播过程中存在一些把关人，只有符合群体规范或把关人价值标准的信息内容才能进入传播渠道。"传播学者怀特进一步提出了新闻筛选过程中的把关模式。"把关人"可能是特定的个人、媒介组织或者社会集团。"把关人"依据各种标准或者是自身的利益对信息加工、整理、筛选，决定信息是否可以进入传播渠道并最终传输给受众。因此，在传统媒体运作过程中，"把关人"体现出权威性和专业性。

在自媒体传播中"把关人"地位的弱化。例如播客上传的节目虽然有播客后台的审核，中间控制的过程也存在"把关人"的角色，但它的"把关"标准相对传统广播要宽松得多。播客作为信息的提供者，往往直接向社会发布信息，简化信息的传播流程。

（四）用户自制内容多样化

传统的广播电视媒介是社会意识形态的一部分。专业人士和精英人才从事广播电视节目的创意和制作，反映的是社会主流的声音和看法，节目也存在一定程度上的同质化现象。

自媒体来自能够接入网络的任何一个社会个体，自媒体的生产者在不违反法律制度和道德等社会基本规范的前提下，可以生产发布各种各样的信息内容，这些内容完全可以满足使用者或者接受者充满个性化的对媒体内容的期待和想象。尤其是那些小众的、非主流的、充满感情和个人经验特色的……这些过去被大众媒体忽略掉的部分，更容易引起爆炸性的增长和海量的围观人群。

（五）用户自制的理论背景

自媒体这些日常化的、私人化的、本地化的、具有创意性的内容开始作为公共文化的一部分。

资本主义品牌大市场在通过市场的过滤自下而上的交锋中对商品的意图发生了变化。本质上还是市场发生了转向，实施新的操纵，证明有一个更广大意义上的"参与性文化市场"正在发生。这意味着相互对立的两类关于流行的定义正在汇集到一起。以往的流行是为商业所制造的，现在的流行是为大众所制造的，每日生活中本地化或者是地源化创意不再是琐屑或者是怪异的，而是变成了媒体产业讨论和数字文化语境下媒体未来的核心舞台。

消费行为不再被看作是经济链条上的终点，而是富有活力和刺激自身增长的领域，这已经延伸到媒体消费者和受众的实践领域。更进一步说，粉丝社团的研究更加积极地纳入到了媒体产业的考虑链条中，粉丝全体的忠诚、富有投入的精神正在为媒体产业的广阔领域提供充满欲望的受众和消费者的需求模式，在这个意义上粉丝群体的智能参与了商业化的运作，是新的共谋，很多新的商业模式得益于对粉丝群体的近距离研究。

前工业化时期的民间文化研究已经发生了转向，包括个体和社团的地位也都从合作者和复制者转化为积极的消费者。以 YouTube 为例，其造就了市民消费者模式：流行文化与业余作品＋创意消费。从一个消费者的视角来看，它是一个接入文化的入口，或者消费者参与生产的平台。

三、社交化

"互动"的深度和广度是互联网"社交化"发展的基础。随着互联网的发展，当前媒体与用户对话的渠道更加广泛、深入和多元；用户可以是积极撰写评论的人，也可以是沉默不语，点击鼠标的人；用户之间的对话随之出现，网络社群打破了地域和边界的限制。用户与产品或者艺术本身的互动尤为突出，这一层面的"互动"也可以理解为用户的"体验"或者传播的"情境性"，传播过程和内容要素均在个体用户之间发生差异性的影响。互动的要点是"互动"和"代入"。如：前卫艺术的互动装置，英国泰德艺术馆的现代艺术展览，均使观众身处其中，强调情景性的感受和体验。

这种基于互联网属性的互动性也延展到大众媒体。例如意大利的夜间音乐广播节目 RaiTimes，吸引了大批年轻听众，即运用跨媒体融合的方式，对社交媒体有创新的应用。节目每周二和周四由听众和主持人一起完成节目单。在该节目 Facebook 粉丝页面中，主持人首先放一首歌并上传到 YouTube，然后邀请听众回复一首适合该曲风的歌曲，并上传视频，以此类推，直到播放列表完成。在该节目直播的过程中，电台的通路也是开放的，听众就像是听演唱会一样，可以借助社交网络分享听歌的感受，进行交流和互动。该节目结束之后，编辑尽快整理这一期节目中播放的所有歌曲，发布一个 YouTube 的视频播放列表。再通过社交网络的渗透传播，后续有机会产生较大的、引人注目的效应。

以往的传播行为都是传播者决定媒体播放内容，或者传播者决定哪些受众提供的内容可以放入媒体中，这意味着过去传统媒体的传播者对内容有绝对的控制权。目前大众媒体正在有限程度上，放开束缚以收到不可预料的传播效果。

互动效果反馈十分重要。例如《纽约时报》研发实时的分析、设备探测和粒状用户互动等技术，为每个用户和设备提供"智能内容"。

四、平台化

（一）平台化特点

"平台化"多指平台化商业模式。即打通传统或者网络新渠道，连接两个或者两个以上特定供求群体，借助独特而严密的体系化机制，为不同的边界群体提供互动机制，重新整合资源，满足边界群体的需求，在庞大的新型企业运转"生态圈"中，实现有别于传统企业的盈利模式。

"平台"意味着拥有一个规范的机制系统；具备共赢的开放利益原则；平台跨界成为可能；产业跨界作为一种常态；最后聚合用户体验成为平台发展的王道。

本书中谈及的"平台"需要具备如下特征：巨大规模的用户数量；强需求的产品；直接渗透社会个体生活；激发用户黏性为目标；满足用户个性化需求，绝对细分市场；以用户关系为核心引发网络效应。

平台化商业模式的主要特点在于利用社群关系建立无限增值的可能性，即网络效应。核心是通过使用者关系网络的建立达到价值激增的目的。那么，什么是网络效应？某种产品或服务，当其使用者越来越多时，并且成为社会生活的一种必需品，不使用就无法融入社会，每一位用户所得到的消费价值都会增加。

（二）平台化的理论背景

丹尼尔·贝尔在1973年出版的《后工业社会的来临》中列举后工业社会五大特征：1.服务性经济成为经济的主导产业；2.具备高技术专业知识的阶层取得社会优越地位；3.理论知识作为社会革新与制定政策的源泉而确立其中心地位；4.相比较于传统的自由市场，政府需要发挥比以往更多的作用，主要体现于控制技术发展，对中性的技术可能引起的影响进行鉴定，从而据此制定宏观的决策；5.智能技术兴起。

范德梅维和瑞达最早用"Servitization"一词来描述服务化的概念：以顾客为中心，提供更加完整的"包"（bundle），包括物品、服务、支持、自我服务和知识。并且，服务在整个"包"中居于主导地位，是增加值的主要来源。

2011年年初，亚马逊迎来电子阅读的转折点，电子书销售数量超过实体图书销售。亚马逊公司打造自己基于移动互联网的数字内容生态体系。

这套全新体系，是软件与硬件的整合，也是内容与渠道的整合，更是制造与服务的整合。图书的"制造"（图书的出版）的产业链被重置，通过强大的、整合性的一站式平台，最大限度去除内容产业的中间商和中间渠道，从而形成内容服务与用户之间的直达通路。再如苹果公司，该公司聚集音乐、出版、电信等各个环节，甚至创造出新的跨界产业。从最初的硬件生产，到早期的程序开发，再到中期的应用商店，最后进行了平台、应用与服务的整合。

（三）平台化建构的进程

从传统经济到互联网经济，再到物联网经济，对企业来说是从做产品到做平台再到做社群的进程。平台化实现的过程：

首先，用数据驱动社群。无论是企业还是新媒体，开发用户价值首要目标是促使用户始终在线，这是保持实时交互状态的充要条件。新媒体交互技术的发展，开拓了用户保持多方端口在线状态的可能，当然这其中一定有一个用户时间使用上的"阈值"。新媒体对于用户价值的开发意义，本质是把用户的时间作为切片，激发其并联效应，达到让用户时间扩容的目的。

其次，产品与服务的结合。服务与数据和信息密切相关，这意味着，"信息化"可以提升产品价值。服务的满足永无止境，同时为了达到对环境的了解和控制，人们希望获取更多的相关、及时、准确、易于掌握、详细的和集成的数据。信息量越大，产品的价值就越大。

基于信息附加值的服务，与人的需求密切契合。产品中信息的附加值，也体现在产品中的传播分享机制：

1.该产品的核心用途通过交互而增强。如果一个产品不具备这一点，用户就没有动力去分享产品及产品使用体验。无法在用户的层面促使产品变得更有价值，从而把用户卷入到生产的外部环节。

2.产品的使用者围绕产品的使用形成社交网络。网络是聚合社群的必备条件。用户在使用中通过社群传播，既增加了社会性的要求，客观上也促进了产品的传播和消费。直到二者无法二分，这是互联网群体性物化的一个体现。

从经济学的视角来看，合作以及分享的信息生产模式直接冲击现代经济学的根本：其特性体现为非市场化，即不以所有权为获利的终极目标；以信息和文化产品为中心的经济模式，在互联网传播环境下，获得高效增长，建构基于互联网特性的新商业模式。

（四）信息传播领域的平台化

平台化首先在商业流通领域展开，然后进入文化传播领域。平台化有几个层面的理解：

1. 广播和电视线下活动平台

媒体直接与商家协作开展线下促销活动，或者直接配合一定需要开展大型宣传活动等。随着媒体机制改革，借助媒体的资本和公信力，未来做内容运营平台，或者物流平台、公关平台等。

2. 传统媒体成为大众娱乐活动组织的平台

传统媒体通过组织大型的选秀和真人秀节目，实现集体娱乐。组织者与参加者平权是从娱乐化和社会权利上最大的卖点。这也成为传统媒体未来的一个不可忽视的社会功能。

3. 传统媒体试图建立媒体内容平台

媒体突破过去"传播新闻信息，提供服务和娱乐"的功能，对音视频资源库进行多重开发：核心是分类、检索、自我编辑、追踪用户、自动推送的便利性。

4. 互联网信息传播平台

例如维基百科作为信息的汇整体，是细分系统最极端的状态。维基百科与"众包"的概念密不可分。

（五）信息传播的云平台

信息传播的云平台，未来体现为云媒体，实现不同形式和功能的媒体融合并存，更重要的是，各种媒介能够实现最优化的"聚合、共享、交互、细分"。

云媒体的优势主要体现在：能够实现包括传播内容、运营模式、终端设备和发展策略等多方面的聚合，媒体的内容生产、制作、反馈将都在"云端"处理；云传播简化了传播模式，只存在"云"到"端"，即 C2C。

在"云"的层面，各种信息云、新闻云、视频云等庞大的数据库在此聚合；在"端"的层面，用户可以享受定制化服务和个性化内容，利用网络"裂变式"的传播态势，云计算还可以进行云检测。对互联网的传播内容进行实时监测，深入挖掘用户浏览、观看数据，提供个性化内容推荐，并且专注服务创新，满足用户的深度需求。

信息传播的云平台的实质性建立需要与云城市、智慧交通、智慧安保、云通信、云宽带同步发展。

五、虚拟现实

狭义的虚拟世界指社交网络和网络游戏等所构成的虚拟空间，广义的虚拟世界则是网络社会生活空间。虚拟现实是近年来出现的高新技术，其原理是利用电脑模拟产生一个三维空间的虚拟世界，提供关于视觉、听觉、触觉等感官的模拟，让使用者如同身临其境，可以及时、没有限制地观察三维空间内的事物，而电子游戏领域是虚拟现实技术的重要应用方向之一。

（一）**虚拟现实的社会背景**

消费社会、"体验经济"时代到来，人们更追求符号外观，更看重视觉形象本身所带来的快感。在再生产性社会秩序中，由于人们用虚拟、仿真的方式不断扩张地构建世界，因而消解了现实世界与表象之间的区别。

（二）**虚拟现实的哲学背景**

萨特曾提出"实践"与"想象"的关系。他认为没有任何东西是虚构的，"想象界"领域的任何东西，都是和"实在界"相联系的。想象是在世界中行动的一种方式，当我们想象的时候，我们仍然是在存在的世界里行动。"想象界"与物质世界的关系企图达到的目的，就是使事物非真实化。在非真实化的过程中，"这种关系将实践颠倒过来，使之成为唯美"。因为想象在本质上仍是存在世界的一部分，当想象成为人认定的真实世界的时候，物质世界就反而变得不真实了。这种情况在很多艺术中都会存在。

（三）视频化消费与媒体营造的非真实情景

在新媒体传播内容层面，视频化将成为新媒体传播内容的主要趋势之一。随着人们对信息消费品质和消费速度的不断追求，信息消费高速化逐渐成为人们获取信息的主题。

（四）电子游戏层面的虚拟世界发展

虚拟世界可以从一般意义上的娱乐平台发展为集娱乐、生活、商业等于一体的多样空间，人们可以在其中生活、工作、学习、交往、做生意等。如某电子游戏，以虚拟现实技术所构建的高度拟真体验，完全颠覆了人们对于互联网社区和社会性网络的想象。该游戏中只有游戏规则，没有电脑预设好的情节，所有的情节完全由网友自己创造，甚至游戏场景都是由网友制作。

电子游戏所营造的独一无二的时空体验，使语言和行动脱离了现实身份和身体的存在。"自我"的构建具有排他性，即主体只有知道自己不是谁，从而才能确认"自我"的边界。在电子游戏中，有条件呈现一种深层次的互动。真正的互动既有身体因素，也有心理因素。只有当互动获得了心理维度，它才能够进入文化实践的层面。互动的背后，一个根本性的概念是个人的自主。个人可以同他人结成松散的联系以从事更多的活动，与正式组织中的那种稳定持久的关系不同，无须达成有效的合作。

从李普曼的"拟态环境"，到基于新媒体技术对人感知系统的延展，促使个体人对于未来环境的监测、基于信息传播的社会交往，都可能发生在一个非现实的语境之下，与过去的大众媒体传播时代不同，与"媒介化"对于社会建构的理念不同，媒介信息交往重建了一个在虚拟与真实边界之间传播交流的世界。而"虚拟与现实"将从个体"自我"概念的重塑开始，将对整体的社会关系的建构发生影响作用，新技术建立起来的"中介"物将进一步参与人与人、人与社会的交互与认知。

第四节　新媒体艺术的交互与生成

一、计算机图像艺术

进入数字时代后，快速的计算，高精尖的图像处理等特性很快就被艺术家作为媒介利用到艺术创作之中，并将艺术的方式推向了多元化时代。艺术家的创作在计算机技术的支持下，将远程交互以及基因生成技术都引入到艺术创作，对人类文明的发展又提出了新的挑战。

由于计算机初期研发和功能的局限，早期的艺术家利用它创作受到了制约，艺术家只能模仿一些抽象主义、构成主义的绘画作品。麦克·诺尔在美国贝尔实验室从事研究时，开始用计算机绘制立体派特征的线性抽象图形。

随着计算机技术的发展，人工生命艺术的研究进行至深入阶段，利用计算机这种媒介进行艺术创作的时代全面展开。生成图像的魅力成为一个独特的视觉世界。

1975年，河口洋一郎开始了他的人工生命艺术的研究和创作。"成长模式"是艺术家在创作初期提出的一种计算机世界中生物进化的模式，他将生态学中的"分子独立增殖原理"应用于计算机图像的世界，将其转换成为视觉艺术的作品，取得了这一领域的领先地位。

河口在创作中，首先在计算机中制作圆形、锥形等基本的形态，将这些基本的信息输入自动增殖模式中，这些分子会在这个模式中不断地生成、增长、重复繁殖直至死亡，由此产生的图像神秘莫测、变化无穷并耐人寻味。英国艺术家威廉·拉森长期以来在他的作品中追求"形体的进化"。

1983 年，当时还是学生的威廉·拉森在纸上使用圆形等各种简单的几何形体组合形成了复杂的图谱，并为这张怪异繁杂的图像取名为"形体的系统树"。后来他开始使用计算机图像技术，发现这是对这些形体进行变异并进行体系化的最好媒介。借助于计算机图像的表现力，他开始对生命和人类进化进行重新组合和一系列的思考：生命的系统究竟是何物，它们之间的关系又是怎样的？他在自己的作品中试图揭开这些生物的秘密。

威廉·拉森的作品利用 3D 图像技术表现了生物在所适应的条件下复杂的进化过程，从诞生、成长到死亡的发展规律中得到程序化的梳理并图像化展现给观众。在 3D 的图像中，我们首先看到的是从图像中心部分的胚胎中开放出来的类似生物体的立体图像，它巧妙地变成胚芽，然后像是在未来生命的水池中一样，一遍又一遍地自我复制。在孕育生命的水池空间中，生物经历了发芽、成长、死亡的过程。艺术家在计算机制造的虚拟空间中创造了人工生命的繁衍系统，这个系统之间相互作用并在一定条件下创造出一批又一批新生命。这个虚拟空间中的生物遵循了"适者生存"的进化规律，在这里只有"美丽的生物"最终得以生存。

二、互动艺术

互动艺术是观众和作品互动之后产生的结果，是作者主观意识中的活动，强调艺术的互动性。在媒体艺术领域，互动的概念一般需要有计算机的运算和计算机程序协助完成。20 世纪 80 年代末期，由于技术的进步，计算机普及化程度越来越高，软件的人性化程度也随之提高，使用起来也越来越简单。艺术家利用计算机创作作品时，也会随着工具的变化而发生改变，互动的概念逐渐进入艺术家的思维模式，作品形式也越来越丰富。

美国艺术家林恩·赫舍曼应该算是第一个利用计算机去创作互动艺术作品的艺术家。代表作品《罗拉》（1978 年）、《一个人的房间》（1993 年）。《一个人的房间》这个作品是一个与人等高的结构，作品上方为一个盒子，上方有一个小孔和一个推杆,观众可以从这个小孔向内窥探,并且使用推杆与盒子内的作者创作的影像内容中的女主人进行互动。这个作品是她与计算机工程师合作,利用电脑串口去控制镭射光盘。

互动媒体艺术,隶属于新媒体艺术的范畴,是集影像与交互手段于一身的新的艺术表现形式。互动媒体艺术是新媒体艺术发展的重要方向之一,是当今社会在信息传达领域向简捷化、高技术化和更加人性化迈出的重要一步。互动媒体艺术对传统艺术来说是一个有利的补充。它进一步打破了传统艺术的"象牙塔",使艺术更加人性化、平民化,拉近了艺术与普通受众的关系。从艺术的本质上来说,又不乏哲理性的观点,并且使受众通过区别于观看传统艺术的形式,亲身体验,得到更多、更深刻的思考。互动媒体艺术创作的主题类型很多元,形式丰富多彩。

从早期利用触摸装有高压气体的瓶子、通过摄像头跟踪视线完成交互的作品,到借助物理媒介驱动虚拟世界并与虚拟世界中的生物共同行动的虚拟现实作品;从检测人类的大脑并利用脑电波驱动图像和声音的作品,到具有人类生命特征的生物的出现;从利用网络和机器人技术与互不相识的人一起灌溉千里之外的花园,到体验千里之外的触觉遥控艺术,当今互动媒体艺术作品不但远远超出了影响人类视觉和感情的范围,而且在观众的感官作用下,利用人的视觉、听觉、触觉、味觉、嗅觉,甚至大脑等人的活动与作品直接发生关系。

（一）交互与科技生态

这一类的作品涉及了遗传以及人工智能艺术的领域。20世纪90年代开始,艺术家和设计师对人工智能艺术与娱乐软件的开发和研究工作,为科技生态和科技生命的研究提供了必要的技术上的支持。克利斯塔·佐梅雷尔和劳伦特·米尼奥诺在1999年创作的《生命的空间》,就是利用计算机使观者可以通过输入文字创造并且喂养生命,并通过大型的投影屏幕来观察生物间的互动行为。

此类作品属于计算机生成艺术,艺术家通过计算机的软件和程序来进行创作，将数据最终转化为视觉形象。例如，DBN 语言概念，是由美国麻省理工学院的美学与运算小组总监前田约翰所发起并开发的免费应用软件，以程序的思考模式来绘图，小至参数的调整，大至规则的改变，在未知、随性、互动的特性下，引发个人无限的创意。

(二) 科技图像与审美变化

毫无疑问，科技的发展，使人类的生活发生了天翻地覆的变化，我们的审美也随着这种变化而渐渐地发生着改变。如今的当代艺术领域，很多作品有感于科技的高速发展，运用科技的力量来表现科技所带给人们的美感。

德国 ZKM 馆藏作品藤幡正树的《页面之外》就让人认识到互动感应科技的进步，植物的生理变化与外界压力相关，植物与人体的电波图的变化具有一致性，同时表达出我们是生活在真实与虚拟越来越难以分辨的生活中。

(三) 时间、空间、影像的表现

艺术家拉斐尔·洛萨诺·亨默的作品《身体电影》，利用投影仪投出的大型画面，将鹿特丹中心的舒乌伯格广场变为一个硕大的互动装置艺术作品，将 15101 张大照片，每五分钟一次连续投影在鹿特丹戏院的白墙上，当人们走近投影设备，人体的影子被投射在墙面上，照片才会在影子中出现。艺术家利用这种方法将行人们的影子还投射到建筑物、交通工具上，比例的改变令人产生一种奇妙的感觉，巨大的人影开始获得和城市对话的权利，模拟出了虚拟的 3D 互动空间。

格雷戈里·巴萨米安的作品主要是三维动画雕塑：1990 年 3 月使用旋转机械电驱和同步闪光灯创作的三维物体，堪称国际多媒体艺术创作的先锋之一。

格雷戈里·巴萨米安把他对动画制作、雕塑和机械的热爱和匪夷所思的梦想结合起来。正如我们所知，万花筒是电影古老的前身。他避免了万花筒式的凝重，这要归功于他的走马灯装置。这个走马灯装置是由旋转的雕塑和频闪观测仪组成的。雕塑在不断旋转的同时，频闪观测仪发出间隔相等的闪光，由于闪光强化了人们所看见的那些瞬间，在视觉上残留下不断改变的动画效果，好像那个雕塑在不断改变形状一样。因为这个原理和电影放映的原理相似，所以从某种程度而言，物质（雕塑本身）代替了胶卷。视觉残留是一个科学原理，正是视觉残留使快速的、连续改变的图像导致人们产生物体在运动的错觉。这一原理是在19世纪中叶被发现的，电影正是利用这一原理，通过呈现快速的、连续改变的图像来制造运动的幻象。艺术家通过一个转动的机械电枢和一个频闪观测仪的同步运行，通过视觉残留原理实现了三维物体的动画化。此外，还在这个"动画"里引入了第四维度的时间，因为这种技巧得以使观众与动画序列处于同一时间和空间内，而不是像传统动画那样事先拍摄好内容再进行播放。这样一来，动画便完美地实现了下意识影像和现实替代物之间的转换。格雷戈里·巴萨米安热衷于把这些影像以最生动形象的方式带到生活中来。

（四）探索科技美的可能性

林兹电子艺术中心的馆藏作品《联系》是由日本艺术家石井宽与麻省理工学院的研发团队所合作的成果。电子磁铁控制液态金属的流动，不同的音乐会影响磁吸作用，产生各种造型。这不但是先进的电子设备，也是新形态的装置艺术作品。液态在外力的作用下呈现出固态的视觉形象，将物质的物理特性利用高科技的方法表现出来。

欧文·瑞德于2000年创作的作品《矩阵2》回顾了"数字化经历"之后的艺术创作状态。对于艺术家所使用的各种媒体，如装置、绘图、光盘驱动器、网络、声音在形态和结构上的处理都涉及二进制逻辑。这些规则经常会运用计算机算法，受控随机过程以及其他运用计算机代码的方法。自1997年起，欧文·瑞德开始在一个用大型灯光装置模拟的建筑环境中诠释虚拟现实和计算机三维建模的抽象美学语言，以研究"反向工程学"的过程。在这个作品中，空间可作为第二层外壳去感受，我们的社会性外壳，并通过艺术介入表现出来。因为其建筑学的范畴，单纯的"存在"已经是这个装置不可缺少的一部分。视觉上的感觉配合以实际的运动，时间的延续性使这个作品的精髓极其容易被领会。对其特性的领会和理解主要取决于观赏者个人主观的联想。同样，各种不同的人与此装置的互动也会对观赏者产生联想，从而揭示了一个复杂的社会现象。

（五）跨界体验与知觉

霍斯特·霍特、克里斯第安·纳霍特和罗伯特·普拉克斯米勒共同创作的作品是一本类似真正图书的电子书，当参与者把手放到屏幕前，做翻书的动作，人的手势就被转换为命令，从而控制虚拟的电子书进行互动阅读，甚至播放链接的影像。

互动媒体艺术由于其自身具有游戏的特质，从而成为一种广受大众欢迎的艺术形式。互动媒体艺术的创作离不开日新月异的科技进步，但是也不能只注重科技的元素而把作品做成展示科技的平台，而忽略了艺术创作的根本。"赋子科学技术以哲学思维"这一艺术的基本功能，应是我们从事艺术创作人士所共同遵守的法则。正像白南准所言："科学技术的议题不是制作另一个科学玩具，而是在于如何将急速发展变化的科学与电子媒介人性化。"

传统的美术——国画、油画、版画、雕塑，从创作到展览的过程是一种信息的再现，从艺术家到观看者，是一种信息单向的、静止的传递过程。观看者在观看传统美术作品的过程中，是单向的接收信息，并且与自己的记忆和感知反应，从而产生知觉。其中美学意义的产生发生在信息传递与沟通之间的研究中。同样的过程也反映在观众观看传统电影和影像的过程中。而互动媒体艺术的意义在于使用者、浏览器以及观众之间，具有互动的能力去影响整个事件的发生过程，甚至是操纵它们的形式。

三、虚拟现实

20世纪80年代初期，美国VPL公司创建人亚伦·拉尼尔提出了"虚拟现实"一词。虚拟现实技术通常是指利用计算机建模技术、视觉跟踪技术等综合技术生成的集视、听、触觉为一体的交互式虚拟环境。在这样的虚拟空间中，参与者可借助数据头盔显示器、数据手套、数据衣等设备与计算机进行交互，得到和真实世界极其相近的体验。1961年，美国科学家海里戈提出了构建虚拟布鲁克林城的构想，他希望观众可以通过他设计的系统体验漫步在布鲁克林城市街道上的感受。海里戈设计的是个貌似电话厅的装置，观众进入这个装置后可以漫游虚拟的布鲁克林城，同时还可听到刮风的声音，感受到震动，感觉到街头的气味等。海里戈的虚拟布鲁克林城的构想虽然不能和现在具有高度真实和沉浸感的虚拟现实空间相提并论，但毫无疑问，他是最早看到虚拟现实技术前景的人。

虚拟现实的概念来自萨瑟兰的"终极显示"。1965年，萨瑟兰在一篇论文中提出了"终极显示"的概念，认为可以把计算机显示器作为通往虚拟世界的窗口。对于这个概念，他是这样描述的："通过这个窗口，人们可以看到一个虚拟的世界，富有挑战性的工作是怎样使那个虚拟世界看起来更加真实，在其中行动真实，听起来真实，感觉就像真实世界一样。"萨瑟兰的设想是用计算机构建一个虚拟的物理世界，观众可以与其进行交互。1964年，萨瑟兰离开了麻省理工学院，来到哈佛大学继续进行虚拟现实技术研究。1966年，他和他的学生鲍勃·斯普劳尔为波奇公司开发了世界上第一台数据头盔显示器。在这种双目并用的头盔上，图片被直接安装在眼睛前面的显示器上，当观众从这个头盔显示器中看到从楼顶上拍摄的地面照片时，显示了恐惧和惊慌。这个实验证明了仅利用双眼就可以实现沉浸的效应。不久，萨瑟兰用计算机图像取代了照片，虽然只是一个虚构的虚拟空间，但它的效果已远远地超过了照片。

20世纪80年代以后，虚拟现实技术得到了长足的发展，加州大学伯克利分校的麦克·利威在萨瑟兰创造的3D虚拟空间的基础上继续创新，利用精巧的液晶显示器取代了笨重的阴极射线管显示器，同时它还发明了精确的头部定位装置。而更加重要的发明出现在1984年，美国国家航空航天局艾米斯研究中心的科学家们利用晶体管集成电路系统设计了可携带的小型立体眼镜，"艾米斯虚拟工作站"计划将这一新发明的立体眼镜连接在高性能的计算机上，这样观众就可以通过它进入虚拟世界。与此同时，斯坦福医学院的学生汤姆·奇摩尔曼发明了一种可以精确跟踪并反馈手部动作的"数据手套"，他在手套的关节处放上了小型的感应器，当移动手指时，计算机便可以获取手指动作的信息。和数据头盔相比，数据手套显示了较高的准确性和灵活性。

一般的虚拟现实系统主要由专业图形处理计算机、应用软件系统、输入设备和演示设备等组成。虚拟现实技术的特征之一就是人机之间的交互性。为了实现人机之间的充分交换信息，必须设计特殊输入工具和演示设备，以识别人的各种输入命令，且提供相应反馈信息，实现真正的仿真效果。不同的项目可以根据实际的应用有选择地使用这些工具，主要包括：头盔式显示器、跟踪器、传感手套，屏幕式、房式立体显示系统、三维立体声音生成装置。

根据构成虚拟现实系统的技术设备以及带给观众的不同体验，可以将虚拟现实的艺术作品分为桌面级、沉浸级、增强现实级和分布式四个层次。结合艺术家的作品，不同层次的虚拟现实系统可分为：桌面式虚拟现实；沉浸式虚拟现实；增强现实式虚拟现实；分布式虚拟现实。

第二章　新媒体艺术的时代特点

第一节　新媒体艺术的交互性

视觉文化在 20 世纪由于媒体形式的变化而经历了巨大的变化，而新媒体艺术的产生和发展也是随着技术的不断演进和变革，社会生活也全面地进入了由数字化技术支撑的媒体化时代。新媒体艺术也顺应时代的发展应运而生，同时也与美学的发展紧密相连，带着深厚技术化烙印的新媒体艺术在自身发展获得迅猛发展的同时，也为艺术美学的发展带来新的审美趣味，大量运用数字智能化技术发展起来的新媒体技术为艺术的变幻和发展提供了巨大的支持，也使相关领域开始认真思考交互性浓厚的新媒体艺术到底会对美学产生什么样的影响和促进作用。

一、新媒体艺术的范畴和主要特征

新媒体是伴随着现代科技产生的新兴传播载体，相对于传统的纸质媒体而言，新媒体艺术是基于电子媒介的艺术形式。新媒体艺术的含义有着较为宽泛的内涵，其表现手法不但有图像，也有视频，因此，"影像"是新媒体艺术的主要表达手段。伴随着互联网技术的发展与迅速普及，新媒也可称为"第四媒体"。

新媒体艺术发端于20世纪初期的欧洲，各种新技术、复合材料的产生和普及推动了新媒体艺术的创新发展。传统的艺术形式由于受到媒介自身的限制，图像与视频技术对丰富艺术语言发挥着巨大作用，同时也必然对社会文化视觉化的思考起着不可替代的作用。德国思想家海德格尔有预见地宣称，我们将进入一个图像时代，伴随着电视的普及，视频作为一种新兴的艺术媒介，逐渐代替了旧媒体成为主流。随着时间的推移和科技的发展，电子和数字传媒的出现正在为我们的艺术乃至整个社会文化生活带来重大的历史性变革。21世纪的技术与媒介的飞速发展和进步已经将我们带入了"文化数字化"的艺术时代，媒介的变革对社会文化产生了重大的影响。信息时代的当下，科学与艺术的相互融合表现得尤为突出。在这种环境下，新媒体艺术得以萌芽和发展，借助当代科技的最新成果，以新的视觉经验、新的沟通形态与互动方式，扩展了人类丰富的审美体验，改写了人类的生活方式，并推动着社会文明步入一个发展的新纪元。

所谓的旧媒体就是指计算机发展和互联网普及之前的一些相关设计，包括电影、印刷、插图、电视、摄影以及平面设计等。在新媒体艺术出现之前，我们并不会用"旧媒体"来形容这些设计形式。计算机在新旧媒体的设计中都有着举足轻重的地位，脱离了计算机技术，新媒体艺术就不会存在。新媒体领域涉及互联网、电脑游戏，事实上任何数码移动产品，都属于新媒体的范畴。由于新媒体艺术是伴随着技术的成熟在不断发展，所以技术性是新媒体艺术的首要特征，从最早的实验电影，发展到现如今的装置互动，从新媒体艺术的兴起到现如今渗入了艺术领域乃至生活的各个方面，技术性始终都是贯穿新媒体艺术发展的一个主导动力。无论是前卫电影还是装置艺术，新媒体艺术伴随着技术的发展彰显出丰富多元化的审美体验。新媒体艺术最明显的特点是交互性强，它可以把静态的设计同动态网络相结合，观众作为观看者对这些内容做出自己的反应，交互的方式展现新的设计规则，新的思考模式。在过去，一幅画的作者只有画家一个人，可是在当下的互动装置艺术作品里，随着观众的加入，作品呈现出不同的效果。

二、新媒体艺术的交互性认知

新媒体的演变是与计算机技术的发展同步的，新技术的不断涌现使新媒体艺术的创作有了无限发挥的可能性，借助各个媒体形式的交替，媒体之间交叉并置、相互映照，衍生出更为广泛的交互深度。加之在当今社会中，网络环境日新月异，计算机和网络技术促成了一个数字化的虚拟空间，在网络中组织了人与人的新型互动关系，从而开创了一种全新的网络人际关系，在这个空间中，交换信息和相互作用变得触手可及，并为新媒体艺术的发展提供了重要的客观条件。

从媒介的发展和技术的变迁来看，新媒体艺术完全可以看作是人类的一种互动行为。新媒体艺术从另外一个角度诠释了创作者与观看者的关系，观众从最原始的观看而变为艺术作品的参与者，而创作者不再仅仅是一个艺术作品的终结者。新媒体艺术作品往往呈现给观者的是一种可参与的状态，由于观者对艺术作品的认知不同，每一个不同的观众都会根据自己不同理解的角度，从而参与到艺术作品当中，与艺术作品相结合及互动，所产生的效果和反应也是各不相同的。观众的参与是新媒体得以展现的主要途径之一，其中交互性是最重要的。新媒体艺术与传统艺术的形态，无论是创作理念、创作手段，还是传播环境与受众方式，均存在巨大不同，新媒体艺术借助数字采集、计算机后期、数字编程等技术手段，使得新媒体艺术具有影像性、虚拟性的交互视觉艺术效果，则称为区别于其他艺术形态的重要特性。此外，新媒体艺术也使得传统艺术难以涉及的领域，如生物学、物理学、光学等，诸如此类甚至许多对艺术而言陌生的领域也为新媒体艺术的创作提供了广阔的创作平台。很多时候新媒体艺术创作的最初阶段只是一个想法，是艺术家的创作灵感，通过与技术环境的交叉融合而产生新的艺术语言与艺术范式。

中国人民大学艺术学院于 2012 年和德国科隆媒体艺术学院合作了一个装置艺术作品。该作品由投影、屏幕组成北京、科隆两个城市的跨越时空的文化窗口。站在城市窗口的人们与这个城市的色彩粒子进行互动，并能看见对方城市人们的活动。当两方的人们走动、跳跃、挥手时，相交部分的色彩粒子会产生变化，两个城市的代表色彩粒子会相互交融，产生新的图形、色彩变化。当人们靠近时，城市的色彩粒子组成人的轮廓，并随人的动作移动。

在新媒体艺术创作中，艺术家都会对主体、客体的艺术感知做相关的探究，希望能够以最好的表达方式来阐释自己的创作意图。从表面上看，艺术家的创意和思想是贯穿整个艺术作品的全过程，主导作品的最终艺术形态，艺术家们想要带给观众什么样的艺术体会和感受，已经主观地注入整个艺术作品里，而观众也会跟着艺术家的思路去理解作品。这在传统的艺术表现中一直是艺术家与观众之间的一种固态"默契"，而这种"默契"在当今的新媒体艺术作品中被打破，在新媒体艺术作品的交互过程中，作品的装置系统同观看者产生互动，从而改变了人的审美意识。艺术作品通过艺术家的创作以及有效设计，加之环境的因素，还有最大的可变因素——"观众"本身的加入，新媒体艺术的审美感知收到明显的效果。虽然新媒体艺术的程序是可以通过技术环境加以控制，但是人与作品的互动意识是不可控制并不可预知的，因此最终的艺术效果也是因人而异的。所以，新媒体艺术中的互动作品不仅是设计者与技术环境的互动，更是艺术家与观众的互动，直接反映在艺术家创作思想与观众审美意识的互动。

三、新媒体艺术的交互形式

（一）新媒体艺术的时空交互

新媒体艺术在内容和形式上的创新和突破使传统的艺术门类融合。不同于音乐、戏剧、文学、绘画、建筑等艺术形式，新媒体艺术带给人们的往往是空间状态的感官享受，时间性很强，比如在作品中添加虚拟空间元素，这些虚拟空间的不确定性增强了空间的体验，而且增添了艺术参与的纷繁多样性，为实现更好的艺术效果做铺垫。通过新媒体艺术的时间特征，不难发现当代新媒体艺术的典型特征就是以时间为基础，通过时间轴线的利用，新媒体艺术通过录像镜头、网络互动体验、时间媒体等技术轮回复活。尼克那佛利蒂斯的作品之一《追寻一个地方》，在这部影像装置作品的表演中，演员通过头戴气球打扮成玩偶，增强了表演的戏剧化表演体现。非线性的时间窗体通过富有弹性的心理时间，使主观体验有了生动形象的表示。通过重复、强调等打破物理时间顺序的手法，使心理状态的表现有了视觉形式，将联想通过时间轴进行顺次展开，增加了画中画与叠画等特技表演。新媒体艺术的空间体验也有别于其他艺术空间体验，增强了视觉冲击力。

（二）虚拟与现实艺术的交互

艺术设计与虚拟的交互设计是通过虚拟现实技术得以实现的。目前，虚拟现实技术在各个行业得到了广泛运用，诸如工业设计、网络艺术、影视制作等，在它的帮助下，以往传统艺术设计无法实现的功能和特性在虚拟现实技术的帮助下，都得以在这些领域中成为现实。例如，在传统艺术设计中，作为能够为受众营造最好的身临其境效果的电视和电影，往往是通过听觉和视觉与受众进行多位感官信息互动的，而在虚拟现实技术的帮助下，数字电影除了视觉和听觉外，还能为受众提供涵盖味觉、嗅觉、触觉的丰富感官体验，从而达到仿真现实的效果。

四、新媒体艺术的交互特质

（一）新媒体艺术的多媒融合机制

无论从内容上还是形式上，新媒体艺术都使得传统艺术形式逐渐呈现出相互融合的发展方向，文学、话剧、音乐等各类艺术形式在新媒体艺术的推动下关系日益紧密，而不再局限于过去的建筑、绘画等呈现出固定状态的艺术形态。影像交互机制、多媒介参与机制逐渐在新媒体艺术中得到越来越多的运用，使得艺术家的艺术作品逐渐转变为媒体平台，让受众能够更好地参与到作品互动中。

（二）新媒体艺术审美的主客体交互特性

在传统的美学认知中，审美主体在对艺术作品进行一系列审美活动时，往往存在着一种距离感，也就是说主体与作品之间是相互隔离的状态，而主体与艺术家之间也很难有交流活动。然而，在新媒体艺术的叙事方式下，以往的主体审美体系不复存在，艺术创作的过程与受众息息相关，艺术家的创作将受到受众审美的影响。另外，在新媒体艺术的作用下，传统审美中的影像符号已经完成了由"物"向"过程""事件"的转变，从而使得审美的客体变成了对现实的模拟。

（三）审美心理高峰体验与虚拟体验

不同于传统艺术，审美的主客体交互特性和客体对现实的模拟让新媒体艺术中的审美体验正式进入了虚拟体验层次，对真实空间的虚拟在数字化技术、虚拟现实和网络技术的作用下得以实现，并在虚拟体验中为审美主体营造出情感体验的仿真效果，从而消除了受众、作品与作者之间的距离，为受众提供一个身临其境的审美空间，为大众审美开辟了一个全新的领域。

五、新媒体艺术的市场发展

在现代社会中，艺术与商业已经密不可分，许多艺术形式不再是单纯地存在于博物馆，也逐渐从博物馆走向商业市场。当下许多商业产品尤其是信息产品都是艺术与商业的完美结合。就交互语言艺术来说，游戏是一个最好的范例。大制作的互动游戏在设计上可谓是上乘之作，网络游戏正是看准了"年轻人"这一大群的消费人群，每一个小细节的设计都能紧紧地抓住消费者的需求和兴趣点，许多作品的场景设计、人物造型设计都让体验者流连忘返。这一类的互动作品不仅具有艺术价值，而且具有很高的商业价值，它为市场带来的利润是非常可观的。因此，市场应用是交互艺术的集中体现，通过市场化的运作，交互艺术的创作理念与创作方法也在不断拓展。

随着网络多媒体技术、虚拟现实技术和智能人机交互技术的发展与普及，感官娱乐的消费市场快速壮大，交互艺术以其形式的新异性、变幻性、感官娱乐性悄然成为大众生活的重要组成部分。

大众文化作为市场文化的主体之一，必然适应大众生存、发展的规律。文化科技产品成了年轻人追捧的对象，由于一些公司精湛的技术以及优良的设计团队，将交互艺术与人们的生活相结合，开发出多种互动软件，而新媒体艺术设计成为赢得市场的一把利剑。交互艺术使大众获得了一种以休闲娱乐的方式接受享受文化的权利和艺术实践空间，它促进了人们生活的发展，更加速了社会经济的发展。"艺术的游戏"使得交互艺术深入到人民生活中，同时这也是艺术的一种蜕变，由少数群体的"艺术"变为大众的"艺术"。由此可见，随着网络环境的发展以及技术的日新月异，交互艺术的前景是会很光明的。

六、交互性带来的艺术表现及存在方式的变化

上海大学美术学院在 2003 年的"艺术与科学——国际数码艺术交流展暨学术研讨会"上发表了一个名为《吹皱一江春水》的互动作品，在这里出现了一个有趣的情景：观众向输入设备吹气，悬挂在墙面上的一幅中国山水画中的水塘便会随气流的长短、强弱泛起阵阵涟漪，观众在与作品的互动中得到了巨大的与自身密切相关的理解和创造的愉悦。在这个交互形式中，装置本身吸纳观者的身体形象，或是对当下的身体运动状态做出即

时或延时反应，它既把观者的注意力拉向随时变化着、反映着情境刺激的运动图像，同时也反向地将注意力拉回观者自身，让观众体会到了此时此刻的艺术感受，让参观者既是观众又成为艺术品的创造者。

艺术观念与技术互动发展的，只有在这样的基础上才会出现新的艺术形式和创作出优秀的艺术作品，也会在一定程度上促进技术的创新。摄影技术的发展催生了影像艺术的产生，影像艺术的迅速发展又加快了影像装置与技术的快速革新；互联网的诞生促成了现代新媒体艺术的发展，新媒体艺术的交互式的独特艺术形式不断对科学技术提出更高的要求。正是因为新媒体艺术是从新的技术要素、新的文化艺术观念中催生出来的，因此它必定为艺术以及技术的探索带来更广阔的研究空间。新媒体艺术是当代信息科学技术与艺术相互结合的产物。

一方面，技术对艺术来说是重要的，媒体技术对新媒体艺术就更加重要。只有借助新媒体技术才能建构新媒体艺术的形式，才能获得新媒体艺术的精神，才能最终赋予新媒体艺术以独特的内涵。另一方面，科技文明在艺术和技术之间打造了特殊关系，艺术实践的根本功能，即在破坏既有意识形态关系的同时建立新文化方向和新美学洞察力的艺术力量。这种艺术力量不仅可能建立新媒体美学关系，而且是新媒体科技中创作的源泉，为科技发展提供更为广阔的想象空间。

七、与大众审美和文化的探讨

新媒体的交互性交流与以往艺术形式相比，把美的生产者和消费者更紧密地联系在一起，使其共同参与美感体验。这样的审美不是静观和沉思，也不是单向性的，而是多元的和互动的，是无边的和开放的，让大众不仅在"感受美"，而且在"创造美"。新媒体艺术的交互性改变了艺术存在的环境模式，并将导致人们审美意识的深刻变革。新媒体艺术将成为不同文明、不同文化相互接触和交流的渠道和机制，它有可能带来文化间的相互融会与整合，也可能造成文化间的相互碰撞与冲突，从而给不同民族的文化结构以及世界的文化格局带来深刻的影响，这必将波及人们的审美意识和艺术理想。

新媒体艺术的交互性使艺术与大众更紧密地交流，对艺术创造提出了更高的要求，新媒体的艺术创作者在文化作品、意识形态上将肩负巨大和厚重的社会责任，要引导积极的审美体验，引导正确的科技与大众美学的关系。交互性为新媒体艺术和大众审美提供了更具开放性、交融性的交流空间。艺术要关心和帮助解决社会问题，信息时代给人带来的影响绝不仅仅是正面的，新媒体艺术的交互性往往能展现和提出这种正面以及负面的思考。艺术还应该给人带来美的享受，一种能够让人感觉愉悦的心灵体验。新媒体艺术的交互性将这两个特征表达得淋漓尽致。新媒体艺术的交互性，使艺术具有了新的表达、存在和交流方式，推动了艺术与技术的发展，更使大众对艺术有了新的体验和审美趣味。毫无疑问，新媒体艺术的交互性给我们带来的一定是一场全新的有着积极引导作用的美学盛宴。

第二节　新媒体艺术的文化性

20世纪以来，媒介与数字技术的革命，改变了我们的生活，人们惊奇地看到，人类经过了几千年努力所获得的躯体和感官能力的有限自由，在短短几十年间被一下子超越了，人类甚至开始解放自己的大脑。然而，对于这样的解放，似乎也包含一种悖论——技术解放了我们的肢体，但也使它们失去意义。在当下由多媒体、泛媒体和大数据构成的、不断膨胀中的数字世界里，速度是其最贴切的表达。但是，速度的不断加快，各种由技术发展带来的新的矛盾不断出现，也让人们承受了更多压力。一直以来，艺术都是抚慰我们矛盾与焦虑的缓释剂，但在这个还在不断加速扩张的由数字构成的世界中，传统艺术已无法满足人精神的全部需求，传统的媒体艺术似乎也无法跟上数字技术变换的脚步，人们急需用一种新的方式来表达自己内心的情感，新媒体艺术由此而来。

一、数字复制，新媒体艺术的技术本源

作为人类特有的一种认识行为，艺术无时无刻不在伴随着我们，人类的认识决定了艺术的样式。按照黑格尔的观点，艺术是人意识的外化，人通过艺术来复现自己，艺术因此是独一无二的。但从另一种意义上讲，艺术也是一次次复制的完成，柏拉图称其为"模仿"。从艺术的技术本源的角度审视，手工复制、机械复制和数字复制是艺术发展经历的三个阶段。

这看似简单的三种复制行为，却构成了人类艺术史的全部：从原始艺术到机械印刷术、摄影术与留声机发明之前的上万年间，手工复制是人类艺术的全部。在这个时期里，艺术与技术虽具有同源性，但艺术高于技术是当时人们的普遍认知。在手工复制阶段，由于材料与技术所限，复制品在数量上是有限的，只能在一定程度上补充原作品在数量上的不足，在技法上则根本无法与真品相提并论，因而，其艺术价值也几乎无法与原作相比。然而，艺术的转型不是一蹴而就的，在印刷术发明后的很长一段时间里，人类的复制能力始终无法实现本质的突破。直到19世纪，摄影术与留声机的先后出现，人类终于可以实现从文字到图像到声音的全方位的复制了。由手工复制进入机械复制，大量艺术作品的副本产生，艺术的传播不再受到时空的限制，艺术传播的方式逐渐由精英传播向大众传播转变，艺术因此走下了"神坛"。

20世纪后期以来，数字技术的发展与普及，改变了我们的认识。数字技术的介入使艺术开始最大可能地脱离物质的羁绊，而走向自由——摄影可以不再依赖胶片，音乐可以摆脱碟片，甚至连艺术的最抽象的形式——文字都可以在数字技术的支撑下重新被直观的图像所取代。1999年，全球共拥有800亿张用胶卷拍摄的照片，而当下，仅在社交网络上分享的照片

就达 8000 亿张。曾经饱受理论界诟病的"读图时代"，其背后的原因恰恰是数字复制技术。如果用今天数字复制技术支撑下的新媒体艺术来审视黑格尔关于艺术终结的预言，就会发现，艺术并没有像黑格尔所预言的那样，因摆脱了物质形式的束缚最终成为哲学，而是摆脱了物质形式的隔离，成为新的融合体。当然，这种融合既非 19、20 世纪浪漫主义艺术家的"跨界"，也不同于机械复制时代综合艺术形式的最高成就——电影，数字复制时代催生的新的艺术是一种多感官的熔融，这种熔融的方式是能够最迅捷表达当下或个体的认识，且易于迅速传播扩散的艺术形式载体。对于数字时代的艺术而言，艺术的形式已不再重要，数字技术使传播的成本下降到最低，以往一呼百应式的"中心化"的传播开始被互联网肢解，人人都可以成为信息源，人人也都可以成为媒介的终端，传统的自上而下的具有流向性特征的艺术传播方式被当下网状回环式的艺术传播方式取代。另外，数字技术导致的速度与节奏的迅速加快也使艺术的表达越来越趋于融合化、自我化、自由化、瞬时化与小微化，甚至电影这种机械复制时代的最高产品也出现了新的样态——更易于表达个体情感与认知的微电影。艺术的这种自我化、自由化、瞬时化与小微化的表达同样表现在虽不是艺术，但却承担有艺术传播功能的微博与微信等新的传播方式上，而这些新的传播方式又要求与之相关的艺术作品更加"小微"。这些"小微"艺术形式的出现，恰恰证明了任何艺术形式的出现都来自人的需求，而新媒体艺术形式的出现则佐证了麦克卢汉"媒介即信息"的预言。

二、新媒体艺术的文化身份辨析

艺术复制方法的流变导致了艺术本体的变化，也影响到人与人的认识本身。艺术呈现人的认识，其表达必然是纷繁的，因而，要认识艺术本体还需将其还原到文化中去。新媒体艺术作为迄今为止人类艺术复制的最高呈现，对其文化身份的辨析，是把握其的前提。文化身份一词源自跨文化传播研究领域，用以标识个体超越自身原有的文化，适应一种新的文化，并在这一过程中获得对两种文化超越的见解的能力。文化身份包含两种思维方式：其一是把文化身份定义为一种共有的文化，集体的一个真正的自我藏身于许多其他的、更加肤浅或人为地强加的自我之中，共享一种历史和祖先的人们也共享这种自我；其二是认为，除了许多共同点之外，还有一些深刻和重要的差异点，它们构成了真正的现在的我们。这里，文化身份既是存在也是变化，其屈从于历史、文化和权力。文化身份表达了个体或文化群体在文化归属上界定自身文化归属的认同。个体的文化身份的判断首先来源于人的自然身份，而民族、性别等也会起决定性作用。关于新媒体艺术的文化身份，应当包含两个方面：其一是新媒体艺术作为艺术的一个范畴，其在整个艺术领域中的文化身份；其二是新媒体艺术作为一种文化现象，在社会文化层面的文化身份。作为艺术发展过程中最切近的环节，对新媒体艺术进行广义艺术领域中的文化身份定义还需要时间的考量，而将新媒体艺术文化身份的界定放置在社会文化环境中，通过对其现实构成与其创作者和受众的文化行为特征来加以判断则更为贴切。

（一）艺术、现代科技与网络媒介——新媒体艺术的现实构成

传统理解中的新媒体艺术是新媒体技术与艺术结合的产物，而且，人们总是希望以某种艺术形式的创新来解释什么是新媒体艺术。但随着网络技术背景下媒介本身的变革，我们发现，新媒体艺术不应只是某种新的艺术样式，而应当是以数字复制为技术手段的，综合艺术、现代科技与网络媒介三者的产物，其表达核心也不应仅是艺术形式的变化或技术水平的提升。艺术作品首先体现的应是艺术家的理念，然后才是呈现理念的技术方案和解决方法。成为一个新媒体艺术家与精通新媒体技术没有必然的联系，对于新媒体艺术的认知应关注这种艺术所呈现的内容——在新的传播技术与媒介手段影响下所产生的新认识。

在新媒体艺术中，艺术表达人的认识，而现代科技则为艺术的表达提供了前人无法想象的支撑——从材料到方法，甚至对于人的认识性感知器

官与实践性感知器官都能进行有效的弥合。在现代科技的支撑下，人的各类感官被尽可能地放大与交叉，形成了前所未有的共通感。如电影的立体成像技术，音乐的杜比环绕录音技术等，甚至当科学家证明了气味具有记忆的功能时，电影院中就会适时地发散气味，只是为了还原或制造电影中拟真的场景。当然，科技对艺术的影响还远不如此，未来更多可穿戴智能产品的出现，会不会激发出新的艺术形式，是值得我们期待的。

　　然而，迄今为止，对新媒体艺术影响最大的既不是艺术本身，也并非作为技术支撑的科技，而是当下复杂且变化迅速的媒介。在现代数字多媒体与互联网技术的支撑下，艺术活动已经开始全面依托数字化的新媒体平台，并呈现以下特点：第一，艺术的过程由历时性向共时性转变。在新媒体的平台上，艺术的创作、承载、传播、接受与批评不再是一个历时性过程，创作主体与接受主体的界限在网络平台上日渐淡化，艺术的过程与传播成为一种共时性的环状结构。新媒体艺术的创作活动中，创作者与受众间的差异愈发模糊，二者甚至在创作上形成一种全新的合作关系——受众成为创作者的一部分，实时创作，实时修正。通过创作中的网络互动，艺术家以作品的方式将自身情感传达给受众，而受众则通过留言将对作品的诉求反馈给作者。第二，艺术创作不再是思想者的独白而是大众的狂欢。在网络中，艺术家的创作不再是孤独的，其内心不断得到受众的慰藉，小说的情节在受众的慰藉与交流中产生变化，甚至结局的选择也是在对大多数阅读者需求的满足。阅读者不仅仅是新媒体艺术领域的参与和体验主体，同时也扮演了创作者的角色。传统文学创作中的"三一律"已不再是网络文学创作的圭臬，人们在各种"架空"中实践自己的"白日梦"——以快乐为原则。第三，艺术不再以作品为终结，而是永不停息。媒介的参与使得艺术的过程可以随时更改，艺术品因而也不再是一个结果，而成为一个不断延伸的过程，这个过程与历史相似，甚至可以说新媒体艺术的一个个过程就是一个个微观的历史过程。科技的发展有清晰的规律，就是对人不断延伸的替代，以互联网为代表的媒介渠道的突破，其本身不是新的技术，但也能让人进一步延伸。

（二）从社会身份到精神身份，新媒体艺术的文化行为与身份主体的转变

艺术是文化的构成，也是文化的产物，任何艺术创作都会传达出艺术家本身或艺术家所代表群体的价值取向与文化意图。在数字复制的今天，传播方式的变革使得原本的中心传播方式被个体化所打破。网络技术与媒介手段打破了时空距离的阻隔，技术的实现使得人在精神层面的沟通不再受外在物质自然的约束，变得更加自由。这种新媒体艺术下的精神身份的实现由以下两方面构成：

1. "我"——精神身份的价值主体

现实世界的个体化与网络世界的社群化以二律背反的形式存在着，文化上的自我界定、自我区分与相互认同转变的过程，构成了新媒体艺术文化身份的新的内容——一方面是个体的冷漠，另一方面是社群的狂热。传统艺术中的价值认同被不断打破。当下流行的具有新媒体特征艺术作品中，无论音乐、文学，还是影视，都普遍以"我"为表现主体或审视主体，"我"既是叙事者也是表达的对象。这种二者合一方式颠覆了传统艺术的叙事与表现方式。同时，粉丝文化的表达，更强调了"我"的价值与意义，"我"不但是"我"，还有与"我"完全一致的人群，但这一人群又不完全等同于"我们"，因为粉丝的一切也是"我"的一部分。"我"成为新媒体艺术文化身份界定的核心话语。

2. 共同的价值取向，精神身份产生的依据

当今网络的虚拟世界中，人们已经不满足最初四下搜索的猎奇，越来越完善的社交平台使网上的人群重新聚合，这是更纯粹意义上的非物质层面的聚合，个体的价值取向与行为方式是产生聚合的原因。类同取向的个体通过网络形成不同的虚拟网络社群，这些网络社群犹如一个个不同的流域，行为方式与价值取向的差异是天然的屏障，不同的流域不仅受到隔离，其隔膜也越来越深，对处于不同社区的两个个体而言，即使身处同一时空

也可能不会产生任何实质的交集，他们通过移动终端将自己封闭在某一虚拟的社区里。不同社群间有着鲜明的距离与标志，而在同一社群中，在现代网络技术的支撑下，所有时间与空间的距离都不复存在，人们在虚拟的世界中聚合，享受着"志同道合"带来的乐趣。

三、数字复制技术下新媒体艺术的价值表达

新媒体艺术从传统艺术中走出来，在经历了古典的和谐之后，必然面临种种矛盾，这种矛盾与黑格尔在论述艺术的类型时所提出的二元化的矛盾不同，在当下的新媒体艺术中所呈现的是多种矛盾的并存，这些矛盾的本质是新媒体不断发展带来的人认识的矛盾，描述这些矛盾是当下新媒体艺术表达的主旨，也是新媒体艺术的价值所在。

（一）"仿"与"拟"，新媒体艺术生成的空间感官认知与现实真实的矛盾

在数字技术的包裹下，任何艺术品，从其图像到声音都可以进行无限的复制。与机械时代的复制不同，机械复制除了在模拟信号不断衰减的可允许范围内重复原有文本外，其加工与修复的手段仅在于对模拟信号的大小、强弱或扭曲进行改变。而数字复制除了可以对对象事物进行无限复制外，其最大的"魔力"在于，其能将建立在个体想象基础上的情境，以动画或光影的方式呈现，如我们在网络小说中经常见到的诸如"冥界""上古"等概念的视觉还原。传统艺术作品多是一种模仿，而进入传媒艺术时代，艺术逐渐走向非实物化的模拟和虚拟传播。拟字，便表征着艺术不仅通过创作再现现实世界，更通过传播建构现实世界、创造新的现实世界。另外，在真实与想象之间，艺术家将现实的场景搬进虚拟的场景中，虚实结合，使受众产生身临其境的错觉。中国 2010 年上海世界博览会中国馆中流动的清明上河图，在光与影的虚拟中，画面中的古代人物仿佛就行走在观众身边，瞬时带观众穿越回了千年之前。流动的清明上河图仅仅是一个

场景的模拟，在新媒体艺术的电影中，更是打破了传统电影的"现实性"与"时空连续性"。电影中传统的剪辑手法被数字影像技术与非线性编辑技术取代，而数字动画技术，又可以将空间的物理排列任意改变；此外，3D电影的虚拟立体成像技术更是将光与影塑造得如同近在眼前的真实一样。在数字复制技术的作用下，传统电影艺术的"现实性"的基础被不断打破，人们原本单一的感知体验也被不断扩展，而其所引发的艺术审美与震惊，达到了自然经验无法企及的程度。这种感知环境的虚实交错，也导致感官认知与现实充满了矛盾。

（二）交往与单向，新媒体艺术表达的情感内容与艺术表达主体的矛盾

在新媒体艺术的情感内容与表达主体方面，数字复制同样造成矛盾。数字复制技术的廉价与高效，使得现代人获得视觉或听觉的愉悦比以往任何一个时代都简单而便捷。数字复制带来的艺术成本的降低，不仅包含接受成本，也包含创作成本。在过往的艺术创作环节，无论是艺术家还是民间艺人，其艺术能力的获得，要么经过繁复的系统训练，要么来自长时间的师徒相授。作为创作前提的技法与技术，其训练与表达是一种建立在群化基础上的共识性训练，是一种"规矩"的养成。艺术的这种"养成"的过程与其说是在学艺不如说是在学"人"，用艺术的方式表达人类的共性或共感，以引发受众的共鸣，完成人交往的需要。而复制技术的进步使艺术的学习和表达变得前所未有的便捷。机械的模仿承担了师者的职责，艺术传承中原本人与人的关系被机器与人的关系取代，艺术的传承成了一个单向度的过程。而依照黑格尔所提出的"人对艺术的需要是普遍而绝对的"的认识，当获得一定的技法后，人一定需要用它表现自己的认识，而这时，由于前期技法的获得更多的是来源于机器，机器没有情感，也无须人对它产生情感，因而，人通过机器获得的艺术的技法是不包含情感交互的伦理制约的。按照鲍德里亚的认识，在传统的艺术中蕴含着一种象征价值，这种象征是表达生命情境的，而在现代技术生产系统里，与传统相关的象征关系却全线"隐退"了。技术经由"模仿"而制造出一个"人工智性世

界"，我们只能见到非人的功能性和符号的存在，而真正代表人的存在的象征价值却烟消云散，透过符号所浮现的，是一个持续被征服的、被提炼的、抽象的自然，它不断透过符号之助进入文化。这种"单向度"的情感呈现通过网络扩散，就犹如一条条有去无回的射线，只承载表达主体的需求，而艺术情感交互的伦理需求则被各种纷繁的个体情感表达掩盖。

（三）碎片化与群体化，新媒体艺术审美表达的矛盾

新媒体艺术的情感内容与表达主体的矛盾同样影响到艺术审美的表达。传统艺术审美活动中，单一、有限的时空造成了审美意识的统一，传统艺术由于其封闭性，使得文化的差异不能明确地表现出来，仅能在作品中静态地呈现。而新媒体艺术则冲破了这样的障碍，传播范围更加广泛，更具动态的开放性。发达的互联网络使得各种信息爆炸式地呈现，在网络上，只有你想不到的，没有你找不到的。网络传播的前期还仅是信息的传递，随着物联网的建立与不断完善，每个个体都能形成兼具精神交流与物质转移能力的原点，这个原点再通过互联网将自己向外扩展，个体的情感需求在互联网虚拟的空间中被不断放大、膨胀。这种个体情感表达的过程反映在艺术创作中，就使得艺术作品的表达变得更加细微与敏感，而满足感也恰恰就在这一瞬间。艺术的表达如此，艺术的审美也必然与其相适应，新媒体艺术表现中展现的"我"只是那一瞬间的"我"，与他人无关，小微化、碎片化与瞬时化成为新媒体艺术审美的新追求。然而，这个"微小"的"我"在被确立之后，还会强迫与"我"有着类同需求的人群对其加以扩大，形成一呼百应的群体效果，但这种群体效果仅仅只是效果。原本群体化理想与群体化社会生活模式造就的共性化的审美标准被审美"效果"取代，"我"则同时成为艺术表达的起点与终点。艺术的风格原是用以表达不同类型的情感过程的，而新媒体艺术的艺术家则不需再为自己艺术创作的风格问题所苦恼，在效果至上的理念下，一切都可以拿来使用，在新媒体艺术创作中，艺术成为一种效果，或者可以直接被称之为效果的艺术。

(四) 虚拟自由与现实理性的矛盾

新媒体的最大价值在于其最大限度地降低了大脑对身体的依托，在虚拟的网络空间中，精神不必再紧随肉体行走，在一个个网络终端面前，精神的游弋与肉身的时空无关，精神的自由不再受到现实理性的约束。精神的这种前所未有的自由在艺术中体现，当下的网络文学中，"架空"是许多作品叙事的背景与前提，而与之相对应的影视作品更是通过蒙太奇的手法将这种时空的转换发挥到极致。大型网络游戏是新媒体艺术不可或缺的组成，与以往的益智性游戏有着本质的不同：以往的游戏只是单纯的人机博弈，即使有多人参加也无须构造社会关系，这些益智游戏甚至因为不具有情感性而被排除在艺术的大门之外；而现代的大型网络游戏则着眼于角色扮演，重新分配成员身份，构造虚拟的社会关系与社会规则，共同完成任务或使命，升华个体价值与情感，这种打破现实规则的大型网络游戏与其说是一种游戏，不如说是一种由游戏者扮演的大型虚拟动态戏剧，在这个戏剧中，每个参与者都获得了自己的身份与价值。在这个甚至可以永不谢幕的戏剧中，柏拉图的"模仿"似乎已经失语了，因为它既不是对现实社会的模仿，也似乎离"神"太过遥远，但其却能有效缓解虚拟自由与现实的理性的矛盾。这是否就是未来艺术的模式？

新媒体艺术产生于现代社会形形色色的矛盾之中，呈现、诠释与缓解矛盾是新媒体艺术的内容与价值核心。新的社会转型与科技进步所引发的矛盾都将在艺术中被呈现。在科技的加速发展与传媒的迅速形变的过程中，新媒体艺术将如何安置自己？也许正如保罗·瓦德里所言：在所有艺术中都存在着一种已不再能像以前那样去观赏和对待的物质成分，因为这种物质成分也不能不受制于现代科学和现代实践，人们必须估计到，伟大的革新会改变艺术的全部技巧，由此必将影响到艺术创作本身，最终或许还会导致以最迷人的方式改变艺术的概念本身。

第三节　新媒体艺术的价值性

"新媒体艺术"中的"新媒体"准确来说是一种传播媒介，它是指在新的技术的支撑下出现的新的媒体样态，如网络、数字报纸、数字杂志、数字电影、桌面视窗、触摸媒体等，与传统意义上的四个传统媒体相对应。"新媒体艺术"则是一种艺术形态，它是指那些整合了计算机、网络、音像和数码成像技术等先进科技成果而发展出的一种新型艺术样式。相对于传统艺术的表达方式，新媒体艺术最大限度地将感性的艺术语言和理性的科技媒介相融合，是对艺术领域的一次革命性创新。

一、新媒体艺术的市场价值

人们提到某件珍贵的艺术品时，习惯性地会首先思考它的艺术价值和审美价值。有一种普遍认同的观点是：艺术就是商品，艺术作品的市场价值就是它的艺术价值，一件艺术品的市场价值决定了它的艺术价值。这一论断对传统艺术来说可能不免有些片面，但对新媒体艺术来讲却非常适合。新媒体艺术自打诞生之初，就与商业利益和市场价值结下了不解之缘，可以说新媒体艺术就是艺术、科技和经济一体化的产物，通过对新媒体艺术自身的特征分析，以及同传统艺术的对比，可归纳出以下几条新媒体艺术的市场价值。

（一）新媒体艺术的实用价值

新媒体艺术之所以能与商业市场联系如此紧密，最关键的因素在于它的实用性。新媒体艺术的实用价值潜力巨大，像我们看到的大众流行电影、广告等领域都有大量应用新媒体艺术的范例。例如某商场触摸墙中四大数字视觉系统里的双通道背投多触点查询系统、中控系统，该系统的项目信息以数字多元化的方式，将信息传达给客户，这种展示组合能实现项目与客户之间的互动，且带给客户全新的视觉数字体验，进而推动了整个营销系统的建立和发展。又比如电影行业，电影可以说是最难的艺术门类，因为电影艺术是美学、心理学和自身文化功底的大集合，涉及很多领域的知识；但是电影又可以说是最容易涉足的艺术，因为即便没在电影学院待过哪怕一天，只要花上几个月工夫掌握电影制作的基本知识，然后再在影棚摸爬滚打一段时间，就很快能独立指导电影，尽管质量存在高下之别。因此，这唯一的门槛就剩"资金"了。如果不是专业人士或者知名导演，很难说服投资商投拍自己的电影。但是随着更实用的新媒体艺术的出现，普通大众投入极少的资金就能制作一些"小电影""微电影""短片"，通过小成本电影的成功，进而为将来争取大电影的指导机会打基础，这便是新媒体艺术实用价值在电影市场的体现。

（二）新媒体艺术的传播价值

在网络时代的今天，新媒体艺术的传播力量已经成为继报纸、期刊、广播、电视、网络社交媒体后的又一巨大传播浪潮，尤其是新媒体艺术在网络传播领域得天独厚的优势，使其传播价值所创造的经济财富不可估量。我们以新媒体艺术中的网络文学和网络音乐为例，来阐述新媒体艺术的传播价值。

网络文学方面，陆续产生了一批优秀网络作家。还有很多知名"80后作家"也都是起步于网络、成名于网络。网络文学的繁荣还体现在各个网络文学艺术网站的异常活跃。网络音乐方面，音乐在互联网发展之初，主要以免费试听和下载的形式出现，后来一些音乐网站为了吸引网民，还提供了音乐视频下载、铃声下载等功能，网络已然成为音乐最快捷有效的宣传途径。互联网已成为现代人展示个性化的舞台，拥有更广泛的受众基础。借助这个有着极强交互功能的平台，新媒体艺术在网络上的传播价值是传统艺术无法比拟的。

（三）新媒体艺术的收藏价值

迄今为止，传统艺术品依然占据着拍卖市场的主导地位，以古董、雕塑、油画等为代表的传统艺术品，仍然是收藏界的宠儿。但是新媒体艺术正逐渐成为传统艺术品在收藏界霸主地位的有力挑战者。目前在欧美市场中，一些摄影作品的价格甚至和油画艺术品的交易价格不相上下。美国从20世纪60年代开始，一些具有收藏传统的大公司、博物馆或者私人藏家就已陆续开始了新媒体艺术的收藏活动，并在学术的指导下获得了大量具有收藏价值的藏品。我国新媒体艺术收藏活动才刚刚起步，但是其前景却被行家看好。

二、新媒体艺术的社会价值

艺术和社会学本来是两个差距很大的学科领域，但社会学对艺术始终保持着某种关注，很多社会学学者甚至将对艺术的研究作为其社会学研究的一个重要组成部分。同时，一些艺术学者也提出，艺术有两个基本要求：一是艺术要能给人以愉悦的心灵体验；二是艺术要关心社会问题，乃至对关心的社会问题予以解决。新媒体艺术的发展正好顺应了上述两个对艺术的要求。新媒体艺术在带给大众特有的美感的同时，关注社会的种种问题，在解决某些社会问题方面也具有独特的社会价值。

（一）新媒体艺术为社会大众树立了先锋姿态

在现代社会生活里，我们每个人都被不计其数的媒体所包围着。但无论其数量多少，其本质却注定是同样的产品。每个人喝着同样的饮料，看着同一部电视剧，听着同一首歌。流行就是时尚，时尚就是多数中的同一。而新媒体艺术恰恰可以消除人们对生活同一化所带来的那种麻木感，这是新媒体艺术在这个媒体时代存在的重要社会意义。新媒体艺术家在某种程度上可称作是社会的批评家和解剖家，他们创作艺术作品的目的是为了表达他们对于人性和社会的看法。而且这种看法常常是激进的、先锋式的且富有深刻哲学见解的。他们常常以社会的对立者的目光，来审视周围世界所发生的事情，通过计算机、摄像机等技术工具向大众传达某种新的社会生活观念。如新媒体作品《生动的厨房——快乐的 21 世纪末》，这是利用电视机、日用道具等在一个临时场景中演绎的一出生活小品。当观众置身于作品之中时，周围一切物品都被赋予了灵性。在这个厨房里，所有的机器都是由电脑控制，观众可以通过鼠标、键盘、手写设备，甚至是声音来控制它们，包括用声音控制杯子里的汤勺来搅拌咖啡。一切物体的运动都符合每个人的日常生活场景，使观众感同身受。将艺术、科技和生活用品与观众置于同一空间内，用这种独特的先锋姿态启发观众对自己在生活中的想象和反思，这种社会生活价值是传统艺术所无法给予的。

（二）新媒体艺术将艺术创作送入平民生活

在过去很长一段时期，传统艺术始终是高贵的精英分子把玩的"游戏"，很多传统艺术俨然成为普通大众难以触及的"精英艺术"。但是新媒体艺术的出现，消除了艺术与普通人的隔阂。新媒体艺术的兴起是人类再度树立的以平民话语替代经典话语的一场文化运动。新媒体艺术使艺术不再是一种孤芳自赏的事物，而成为大众艺术的一种。例如数字化影像的发展，使过去贵族式的高雅艺术成为大众的通俗艺术。科技的发展为每个人在艺术领域提供了平等的话语权，同时也凸显了个人的主体性存在。它可以超越意识形态的束缚与制约，真正实现主体性存在的自由显现，成了一种人类自身本性化存在方式的改良与进步的表征。这种背景下，似乎人人都可以成为艺术家，这也是新媒体艺术对大众社会生活的一个重要影响。

（三）新媒体艺术将艺术变成解决社会生活问题的有效工具

艺术来源于生活，艺术是对现实生活的一种特殊反应形式。它既能表达人的思想和情感等主观世界，同时也能通过不同形式的艺术语言对现实社会进行反思和批判，从而使自己的艺术理念得到更多观众的最大化认同，艺术作品开始向解决社会实际问题转变。例如中国艺术家徐冰收集整理了一套"标识语言"后，完成了一套互动装置作品《地书》。该作品揭示了人类语言的局限性，认为符号可以公平地对待每个人。假如将该设备应用于旅游产业中，无论是来自何种文化背景的旅游者，只要稍微了解旅游地当地文化，就可以应用各种输入法把语言输入，互动装置便会即刻翻译出相应的标识语言，简单易懂。这种新媒体艺术作品在解决人们实际生活问题的同时，还用隐喻的方式向大众揭示了社会公平化和民主化的问题，即无论你说着何种语言，只要接受过教育，它们都将绝对公平地对待世上的每个人。

新媒体艺术作为艺术大家庭的一员，它与生俱来的市场价值保障其生命力长期不衰，而其深刻而敏锐地揭示社会本质，对于重塑社会大众的生活理念和精神世界均有着一定价值。

第四节　新媒体艺术的审美性

一、新媒体艺术的审美生成

作为后工业文化的重要组成部分，新媒体艺术打破了传统美学体系的封闭性，将艺术审美的范围扩展到一切街头文化、广告语、消费常识、生活指南、设计方案、历史图片、档案、地图等，使艺术与生活的界限模糊甚至消失。作为艺术与技术结合的产物，新媒体艺术将原本由艺术家个人创造的艺术作品，通过电子信息技术合成、设计、复制、成批地生产出来，使艺术的原创性大大降低，艺术由原来永恒的客体变成了一个行为、一个事件的短暂过程，情感匮乏，魅力消退。

但不可否认的是，新媒体艺术的新媒介、新形式不仅改变了当代人的生存体验与文化境遇，改变了公共空间的概念，丰富了当代艺术语言，拓宽了艺术思维，影响了创作的题材、形式和意义，而且也同样形成了新的美感激发方式。在新媒体艺术面前，传统的美学和艺术理论显得捉襟见肘。

为了更好地理解这一新的艺术形态，就必须弄清楚其审美生成机制。

首先，新媒体艺术通过虚拟现实，让观众暂时沉浸在虚拟的空间中，获得一种"超真实"的美。新媒体艺术的虚拟，既包括早期的物像仿拟，也包括时下流行的拟像仿真。物像仿拟是通过模拟信号采集和还原物理量，其模拟信号在一定范围之内的变量是具有连续性的。所以，尽管它是虚拟，但却建立在实景基础上，是一种仿拟。比如吴美纯、宋冬的《非线性叙事：电梯》，借用玻璃、录像的重新合成，在现场的角落中虚拟一个繁忙电梯间的场景。王功新的《红门》，也是通过影像合成技术对四合院的空间景观进行内外翻置，将墙外的景观变成一个虚拟的内部院景。无论是电梯中上上下下进出过往的人影，还是四合院的空间景观，都不是无中生有的，而是经过事先对实景的拍摄，然后合成装置的。

近20年来，新媒体艺术的虚拟随着数字化技术的出现，开始由物像仿拟转向拟像仿真。所谓拟像仿真，在后现代理论家鲍德里亚那里，是指通过模拟而产生的影像或符号。拟像奉行的模拟原则不再是对现实世界和真实物的模仿，而是通过技术手段所达到的对影像和符号自身的模拟。当影像和符号本身成为模拟模型时，拟像也与现实毫无关系，成为一种超现实。也就是通过数字化技术，生成逼真的视觉、听觉、触觉、嗅觉等一体的特定范围的虚拟环境，无中生有地构造出非现实的生命体或者虚拟社会。如果说物像仿拟是"真实的虚拟"的话，那么拟像仿真则是"虚拟的真实"。比如加拿大艺术家夏洛特·戴维斯的《渗透》，就充分发挥了虚拟现实的沉浸感体验，虚拟出一座充满生机的绿色花园。人只要戴上数据头盔并在胸前装上测量仪器，就可以沉浸在这样的环境中。其中有由计算机生产出的光线、露珠、昆虫、灌木丛、泥土、石头、根茎等虚拟物。加拿大另外一位艺术家卢克·考切斯尼的《风景一号》，为观众虚拟了一个公园实景导游系统。虚拟的游客可以自由来去，现实的观众被邀请以触摸屏幕或以语音识别的方法与虚拟游客交谈。再比如德国艺术家杰弗里·肖的《可读的城市》，让观众在屏幕前通过骑自行车掌握速度和转弯，将数据传送到传感器上，获得一种在城市建筑中穿行的真实感觉。澳大利亚的艺术家克里斯塔·沙蒙雷尔和劳伦特·梅克尼奥的《A-Volve》，让观众在计算机控制的人—机界面上，通过触摸方式画出生物的轮廓，并虚拟出人工生物。还有波兰艺术家马图兹·赫兹卡的《生命维持》，通过计算机虚拟兰花的生长过程。2008 年上映的美国科幻电影《地心游记 3D》，通过 3D 立体影像技术，将科幻小说《地心游记》从纸上的文字化为逼真的视听场面，观众带上特制眼镜后即可身临其境地体验地心旅程。所有这些，都是通过数字化技术，生成仿的环境—人的视觉幻境，让观众产生亲临真实环境的感受和体验。

物像仿拟，尤其是拟像仿真技术在新媒体艺术中的应用，使真实本身遭到质疑，一种比真实更"真实"的状态或现实——"超真实"显现出来。"超真实"从本体上解构了以往对存在的理解和解释，打破了关于主客体的原有认识，唤醒了美学对物质与意识关系的重新审视。"超真实"是无中生有，艺术家和观众都可以按照自己的意愿去支配这些事物并能够产生不同的结果，那么以往建立在真实基础上的审美，其实是一种幻象。这种幻象，按鲍德里亚的说法，它是一种"掩饰有物的符号"，或者说建立在所谓真实基础上的审美意象，其实只是人们维护自身存在的合理性和正当性，或者表达超脱现实、追求乌托邦境界的一种方式。而拟像仿真是"掩饰无物的符号"，或者说是无中生有的审美意象，它比现实更逼真，更能表达人们超脱现实的愿望。因为它从根本上消除了事实先在，消除了客观性和再现性，构造出无根源的先在观念。这样，"超真实"就比真实更能让人获得一种自由表达的审美体验。

其次，新媒体艺术通过强烈的感官刺激，让观众在"瞬间失意"中，获得一种"感受"的美。尽管虚拟现实是物像仿拟或拟像仿真，但因为它们都是主观性的表达，所以其审美体验同样是真的。与传统的审美不同的是，由于它是与高科技的联姻，所以往往利用高科技手段，通过模型构建、空间跟踪、视觉跟踪等技术实现高沉浸感与交互的多感官空间，作用于人的生理，产生强大的感官冲击力，让观众生成特殊的审美感受。虚拟世界的审美体验紧密关联着生理的美感，或愉悦或痛苦，或快乐或伤心，或喜忧参半或悲喜交加。这种生理的美感，在保罗·维里奥看来，是因为"瞬间失意"而引起的。所谓"瞬间失意"，是指认知形式的不在场或从身体中消失，精神和肉体此时出现分裂。简单地说，就是观众因为沉醉在虚拟所制造的幻境中，一度出现失去意识，意识完全被感官控制的状态。这种因"瞬间失意"而产生的生理快感，会带来一种变异的审美体验。

新媒体艺术的表现形式很多，但它们的共通点就是，都采用电子信息技术或模拟技术，或数字技术作为物质载体进行创作。而电子信息技术可以通过对模拟信号或数字信号进行变量处理，制造出感官方面的冲击力，让观众在肉身的自在与当下满足中，自娱自乐，释放外在压力所带来的焦虑，获得瞬间的审美体验。传统艺术是固定不变的，带给观众是静默与沉思，是理念的感性显现，而新媒体的流变性使艺术变成了短暂的、变化的快餐消费，带给观众的通过声音、图片、影像、参与，特别是它们的运动变化所带来的强烈感官刺激。如果说传统艺术是靠整体打动观众，观众在感性的显现中达到理性判断的话，那么新媒体艺术击中观众的，是一个个碎片，或一个画面，或一个动作，或一句台词，带来的是震动感官的眩晕力。比如白南准受邀为1988年汉城奥运会准备的作品《包裹世界》，将1003个显示器组成通天电视塔，利用其闪烁不定的画面，以视听轰炸的方式展露令人惊诧的综合体验，最大限度地调动影像、声音的元素，刺激观众的感官，来制造强烈的艺术感染力和震撼力。美国新媒体艺术家迪马利尼斯的《雨舞》，给观众留下强烈印象的，是能充当扬声器的雨伞。美国艺术家迈克马赫特里的《十六只鸟》，给观众留下强烈印象的，是鸟的巨大的翅膀以及多次拍打而形成一种持续而有节奏的风声。澳大利亚艺术家斯蒂拉克的《行走的头》，给观众留下强烈印象的，是那个可以向各个方向转动，可以进行点头、转动、倾斜、眨眼等虚拟动作的头。严鸿隐的《你又能说些什么？》给观众留下强烈印象的，是无数的大嘴以及各自发出的声音。在2007年威尼斯双年展上，一名南非艺术家甚至用某化学气体充满展示空间，以引起参观者的好奇与关注，同时使作品借助化学气体产生的某种反应来达到出乎意料的视觉效果。2009 年在中国美术馆主办的名为"我们的能力——国际新媒体艺术展"的展览上，大部分作品是通过身体感官的创造性转换，来对观众形成感官上的刺激，以致有参观者感慨地说："我要晕了。"

正是这种感官刺激所带来的眩晕，让观众在"瞬间失意"中产生一种奇异的体验。而新媒体艺术也正是在数字化的技术优势中，以最大化的奇异体验来寻求瞬间绽放的价值，还原艺术的本真。因为过度的哲学化实际上异化了艺术，使艺术变成了意识形态的传声筒。如果说传统艺术是在社会人生的各种压力下审美的话，那么新媒体艺术则是在感官刺激的体验馆中放松和解压，在形而下的愉悦中"感受"美，将艺术还原为"愉悦"。

再次，新媒体艺术通过参与互动，让观众在多元和动态中，获得一种"创造"的美。新媒体艺术的互动性特征是人所共知的，新媒体艺术的先驱罗伊·阿斯科特就认为，新媒体艺术最鲜明的特质为连接性与互动性。在互动装置艺术中，其空间感必然促使观众参与到录像装置艺术作品中，"实现一种在场的审美"。比如 2003 年在上海美术馆展示的一组美术作品，利用视频技术将展览现场同五百多公里外的两处村庄连接起来，使两地能够即时沟通。两边的主持人不断地邀请观众到镜头前，和屏幕中的另一边的观众对话。又如胡介鸣的《向上向上》，由十几台电视构成一个装置影像空间，有一些人物影像在电视机里向上爬行，而只要观众跺脚、拍手或者叫喊，就可以通过声控技术让爬行的人物从当前的位置掉下。

这些作品，让观众在参与中体会艺术家的创意，并进一步触发出观众自己的思想火花，得到一种理解和创造的愉悦。数字技术与互联网的出现，使艺术中的互动更加便捷，使超链接成为可能，其表达方式和共时性特点，使得观众也成为作品创造者之一，实现一种在线的审美。比如黄石、李振涵和任远合作的装置作品《漂流瓶》，通过亲密的交互方式，尝试建立一种不同的交流模式，追溯人类某种古老的交流传统：当观众 A 打开瓶塞时，将被提示可以对着空瓶子说话留言；当观众 B 打开瓶塞时将会听到 A 在瓶中的留言，并可以在提示音后给后来的观众 C 再留言。澳大利亚艺术家集体创作的《亲密的交流》，可以使身处异地的两个人同时以身体动作互相交流。每个参与者只要使用一种叫作"身体板"的物理界面，就可以产生亲密交流。

新媒体艺术通过观众的参与互动，使得审美主体不再局限于欣赏艺术作品本身，而且可以直接进入到艺术品的创作中，可以直接参与改变和完成作品的影像、造型甚至意义。这种新的审美体验，不仅缩短了艺术与大众的距离，而且也重建了因虚拟生存而失落的人的主体性，使观众获得了一种"创造"的美。因为交互的双方是平等的，没有传统艺术中的主客体之分，观众不再是被动地接受。艺术也不再是单向传达和表现理念，而是营造一个让观众能够参与其间的空间与环境，提示一种新的认识与理解世界的角度。其作品永远都没有完结的时候，处于一种未完成的状态。这样的审美不是静观和沉思，而是多元的和动态的，是无边的和开放的。

二、新媒体艺术审美特征的阐释

艺术是一种文化现象，是人们从现实生活中创造和衍生出来的一种精神需求。它是进步的象征，所以艺术始终是一个不断在悠悠历史长河中翻滚变动并且前进的概念。它的具体含义区别于不同时期与不同地域。而新媒体艺术则诞生于 20 世纪末，触及全世界范围区域内，是艺术领域里面的一种较为特殊的艺术形式，它的特殊性在于以当今先进的科学技术为基础，充分利用艺术创作者的想象和技巧，从而创建一种全新的视觉领域，将人类理性思维和艺术灵感融为一体，以计算机、数码技术、录像和胶片技术、网络技术相结合而完成的一种全新的艺术样式，它主要包括影像艺术、录像艺术、装置艺术、虚拟现实、多媒体光盘、电子游戏、卡通动漫、网络艺术、数字图像以及实验性音响等。

新媒体艺术的关键在于艺术传播，艺术传播即指借助于一定的物质媒介和传播方式，将艺术信息或作品传递给接受者的过程。我们以往从创作者创造出艺术作品到观赏者进行艺术欣赏，大多是采用简单的直接的传播方式，而怎样以一种全新的视觉角度去打破传统，从而引起人们对传播的意义产生关注则成为迫切需要解决的问题。而实际上这主要是由于生产力水平的低下，科学技术水平的落后，导致局限和牵制了传播方式的发展，致使传播功能落后，使得传播这个过程未能对艺术活动产生较大的影响。而在近些年来，新媒体艺术的出现正是依靠了世界科学技术的迅猛发展，使电子技术、卫星技术、计算机技术等高新科技无一不渗透至新媒体艺术领域范围内。使新媒体艺术的优越性得到充分的体现，在当代艺术活动领域，已经显示出它独特的地位以及越来越重要的作用。甚至对于艺术品的传播方式，艺术品的创作量、规模、创作速度、周期等，以及对于接受者的接受方式、个人心境、成长环境、欣赏情趣等，都具有极大的影响。

而新媒体艺术具有怎样的审美特征呢？我们需要从艺术接受开始谈起。艺术接受是相对于艺术传播而言的，它指在传播的基础上，以艺术作品为对象，以鉴赏者为主体，进行积极能动的鉴赏、批评和消费的活动，是对艺术作品进行知觉、感受、体会和解释、评价的复杂的心理活动过程。艺术的接受包括对艺术作品的鉴赏、消费和批评，是艺术活动的终点，也是艺术家及其艺术作品内在价值获得最终实现的根本途径。而对艺术作品的审美过程就存在于艺术接受者对艺术作品的鉴赏与批评活动中，是对艺术作品进行一个审美认知、诠释和创造，和艺术家进行精神交流和对话。

黑格尔说："美是人类最早的老师，美的教育具有解放思想的品质。没有审美的过程，谈不上美术的功能。"新媒体艺术的审美也是如此，是一个非常复杂的过程，这首先是因为新媒体艺术作品创作手段的多样性，应用技术的复杂性。现在，互联网已经渗透至人们的日常生活中，已经成为整个社会不可或缺的生产工具和生活方式之一。我们除了可以从传统的电视上看到媒体作品，众多影像艺术更多地频繁亮相于互联网上，带给人们与众不同的生活经验和体验。和传统艺术相比，新媒体艺术在视觉上带给观众静中有动、动中含静的体验，给观众展现真假莫辨、虚虚实实的场景。但它和传统艺术一样，通常来说，作品不起直截了当的作用，而是以一种"虚"的迂回曲折地给人以潜移默化的感受。每个人都可以描述个人的审美感受，对不同的审美对象做出自己的判断，得出自己的体验。而不同的欣赏者对同一审美对象得出来的结论又因欣赏者的情绪状态和心境，以及特定时间和环境的不同而有所不同，同时也受到个人的文化素质和个人爱好的差异的影响，相同的自然山川在一些人看来，可以是山河无限好，而在另一些人看来，就可能是满目萧条。

其次新媒体艺术的审美也要从美的本质出发。到底什么是美，美与丑之间又如何划分，是没有一个明确的界限的。直到现在，对什么才是美的问题，一直存在着各种不同的观点，仁者见仁，智者见智，至今众说纷纭，没有统一标准。培根曾说过："美犹如盛夏的水果，是容易腐烂而难保持的。应该把美的形貌与美的德行结合起来。这样，美才会放射出夺目的光辉。"在我们人类社会的发展进程之中，美这一观念一直是与人文性紧密结合的。人文是人类社会的各种文化现象，无论是两万五千年前的石器时代洞穴上的壁画，还是现代的绘画艺术，又或是利用高新技术而衍生出来的新媒体艺术，都闪烁着人文精神的光芒，都在其中传达了人类的某种思想和情感。而从另一种美学观念来说，有时候审美只是搅动了人们的情绪，却不会产生任何的美感，甚至是让人感觉到反感。即便如此，它却能够从中给人们以启迪、暗示，使人有所觉悟。我们说它也不失为一种美。在现在的新媒体时代，意义的生存十分重要，文化、理念、情感就在新媒体在使用各种媒介传播的过程中传达给了观者。同样不可否认的是，观者在与新媒体的互动中也将自己的感受、文化取向、价值传达给媒体，两者之间不断地交流和加以适应，促进社会的发展。一些个性化的动感十足的新媒体十分张扬，可以对观者的价值取向进行有意识的引导。再次，我们要将艺术审美与新媒体艺术审美区分开来，新媒体艺术是艺术里的一个部分，我们说它既有艺术审美的大特征，也有自己本身的小特色。新媒体的一个很重要的特色便是虚拟现实，它摆脱了传统艺术对物质的依赖，用虚拟技术给艺术感受者带来了强大的错觉力量，创造另一个变化多端的虚幻空间，人们在这个虚幻空间里可以感受到另类的震撼，这使得新媒体艺术审美变得复杂起来。对一个成熟的以数字载体为媒体的新媒体艺术作品来说，它首先要有丰富多彩的媒体效果，它可以是文本、图片、计算机图形、动画、声音、视频等的任何几种的组合，一个有声音、动态的页面比静态的只有文字和图片的页面更能引起人们的注意，更具吸引力。它通过多媒融合的全息体验性来非常形象直观地去展示一个作品，人们可以通过多媒体的演示，完成新媒体艺术作品的审美过程，从而去形象地了解作品，从各种角度了解更多的知识。而不需要人们专门去展览馆、图书馆欣赏传统艺术作品时，通过看到画面，或通过专人讲解才能对作品有一定程度的了解。

而新媒体艺术作品还需要具备另一个特征，即交互性。新媒体艺术的审美特征也越来越明显地表现在审美交互主体性和审美体验主动性两个方面。无论是作品要进行展示，或者观者利用多媒体技术进行咨询，又或者是将其用在教学系统上，都应该强调用户的主动参与。按照用户自己的兴趣、程度来决定下一步的走向。所以说，作品不仅作用于客户，向客户提供按照一定顺序编排的内容，而且在某一程度上可以允许客户反作用于作品，让客户用某种方式来自由地选择自己想要进行的内容，这就是新媒体艺术里面的一个交互功能以及观者亲自去参与体验。同时我们在进行审美体验活动的过程中离不开对对象的形象联想，创作者也在他的作品中注入了自己的思想和情感，不管是创作过程还是审美过程，总是带着作者和观者各自的强烈的审美情趣，也只有如此，我们才能在各种审美体验的过程中得到启发，引起共鸣。

第三章　新媒体传播理论和效果

第一节　新媒体传播理论

一、合众传播

在对前人理论继承与否定的基础上，产生了全新的新媒体传播理论——"合众传播"理论，并在此基础上分析新媒体传播模式、新媒体舆论特点及新媒体受众理论。纵观人类社会传播史，不同历史时期有不同的发展特点，呈现出不同的特征，从辩证法的角度分析，人类社会的传播史可以说是经历了并正在经历一个黑格尔的"三段式"发展阶段。

（一）辩证的肯定——人际传播阶段

所谓人际传播一般是指人们相互之间面对面的亲身传播，所以又称面对面传播、人对人传播。人际传播的实质在于人们经由符号而结成一种关系。如亲属关系、同事关系、朋友关系、爱人关系等，人际传播就属于这众多关系中的一种。

用施拉姆的话说，就是两个人（或两个以上的人）由于一些他们共同感兴趣的信息符号聚集在一起就叫人际传播。通俗地说，人际传播是两个或两个以上的人之间借助语言和非语言符号互通信息、交流思想感情的活动。人际传播需要在一种相同、相通或相似的经验范围内进行，否则就会导致传而不通。

"前媒体时代"主要靠人际传播来进行，人际传播是一种典型的"点对点"的传播方式，是个体与个体之间的沟通，通过语言、非语言符号等实现信息的传递与沟通。它具有自发性、自主性、隐私性、封闭性和双向性等特点，是一种自我表达和相互认知的活动。即使是在人际传播时代，大众传播也并不是完全不存在，只是存在的范围较小。如极少数人通过出版书籍、讲学、会议等形式传递信息，亦是大众传播的一种，只是局限在很小的范围内。

（二）辩证的否定——大众传播阶段

随着社会的发展和科技的进步，传播模式由人际传播进入大众传播。

1. 所处时代

一般而言，传播理论界把德国古登堡在16世纪发明金属活字印刷术作为人类进入大众传播时代的标志。大众传播可以分为传统大众传播时代和当代大众传播时代。传统大众传播时代是指从19世纪末到20世纪60年代，报纸、电台和电视相继出现，使得大规模、大批量生产和传播信息成为可能。在这个阶段，受众没有选择信息的机会，每一个受众被动接收同样的信息。从20世纪70年代初到90年代末，随着传播技术的迅猛发展，传播领域受众面临着丰富的信息内容选择，媒介形态、媒介内容都产生了巨大的变化，这一阶段是大众传播的鼎盛时期，即当代大众传播时代。

2. 大众传播载体

在现代报刊、广播、电视时代，大众传播和人际传播是分开的、割裂的、整体的。大众传媒的兴起是传统社会向现代社会转变的最为重要的特征，报纸、杂志、广播、电视节目作为大众传播的重要载体，反映了人们生存方式和思想的变迁，是我国现代社会发展的记录和见证，同时报刊、广播、电视这些传播媒体也通过自身的文化传播影响和改变着人们的观念，是现代化进程的启蒙者和参与者。

3. 大众传播特点

大众传播的基本传播特征是大规模的传播与接收、单向传播、不对等的关系、非个人匿名的、有目的的或是市场性的关系、标准化的内容。大众传播的特点是信息传递一点到多点，体现的是集体的、社会的、国家的意志。普通受众要想实现真正媒介的接近权和使用权比以往更难。大众传播时代，信息传播以传者为中心，受者是被动的。

大众传播是一种典型的"点对面"的传播方式，是一种完全组织化、制度化的社会传播。它具有公开性、多向性和传播对象的广泛性和不确定性等特点。与人际传播相比，大众传播的反馈总是比较迟缓、模糊、微弱。从人际传播到大众传播的拓展是传媒的进步，也是社会的进步。进入大众传播阶段后，人际传播也并没有因大众传播的普及而销声匿迹，它在社会生活中同样存在着，只是"人际传播"和"大众传播"犹如两道平行线，它们各有各的轨迹。大众传播的门槛很高，人际传播很难进入大众传播领域，对社会的影响有限。

（三）否定之否定——"合分一体"融合传播阶段

纵观媒介发展的历史，每一种新的媒体形态的出现从来都不会消灭旧有的媒体，每一次技术革新与进步带来的是媒介形态之间的进一步竞争与融合，并在此过程中达到媒介生态的空前繁荣，呈现出全新姿态的媒介丛林风景。新媒体时代也是，网络、手机等新媒体的迅猛发展，带领人类社会进入"大众 + 分众 + 小众 + 人际"的融合传播时代。新媒体的出现，并没有使人际传播与大众传播就此消失，反而开拓了人际传播与大众传播的传播范围，形成"四位一体"的融合传播，具有更加深刻的内涵、更加丰富的内容、更加多元的渠道。

1. 融合传播时代

如果说人际传播是哲学意义上的肯定阶段，那么大众传播的出现是对它实现了第一次哲学上的"否定"，是传播技术与传播形式上的一种超越与包容，而非简单使之销声匿迹。事物发展进入哲学上的"否定之否定"阶段，新媒体的快速发展并没有对人际传播与大众传播进行简单的摧毁式的否定，大众传播与人际传播没有因此消失，而是实现了高度的融合与促进，互依互存，相互作用，相互影响，相互渗透，构成"大众＋人际"融合传播时代。传播过程发生重大改变，由过去以传者为中心变为受众积极主动，由单项传播方式转变为"大众＋分众＋小众＋人际"传播方式的融合，以"大众＋分众＋小众＋人际传播"的全面细化、全面融合和全面互动为主要传播特征。

2.融合传播载体

网络、手机等新媒体，报刊、电视、广播等传统媒体，各种已有媒介技术的融合形成新的传播媒介。

3.融合传播特点

在这个合众传播时代里，大众传播、人际传播成为现代传播的基本属性，传播更加全面细化，不同行业、地域的分众越来越多，分众化特征明显。传播内容与对象全面细化，全面分化，小众化传播也有庞大的市场，大众传播、分众传播、小众传播与人际传播各种不同的传播形态全面互动、互相影响、互相渗透、互相推动，融合成现代传播的独特风景。

（四）合众传播是"大众＋分众＋小众＋人际传播"的融合性传播生态

1.新媒体技术强化了大众传播的范围、速度、效果

网络传播兼具大众传播与人际、分众、小众传播的多重特点。手机等新媒体问世后，更加凸显这一融合传播特征。网络、手机等新媒体传播具有双重特性，它既是新的更加迅速、更加强大的大众传播媒介，也是新的更加迅速、更加强大的人际传播媒介；由于互联网的出现及其传播信息的易得性，分众、小众、人际传播都可以通过互联网轻易实现，甚至形成大众传播的效果，形成融合传播。

一方面，网络、手机等新媒体传播突破了大众传播时代大众化、非目标性、单向、区域传播的障碍，使现代传播实现双向和全球网络传播，传播广泛、有效、交互功能强大、实现即时通信等特点，使传播走向更加宽

广范围的大众，强化了大众传播的特征；同时，网络、手机等新媒体使传播走向更加个人化、目标化，这一效果强化了人际传播的特征。

网络传播承载着明显的"人际传播"特性。WEB 2.0、3.0 技术的应用，使广大受众不仅可以阅读网上的信息，更能轻松地肩负信息内容制作者、消费者和传播者的身份，网络可轻松实现一对一的交流。在这个充满主动权和互动性的平台上，受众群体可实现在其他分众传播媒介中所达不到的自主分众传播和数字化传播。

网络传播可以轻易实现一对多的传播、多对一的传播及多对多的星状传播。网络给予了大众更多的选择自由，从目的性极强的自主搜索信息到不受空间限制的分享交流信息，大众传播的内涵被深度挖掘并实现。传统的媒体消费者之"被动的信息接收者、目标对象"的角色被搜寻者、咨询者、浏览者、反馈者、对话者、交谈者等新角色所取代。小众传播可以借助网络形成大众传播。新媒体技术在一定程度上强化了大众传播的范围、速度、效果，大众传播能力空前加强。在合众传播时代，借助网络、手机及卫星通信等技术，传播形态呈现综合化趋势，不同的传播手段实现大融合，媒介格局越来越走向多元化。

2. 新媒体技术促进了分众传播和小众传播

从 20 世纪 90 年代以来，传统大众传播媒体的分众化传播和发展趋势明显、受众分化和信息需求多元化加剧，各种大众传播媒体纷纷实施市场细分和分众化策略。1990 年，阿尔温·托夫勒在著作《权利的转移》中指出，当代大众传播的发展趋势是"面向社会公众的信息传播渠道数量倍增，而新闻传播媒介的服务对象逐步从广泛的整体大众，分化为各具特殊兴趣和利益的群体"。

分众传播具有明确的目的性，受众可以获得比较准确的信息并可以主动掌握、控制信息，受众可以更多地参与到信息的制作和传播中，既是信息的接收者又可能是信息的制作和传播者。分众传播进行专业化细分，符合受众群的不同需要。随着消费主义浪潮及其现代化进程的发展，原来一元或二元的社会结构被打破，人们形成了越来越多元的价值观，整个社会呈现出多元化、异质化和去中心的特点。大众越来越难以找到共同关注的焦点和彼此沟通的话题，小众化传播便适时而生。对于"小众传播时代"，年轻学者黄旦博士在其著作《新闻传播学》中归纳其特点为："第一，内容更加专业化；第二，接收者更为自由、主动，富有选择余地；第三，传播者必须更加关心和了解接收者的各种需要；第四，利用'电子报纸''电视报纸'等新型媒体进行传播的传、收双方，都必须具备较高的文化知识水平。"

小众传播不再追求受众数量上的庞大，它着眼于特定的受众群，传播内容细化，为其提供符合口味的信息和服务，在小众传播时代，甚至会出现像尼葛洛庞帝所说的"我的日报"——数字化的生活将改变新闻选择的经济模式，你不必再阅读别人心目中的新闻和别人认为值得占据版面的消息，你的兴趣将扮演更重要的角色。小众传播中传、受者之间互动频繁，传者与受众之间的鸿沟被填平了，人人都是传者，人人又都是受众。

3.新媒体技术降低乃至将完全打破人际传播进入大众传播的门槛，推动大众传播与人际传播的互动与融合

网络传播中的社交媒体首先可以实现人际传播，手机中的聊天工具及手机本身都具有私人交流的性质，传播者与接收者的界限模糊，传播的"反馈"加强，每个参与者既给别人发送信息，也接收别人发来的信息，并随时反馈信息。这种角色的转换和信息的及时反馈使得传播方向呈现出"双向"和"多向"的人际传播特征。新媒体技术降低乃至将完全打破人际传播进入大众传播的门槛，推动大众传播与人际传播的互动与融合。大众传播的特点是信息传递从一点到多点，体现集体的、社会的、国家的意志。分众传播的特点是信息传递从多点对多点，体现的是承认差异，尊重个性。小众传播具有更强的实用性、目的性、专业性，体现更强烈的个性，它不仅仅是早期传播特点的回归，更被赋予了更深的内涵、更丰富的内容。现代新闻传播事业之所以比传统新闻事业更为发达，就在于它能够通过大众

传播、分众传播、小众传播和人际传播的融合，在第一时间提供有关我们生活世界最新变动的信息，就在于它能够将这些信息在尽可能广泛的范围内传播，而且能够让人们快速而方便地接收。

合众传播时代"大众+分众+小众+人际传播"的融合性传播生态，创造了全新的传播类型，多种传播形态共生共存，这就是我们今天的媒体生态和传播环境，这种传播的融合与互相促进是技术的进步，是文化的进步，也是社会的进步，是更高意义上的哲学上的回归与进步，是人类传播在"否定之否定"的辩证道路上螺旋式上升的历史趋势，它使新媒体传播不断显现出前所未有的传播特点。

二、微时代微传播

微时代，即以微博作为传播媒介代表，以短小精悍作为文化传播特征的时代，微时代信息的传播速度更快、传播的内容更具冲击力和震撼力。在信息碎片化的"快餐时代"，浮躁的受众群体在单位时间内消化信息的量非常有限，而如何在庞大的信息海洋中，抓住受众群体，这就需要信息生产者提供冲击力大、可以在极短时间内吸引受众阅读兴趣的内容。

（一）天翻地覆微时代

随着数字化技术和互联网技术的升级换代，微博、微信、微电影、微小说等"微"产品将我们带入了一个全新的时代——微时代。

1. 何为微时代

"微时代"是指以微博作为传播媒介代表，以短小精悍作为网络文化传播特征的时代。所谓"微时代"是一个蕴含着文化传播、人际交往、社会心理、生活方式和思维方式等多种复杂性语义的时代命题。它是以信息技术为基础，通过数字通信技术的应用，结合视频、音频、文字、图像等多种方式，再利用新型的、移动便捷的显示终端，进行以实时、互动、高效为主要特征的交流活动的新时代。它作为人类社会历史发展的必然产物，也将世人裹挟到欣喜与焦虑、便利与浮躁、理性与盲目的博弈之中。

2. 微时代的特征

微时代具有"信息源扁平化""信息量碎片化"和"时空的瞬时化"三大特征。微时代带给我们的欣喜与焦虑、便利与浮躁、理性与盲目有"双刃剑"属性。在微时代这个大背景下，微内容传播过程和传播方式改变，互联网的发展带来了新的传播方式的变革和兴盛。分众传播理念不断普及，微博、微信、微电影等微信息聚合平台和微内容传播渠道日臻成熟，"受众时代"随之转变为"微众时代"。而在微时代的背景下，其内容的生产和传播方式也发生了一系列的变化，内容的生产方式不再是繁多、冗杂、毫无头绪的，信息的传播方式也不再是刻板、固定、一成不变的。微时代的内容生产和传播方式将越来越向连续、不间断、时时更新的新型模式方向发展。

（二）不得不说微传播

1. 纷纷解说"微传播"

尽管微传播的实践运用已经很广泛，但是关于"微传播"还没有一个统一的定义。英文"Micro-communication"是用于网络电子通信技术中"微通信元系统构架"研究的术语，没有当下"微传播"的意义。

广义的微传播是指以微博客、手机短信、彩信、QQ、微信、户外显示屏、出租车呼叫台等为媒介的信息传播方式，狭义的微传播是以微博客为媒介的信息传播方式。以微博客为媒介的微传播，是去中心化的裂变式多级传播模式，传播碎片化信息，借以实现自我表达、交往需求与社会认知。

有论者把微传播看作是大众传播的"重要形式"，定义为：微传播是非职业化的传播人利用可复制的电子信息技术，以信息共享和自我实现为目的，向不特定的人群传送信息的行为和过程。有论者归纳出微传播的定义：微传播正是以微型媒介为渠道进行信息传递，以裂变的方式进行多级的、碎片化信息传播，借以实现用户自我表达、交往需求和社会认知的一种新型传播方式。

微传播是向特定用户进行一对一的信息传播方式，是受众明确、需求清晰、有较强针对性的精确传播方式。与大众传播相比较，其传播内容更精确，传播方式更简便，传播渠道更精细，传播对象更精准，其本质是以数字技术为基础的口碑传播，其最大的优点就是可以直接面对消费者。

微传播的定义可以这样表述：微传播是用户以网络数字通信技术中众多微型平台为信道，进行信息的多向、多级传播与分享，进而使得信息无限分裂而又不断聚合的新型传播方式。传播主体是用户，包含传者与受者、专业与非专业者、转发分享者与原创者等一切参与者；传播渠道是不断更新换代的各类微型信息交流服务平台，均可以接入移动客户端；传播内容是各类信息；传播、分享对象是确定和不确定的用户；传播效果复杂、难以预测，不同的微传播用户效果不同，应当分类研究、统计；传播的结果（后果）是人类信息产品在微传播空间中的无限分裂与聚合，即传统信息传播的5W模式面临着分裂与聚合的矛盾背反状态。

2．"微"这个核心

"微信息、微社区、微媒体、微观点、微博"的发展正在逐步"大势所趋"化。"微"就是微传播的核心特征，即传播的内容可以是"微内容"，如一段话、一张图片、一个心情；传播的动作则是"微动作"，如只需简单的几步按键操作就能完成语音或者信息上传、分享的步骤；传播的渠道是"微介质"，如智能手机、平板电脑等；传播的对象是"微受众"，是小范围、针对性传播。作为一种全新的传播方式，它的适用范围极其广泛，集合了人际传播、大众传播的几大特点，使它的存在价值不断升级，被广泛应用。

（三）微传播五大要素

微内容、微动作、微媒介、微受众、微效果，是微传播的五个主要特征。

1．微内容

所谓"微内容"，就是和引起社会普遍关注有重大意义的"巨内容"相对的概念。微内容最早用以描述一小段包含元数据的文本、图像、视频等信息内容。网络上流行的微博客、微电影、微小说、微段子、微游戏、微社区等都属于这一范畴。

2. 微动作

用户在传播过程中通过简单的电脑按键操作、鼠标点击，就可以完成信息的发布、浏览、转载、评论、投票等功能；手机媒体只需要动动大拇指的"微动作"按动操作键，就可以体验信息洪流，比电脑操作更简单、更普及，比报纸更互动、更快捷。

3. 微媒介

传播的载体是"微媒介"，比如经常用的移动手机、掌上电脑、多功能电子阅览器等传播介质。

4. 微受众

"微传播"的受众，类别细分化、需求个性化，是"小众"型传播对象。在寻求信息方面显示出多样与个性化。微媒介，又在传播上强化了这种需求，使得受众的需求进一步固化和异化，从而造就了多变的、差异化的受众。在微传播的时代，受众开始大胆讲述自己的故事，形成了一股全民写作、自下而上的民间力量，这力量对未来新的传播模式的进一步创新有着至关重要的作用。

5. 微效果

"微传播"一直在体现"微"的力量，它将逐渐积累不断强大，最终以一种微不足道的方式影响整个社会的传播体系，微传播的影响也使过去固有的传播模式发生转变，"传者—媒介—受者"三者之间的关系不再是一成不变的固定角色，三种角色开始相互交替扮演，灵活自由、互动性强、自主性高，形成新的传播模式："人（带有信息）—物（电子化新媒体，呈现信息）—人（自由的选择信息）"。在这个过程中传者不只是传者，受者也不只是受者了，而信息的中介点也变得人性化、个人化，传播模式的逐步变更使得信息传播更加民主化与自由化，整体上吻合了新时期社会催化下的传播欲、信息欲。

微传播时代，人们越来越关注个体的"微观世界"，此过程中的最大特点是微小或者微弱，但表面微小的力量往往最终效果却是强大的。这个效果不仅仅是对一个社会个体，更重要的是对整个社会传播的发展有着强大的推动作用。

微传播的传播方式符合新媒体的人性化传播特色，一对一传播信息；传播内容紧随着时代的快节奏阅读习惯，内容短小精悍且主题明确；传播媒介时尚、精巧、多功能化，小媒介、小渠道却有着大的传播效果；传播对象有着个性、自由的传播欲望，期望能在传播的过程中向社会展示自我并得到相对应的社会尊重及欣赏。

微传播传播速度快、手段方便、人人可参与、门槛低，进入与退出机制简单自由，给予参与者的快感、成就感强烈，这些优点也为知识文化信息的普及传播提供了强大的动力，吸引了众多的专业传播者与非专业传播者的参与。而大数据、搜索引擎服务、媒介融合、数据抓取爬虫等技术，对海量的微传播文化信息以存储与数据抓取等方式进行处理，使微传播世界中零散的、碎片的知识文化信息又得以聚合、统一，为人们有效利用信息提供了极大方便。如新浪微博通过微博接口、话题接口、评论接口、用户接口、账号接口、收藏接口、搜索接口、推荐接口、提醒接口等十多个接口，可以基本掌握各种分裂的信息，从而达到信息聚合分析研究的目标，最终实现信息数据分裂与聚合的互补。

从技术层面上，传统媒体与新媒体融合后，各种微传播方式均可以实现大聚合。微信矩阵 + 微博矩阵 +App 矩阵 + 微站矩阵的覆盖新模式将是一个打破传统模式的移动新媒体形式，各个矩阵之间都能进行用户转换，加大媒体覆盖范围，实现有限互动。随着微传播服务新平台的研发、增多，这种矩阵相叠加的名单还会不断扩充。更加突出的是，在微传播环境中，新闻信息、文化思想的传播一方面不断地"微化"为碎片，另一方面又不断地"整合"为网络大数据，微传播与大传播双向发展，微传播越发达、大数据传播也越壮大，大数据传播越强大，微传播则越繁荣，形成了双向背反而又互补的巨大传播场域，极富张力。这种背反与互补具体呈现为背离与依附、分裂与聚合、大众化与小众化、碎片化与整体化、分散化与一体化、大数据与小数据、真实与虚假、专业传播与非专业传播、自创分享与转发分享、个体化与群体化等并存、交叉、混杂的状态，极大地影响了人们的思想、行为与生活方式。

三、新媒体传播理论对传统理论的"扬弃"

新媒体的大众传播属性更加深刻，分众与小众传播体现出新媒体传播的专业性，新媒体的人际传播特质耐人寻味，新媒体舆论有与传统媒体舆论大相径庭的舆论传播特点。分析新媒体传播理论与传统新闻理论、传播理论之间的差异，可以发现，新媒体对传统新闻理论、传播理论表现出"扬弃"的特质，有肯定，有否定，有继承，有发扬，或对传统理论有所突破，或推动新闻理论深化、拓展，或在某种程度上对传统理论有所加强，或在一定意义上使传统理论失效。

（一）部分传统传播理论和新闻理论有待深化

1.经典传播理论——"把关人"理论有待深化

在新媒体背景下，在传统媒体信息发布过程中起重要作用的"把关人"理论受到了质疑。

互联网的兴起使每个人都可以成为信息发布者，打破了传统媒体对信息发布的垄断。网络使人们成为"信息人"，在发布信息、获取信息方面获得了前所未有的自由，然而也使网民处于一种迷茫的境地：在浩如烟海的网上信息里，"我该相信谁"？

网上信息传播的自由，颠覆了传统意义上的媒体功能，也引发了对网络媒体能否继续发挥舆论引导功能的疑虑。新媒体作为媒体的一种形式，具备新闻媒介所拥有的功能，当然应该可以对之进行舆论引导。在舆论引导的过程中，当然要重新讨论"把关人"的作用。世界上只要存在媒体，只要存在社会责任，就存在"把关人"。在新媒体条件下，传统的大众传媒正在利用新媒体传播信息，在这里"把关人"仍然存在，而且更加重要，"把关"难度也更大。新媒体并没有使"把关人"理论失效，只是对其提出了新问题、新要求和新挑战。在新媒体条件下，"把关"和"把关人"出现了一些新特点、新要求：

（1）传统媒体"把关"的范围比以往有所缩小，"把关"的尺度比以往更加宽松，"把关"的效果比以往也更加难以预料。

（2）随着新媒体的崛起，"把关人"出现了多元化、区域化、行业化、个性化、自由化、互动化等趋势。"把关人"既有专业的记者编辑，也有网络编辑和网民个人，这三种力量共同构建大的新媒体"把关人"的角色，扮演着传播者和信息接收者的双重角色。

（3）随着微博的迅速发展和社区网站的大量涌现，"把关人"愈来愈呈现全民化趋势、泛化趋势。传统大众媒体的"把关人"在传播过程中处于信息链条的第一环节，掌握着信息的发布、传播权并对信息进行垄断，而新媒体打破了这种局面。新媒体时代"把关人"概念出现泛化，"把关"功能减弱并实现转化。

另外，"把关人"组成的多元化以及他们所代表利益的不同使得"把关"的标准较传统媒介有很大的变化。传统媒体要把握信息传播的新闻价值与社会价值，新媒体则在一定的程度上，重视市场经济因素的影响力量。

2.经典传播理论——"议程设置"另具含义

唐纳德·肖和麦克斯威尔·麦科姆斯如此论述议程设置："大众传媒的影响力——它所具有的构建公众思想和引发他们的认知变化的能力——就是大众传播的议程设置功能。大众传播最为重要的功能恐怕就在于此——为我们安排和组织了脑海中的现实世界。简而言之，大众传媒并不能告诉我们应当思考什么；但在告诉我们应该对哪些事务进行思考上，大众传媒取得了令人惊异的成功。"

新媒体将议程设置理论进行拓深，表现出如下特点：

（1）议程设置依然适用于新媒体。

新媒体的特点决定了其具有"议程设置"的功能，这些特点包括：

①在网络里，某些信息的传播就像病毒一样，可以飞快地繁殖。议程设置理论认为，人们对某些议题的关注程度，主要来源于这些议题被报道的频率和强度。而无疑，网络传播可以轻易地做到提高对某些事件的报道频率和强度。②在网络中大众传播和人际传播相互交织，而在议程设置方面，人际传播对大众传播是一个有力的补充。③利用互动技术，报道对象与受众可以建立直接联系，因此，当事人的影响会更直接地传递给受众，这对提高一个事件的受注目程度，也是非常有利的。在一定意义上，议程设置在网络信息传播中依然存在。

（2）新旧联手整合"议程设置"。

传统媒体和新媒体联手，对议程设置进行整合。传统媒体赋予新媒体信息以权威性，新媒体使传统媒体信息更加符合民意。网络媒体与传统媒体两者之间可以"互设议程"，网络媒体凭借技术上的优势，如网络的超链接功能、信息整合能力以及海量存储特性，对传统媒体"信息反哺"，帮助传统媒体尽可能全面地探询新闻背景；报刊、电视等传统媒体越来越多地利用起网络信息，获取丰富的新闻源和新闻话题。

（3）新媒体主动"设置议程"。

新媒体为我们提供了"人人都可以放大自己的声音"的可能性，由此形成的社会影响力也日益巨大，新闻事件能够引起社会各界的广泛关注，激发不同人群的广泛讨论，设置出全新的社会议程，进而设置传统媒体的议程，主导社会舆论方向。传统意义上的预定"议程设置"变得艰难，新媒体舆论主动地发起"设置议程"。

（二）部分传统传播理论和新闻理论"拓深"

新媒体传播的独特特性使得部分传统传播理论适用范围扩大，如"拉斯维尔程式"的 5W 内容得到扩充。

1948 年，美国学者 H. 拉斯维尔在《传播在社会中的结构与功能》一文中，首次提出构成传播过程的五要素，即流传甚广的"五W模式"或"拉斯维尔程式"：Who、Says What、In Which Channel、To Whom、With What Effect。新媒体传播特性使5W各个环节的广度与深度得到拓深与扩张。

1.Who——传播主体多元化

传统媒体一统天下的时候，新闻信息的传播者多为专业的传媒机构，以社会上的一般大众为对象，进行大规模的信息生产与传播。新媒体颠覆了传播者对传播过程的垄断控制，使新闻信息传播的门槛几乎降低为零，大量的普通受众都可以加入信息的生产加工和传输过程，越来越多的机构和个人开始充当传播者的角色，传播主体多元化趋势日益凸显。

2.Says What——传播内容与形态多媒体化

新媒体传播的内容相较于传统媒体而言极大丰富，数字媒体的发展，不仅为新闻信息产品实现多媒体化提供了技术支持，还为之提供了广大的需求和市场。许多新闻信息产品实现了多媒体化，如受众了解一个新闻事件时，不再像过去那样只是单一地阅读报纸、收看电视节目或收听广播，打开网络，受众可以看到文字、图表、图片、视频、音频等各种形式全方位的信息提供。

3.In Which Channel——传播渠道复合化

新媒体挖掘出旧媒体不能覆盖的传播盲角，开发出新的受众接触点。新的传播渠道、新的传播工具不断产生，比以往任何时候都更加丰富、更加多样，而且新的传播渠道还在不断涌现，呈现出传播渠道日益明显的复合化趋势。

传播渠道越来越多。如网络媒体、网络电视、移动电视、卖场电视、网络广播、地铁报纸、航空杂志、候车厅LED、户外LED、移动多媒体（短信、彩信、手机游戏、手机电视、手机电台、手机报纸等）、数字杂志、数字报纸、数字广播等大量的新媒体传播渠道，不胜枚举，形成立体化传播网络。如报纸和互联网的融合产生了报纸的网络版，互联网和无线通信网的叠加产生了移动互联网，手机和电视的融合产生了手机电视等。

4.To Whom——受众和市场碎片化

数字化媒体时代，受众内容发生了很大变化，受众的个性化需求强烈，新媒体的受众范围更加宽阔，有大众层面、分众层面与小众层面，受众不再是一个全国统一的整体，而是分裂成一块块基于不同需求或兴趣的"碎片"。传媒市场也从全国统一的市场转变为面向不同地区、不同行业、不同年龄、不同兴趣的受众细分市场。如电视媒体的专业化频道，针对不同的受众而精准定位，网络媒体与手机服务的定制服务都体现了这一细分特征。

（三）部分传统传播理论"强化"

1."使用与满足"理论提出时的现实缺憾

西方经典传播理论中的"使用与满足"理论，把能否满足受众的需求作为传播的动力和目的。1974年，传播学家卡茨等人发表的《个人对大众传播的使用》一文中，提出了"使用与满足"的基本模式，将媒介接触行为概括为一个社会心理因素加心理因素的因果连锁过程。1977年，日本学者竹内郁郎对这个模式做了适度补充。此理论的主要观点在于：人们接触媒介的目的在于满足自己的特定需求，这些需求具有一定的社会和个人心理起源。实际行为的发生需要具备两个条件：一是媒介接触的可能性。即身边必须有电视机或报纸一类的物质条件，如果不具备这种可能性，人们就会转向其他代替性的满足手段；二是媒介印象，即对媒介能否满足自己的现实需求的评价，它是在以往媒介接触经验的基础上形成的。根据媒介印象，人们选择特定的媒介或内容进行具体的接触行为。接触行为有两种结果：需求得到满足或未得到满足。无论满足与否，这一结果将影响到以后的媒介接触行为。

此理论成立的前提在于它假设受众都知道自己需要什么，并知道如何在使用媒介中满足自己的需求，但这在现实生活中往往不能成立。"使用与满足"理论的实现前提是受众可以随心所欲地选择信息，可以按照自己的愿望、根据自己的心意进行取舍，但从当时整个社会背景和媒介环境来看，受众并没有多大的选择余地。

2. 新的"使用与满足"已经形成

传播学者施拉姆把"使用与满足"理论比喻为"自助餐厅"——受众参与传播，犹如在自助餐厅就餐，每个人都根据自己的口味及食欲来挑选饭菜。随着新媒介环境的不断变化，"使用与满足"这一开放性的传播理论也不断地深入发展。WEB 3.0 技术催生的新媒介景观提供了更多的传播需求上的满足，这不同于使用传统媒体的满足。一系列全新的媒介景观，为每一位受众提供了参与的可能，满足受众不同"使用与满足"的需求。

（1）满足"平等参与"需求。

"平等参与"实现多对多的传播，正是 WEB 2.0 时代新媒介最重要的特性之一。无论是创建博客、发表微博、登录论坛发表评论、使用手机上网，还是加入圈子、注册社交媒体，都满足了受众"平等参与"信息传播与信息发布这一基本需求，这是一种"通过参与，穿梭在社会"的满足。

（2）满足"贡献与共享"需求。

新媒体交互技术的密集反馈性可以满足受众"贡献与共享的需求"。在交互信息环境中，有着相同兴趣爱好、相同话题的人汇聚到一起，受众与受众通过媒介实现多对多的信息互动，他们可以把身边事情记录、拍摄、录制下来，贡献出来，借助新媒体与他人共享，进行交流。

（3）满足"个性化"需求。

新媒体传播可以满足用户自主创作微内容的需求。"微内容"强调媒体用户可以根据自己的个性生产任何数据与信息内容。满足用户个性化搜索、收藏、订阅的需求，搜索行为本身也是一种个性化控制，在网络信息海洋中，新媒介搜索引擎帮助用户以"我"的标准重组信息，赋予用户追求个性化传播的能力。基于互联网技术，受众可以订阅自己喜爱的个性化内容，这在传统媒体时代是无法想象的。

（4）满足"交往与表达的自我满足"需求。

新媒体的互动特征不仅在于人与终端机器界面的互动，更在于通过数据传输网络进行的人与人之间的有益互动。受众可以与论坛内的网友相互交流，表达自己的意见，得到自我的认识和评价的满足。各种论坛、社区、博客等互联网业务的繁盛，帮助受众满足人类社会"交往与表达的自我满足"需求。社交网站的火爆，充分说明社会生活中受众对这一需求的迫切需要。

在对于互联网的受众进行的大量研究中，许多人都借鉴了使用与满足理论，通过对网络媒体的使用，网民满足缓解焦虑的需求、满足获取信息的需求、满足情感交流的需求、满足自我实现的需求、满足主导的心理需求、满足工具的需求等；而青少年通过对新媒体的使用，可以获得平等参与的满足、"个性化"的满足（比如自主创作微内容、个性化搜索和收藏等）、"共享"的满足（比如寻找同好、促成共享等）。

从博客到电子杂志，从播客到视频分享网站，从手机报到手机电视，从微博到微信，新媒体传播景观迅速发展，新媒体的"使用与满足"已经形成。

第二节　新媒体传播效果

由于网络已经成为人们获取信息和交流观点的重要平台，网络舆情这一新生力量也应运而生。网络舆情具有强劲的突破性和渗透力，引爆了很多的社会热点议题。因此，学者对其基本理论、预警机制、传播效果等做了诸多研究。研究视角包括网络舆情视域下传播效果理论的变化和思考、微博中的舆情影响效力以及舆情传播影响因素研究等。例如有学者提出，网络舆情因其传播模式的网状化、传播内容的开放化、传播主体的隐匿化以及传播手段的个性化等特征，使得经典的传播效果理论受到了巨大冲击和挑战。尤其是"把关人""沉默的螺旋""使用和满足"等理论所强调的观点或假说，在网络舆情信息传播实践中，有的得到了印证和加强，而有的却出现了背离和不适应，故学者试图重新审视和构建新的理论体系，使之与网络舆情信息传播相适应。新媒体重要的互动特征，增强了受众的参与热情。分众化的新媒体传播形式，针对目标人群，有效到达率更强。

一、传播效果研究理论综述

从历史的视角考察"传播效果研究"，却发现了其路径的多元性。20世纪40年代至50年代，传播学在美国诞生，"效果研究"可谓应运而生，从佩恩基金会考察电视对儿童的影响，到拉扎斯菲尔德付诸"工具理性"考察大众传媒对选举的影响，再到卡茨"使用与满足"理论探究受众对媒介的主动选择，"效果研究"贯穿其始终。

（一）"第三人"与"第一人"效果理论

1983年，美国哥伦比亚大学新闻学与社会学教授戴维森在《舆论学季刊》发表题为《传播中的第三人效果》论文，提出"第三人"效果理论，成为大众传播效果研究中备受关注的重要理论。该理论认为他人受到媒介信息的影响大于自身。面对新的媒介环境，学者们再次对"第三人"效果进行了检验。有学者证实了强效果论的存在，并广泛应用于营销、广告、公关和口碑传播等方面，如郑素侠从网络传播效果与社会距离和认知偏差的关系入手，分析"第三人"效果在政治、文化和社会环境中的不同作用；还有学者研究第三方效果对企业社会责任的影响，探讨了企业、媒介和社会责任这三者存在的关系，结果证实"第三人"效果的存在且会负面影响消费者对名人代言产品的态度。"第三人"效果理论提出时并未涉及其理论外延问题。但之后有学者认为"第三人"效果理论框架还应包括"第一人"效果部分。"第一人"效果是指受众倾向于认为那些能够引起正面情感或符合社会期望的信息对自己的影响大于对他人的影响，如对"第一人"效果研究的现状进行总结，分析了影响"第一人"效果的各种变量，并且从正面信息的传播效果和口碑传播等方面分析了"第一人"效果的现实意义，诸如国际传播如何更有影响力、公益广告如何影响人们的行为等问题。

（二）有限效果论

20 世纪 40 年代初到 60 年代，是"有限效果论"阶段，这是一种明显的"弱效果"。拉扎斯菲尔德和贝雷尔森合著的《人民的选择》，提出"两级传播"和"意见领袖"概念，更被认为是"有限效果论"的开端。它基本上还是遵循"刺激—反应"模式的研究框架，把传播当作一个劝服过程，强调传播对个体的影响以及人际传播效果。实验心理学家霍夫兰则运用"控制实验法"对传播的"说服"效果进行量化研究，得出"大众传播在改变受众态度方面的效果不明显，但在增强受众的认知方面却异常突出"，再次印证"有限效果论"。"有限效果论"在这 20 年里红极一时，此后的"创新与扩散"理论、"说服"效果的探讨都遵循着有限效果模式。

（三）强大效果理论

20 世纪 60 年代以后，强大效果重回历史舞台，以议程设置、涵化、使用与满足、沉默的螺旋等理论的诞生为代表，传播效果研究迎来了"受众"本位的回归。为了回应贝雷尔森对传播效果的消极论断，卡茨在 20 世纪 70 年代正式提出了"使用与满足"理论，倡导研究视角转向受众，旨在从受众动机层面研究效果问题。该理论认为，受众接触媒介根本的动机是需求，希望从中得到满足。由于复杂的人类需求和行为及不断变化的媒介环境，使用与满足这一开放性理论也在经历不断深化和完善的过程。塞弗林和坦卡德曾评价说"使用与满足理论真可谓是一剂健康的解药，来解救那些早期过度强调受众被动性和劝服效果的主宰性研究"。同时，"使用与满足"理论把以往被"传播者的意图"所隐匿的"受众的需求"提到了更高的位置，更加注重对媒介供应者而言的受众的主动性与挑战性，主张从受众角度开展研究，从此使"主动的受众"观念深入人心，正是在这个意义上，它被某些学者奉为传播研究中一次"典范的转移"，用托马斯·库恩的话讲，就是一场"范式革命"。

这种转移，不仅拓展了学者的研究视野，同时也把受众的权益提到了更高的关注点，把"受众为媒介所用"转变成"媒介为受众所用"的话语。

然而，"使用与满足"理论离终点还有很长的距离，这不过是万里长征的一个起点罢了。卡茨等人认为今后的研究基本上遵循三个路径：一是延续一直以来的功能研究，即对功能、满足、需求等几个核心概念的研究；二是承接传统意义上的效果研究；三是以此为开端，展开全新的研究，例如研究媒介使用对受众社会角色改变等其他方面的影响。

（四）微博和微信传播效果研究

2010年起，微博逐渐成为热门的研究话题，而有关微博传播效果的研究则涵盖了微博意见表达的作用、微博中"意见领袖"的传播效用、微博营销的传播效果、企业及政务微博在危机管理和形象构造中的效果研究等内容。首先，微博对新闻传播的影响及微博意见表达等相关问题备受研究者关注。在微博中，用户掌握着信息传播和获取的主动权，根据个人的需求来选择想要关注的内容。而在微博"意见领袖"的研究方面，有研究者将社会网络分析模型应用于对微博多元嵌套"意见领袖"模式的分析之中，结果显示，"意见领袖"通过强弱关系中信息和意见的生产与再生产竞争来对微博舆论产生影响。此外，政务微博的传播效果近年来也是学者们关注的热点。其中，有不少学者对政务微博在危机传播、政府形象和公信力建构、社会事件等问题上所发挥的影响做了深入的探讨。他们提出，微博能够弥补传统媒体传播速度较慢及可选择性差等问题，有助于政府形象的即时塑造和修复，但微博信息难辨真假，又具有强大的舆论煽动性，不利于提高政府公信力。

继微博之后，微信的出现再一次刷新了信息传播的新篇章。2011年腾讯推出微信后，用户数快速飙升。因此，微信也成了研究者关注的对象。除单独研究微信之外，也有学者将微信与微博进行对比，研究点主要集中在微信对人们社会交往、新闻传播及商业传播效果等三个方面。有学者提出，"微信自身的传播特性决定了它将对传统的新闻传播模式和效果产生新一轮的冲击"。最后，微信凭借其精准性、即时性、强黏性等优势，在商业传播领域备受青睐。有学者提出，微信应用于营销具有内容优势、成本优势、受众优势和推送优势。

二、新媒体传播效果——传播秩序的重建

(一) 传播时效性、广泛性增强，信息到达率高

新媒体技术的运用极大地加快了信息的传播速度，数字化、智能化的传播渠道对信息的解读与编码在短短数秒之内即能完成，简单化、生活化的内容大多不再需要复杂的剪辑和烦琐的后期制作与排版，有效地降低了成本。信息的快速传播增强了信息的时效性，极大地提升了现代社会信息的传播效率，时空的距离被缩短到最小。由于庞大的、积极主动的受众群体，快速的信息传播也极大地提升了传播内容的到达率，受众通过各种新媒体设备随时随地地接收信息，并通过受众的人际传播或网络共享等，扩大信息的传播范围，在高速的信息网络中实现信息传播速度、范围、到达率的最大化，具有传统媒体不可比拟的强有力的传播效果。

(二) 媒介环境的改变与传播秩序的重建

新媒体传播"去中心化"的特点极大地改变了传统媒介环境，导致了传播过程中媒介话语权的重新分布。传统媒体的主导权被日益削弱，平民化、草根化、个性化主体的作用越来越明显。传播过程中传统的等级区分在平等的新媒体平台上不复存在，新媒体传播营造了更加民主平等的传播氛围，个体也拥有了更加自主的传播权利。以新媒体为中心的新传播秩序正逐渐被构建并完善起来，复杂、多层次、自由的特点比较明显，同时，在新媒体传播的秩序框架下，媒介之间的竞争也愈加激烈。

(三) "蝴蝶效应"——信息井喷，干扰强烈

1963 年，美国气象学家罗伦兹实验过程中发现，由于误差会以指数级增长，所以一个微小的误差随着不断推移将会造成截然不同的后果，他称其为"蝴蝶效应"，通俗的解释是：南美洲蝴蝶拍拍翅膀，将使北美洲几个月后出现比狂风还厉害的龙卷风。今天，"蝴蝶效应"内涵扩展，指对于一

切复杂系统，在一定的"阈值条件"下，初值稍有变动或偏差，将导致未来前景的巨大差异，这往往是难以预测的或者说带有一定的随机性。

新媒体传播呈现出明显的"蝴蝶效应"，新媒体传播具有互动性、开放性、主动性、跨地域性、草根性等传播特点，好的、正面的东西固然能积极传播，新媒体也是危机的放大器，任何人都可通过新媒体随便地发表评论，使得危机传播的风险性成倍地放大。突发事件具有瞬间性、非预期性、破坏性等特征，处理得好可能转危为安，处理不当则会演变成一场严重危机。网络舆论的原因很多极为偶然，有时甚至是主观臆想的推测，由于网络舆论易于出现群体极化特征，从而很可能向不合理的极端方向发展，对社会造成不利影响。

海量的信息同时也带来诸多问题，如信息泄露、信息污染、信息犯罪等。网络上充斥着不健康的、暴力的信息。此外，由于多样化的网络信息，人们在搜索引擎中常常会检索到重复的信息或者被迫在社交网站上阅读各种重复的信息，浪费时间在宽广的新媒体世界里，信息纷繁复杂，相互之间的干扰较大，传播过程中的谣言、偏颇性影响了信息的传播效果，信息在传播过程中也容易受到多种渠道的信息的扭曲。信息间的不一致与信息的重复拖延了信息有效传递的时间，一定程度上削弱了信息传播的效果。

新媒体具有传统媒体无法比拟的优势，包括海量信息、时效优势、打破地域、互动性强、多媒体化等，同时，新媒体舆论传播也存在一些与生俱来的劣势，如缺乏权威性、缺乏公信力、易走向极端、不易控制等。

（四）传播高效化、国际化

在新媒体时代，人类"地球村"的梦想变为现实。人们可以通过网络等新媒体，零时差、全天候地接收世界各地的信息。因此，新媒体突破了传统媒体传播时效的壁垒，实现了高效化、国际化的通信。

一方面，新媒体的传播时效呈现高效化的特点。众所周知，传统媒体在传播上存在"成本大""周期长"的问题，其传播、发行等均受到时效限制。但在新媒体时代，数字化的传播手段和智能化的发布模式，省去了传统媒体庞杂的内容制作过程，使社会思潮的内容信息可以做到即时传送、随时刷新。而且，新媒体传播不再强迫受众在传播者指定的任何时间接收信息，受众可以在任何合适的时候上网调阅查询相关报道。这和传统媒介顺序播出、过时不候的传送方式相比，显然，传播权利再次从传播者手中转移到了受众手中，实现了传播效果的最大化。

另一方面，新媒体传播时效体现国际化的特征。新媒体超越了空间的阻隔，使内容信息实现了真正意义上的全球共享和国际交融。因此，新媒体空间上的开放性极大地推动了新媒体在地域上的全球覆盖，拓展了信息传播的广度和深度。新媒体信息发布趋于零时间障碍，真正实现无时间限制、随时加工发布信息。

以移动互联网为依托的传播载体，以各类信息微型化、即时性扩散、国际化为主要特性的传播方式构成了最主要的传播特点。

三、新媒体环境下议程设置理论分析

（一）议程设置理论

1. 议程设置理论问世

议程设置这一概念最早源于美国的沃尔特·李普曼。李普曼在 1922 年出版了《舆论学》一书，该书被公认为是传播学领域的奠基之作。李普曼在书中提出柏拉图洞喻，他引用苏格拉底的话写道："不管我们对居住环境的认识有多么间接……只要我们相信关于环境的图像是真实的，我们便将它作为环境本身来对待。"之后，李普曼在"柏拉图洞喻"的基础上，提出了"拟态环境"概念，即我们的行为是对这个拟态环境的反应，而并非对真实环境的反应。李普曼认为，受众所认识的世界是由媒介参与构建的虚拟世界，应该区分真实环境与拟态环境，这无疑肯定了媒介影响受众的力量。不过，此时的"议程设置"仍处于萌芽状态，是一个模糊的概念。

1963 年，伯纳德·科恩出版了《报纸与外交政治》。科恩在书中简洁地说道，新闻媒介在告诉人们"怎么想"方面可能并不成功，但是在告诉人们"想什么"方面则异常成功。

2.议程设置理论的发展

1968年，总统大选期间，在北卡罗来纳州教堂山进行的民意研究中，美国的马尔科姆·麦库姆斯与唐纳德·肖通过实证研究发现，传播媒介作为"大事"加以报道的问题，同样也作为大事反映在公众的意识中；传播媒介给予的强调越多，公众对该问题的重视程度越高。根据这种高度对应的相关关系，麦库姆斯和肖认为大众传播具有一种形成社会"议事日程"的功能，传播媒介以赋予各种议题不同程度"显著性"的方式，影响着公众瞩目的焦点和对社会环境的认知。

1972年，这两位的《大众媒体议程设置的功能》一文发表。此后每年都位居被引用最多的论文前十名。2011年，世界舆论研究协会授予肖和麦库姆斯海伦·迪纳曼奖，称赞他们影响了整个学界看待媒体和舆论的思维模式。

基于几十年的第一级和第二级议程设置效果研究，网络议程设置成为近年研究的新领域。第一级议程设置研究是由麦库姆斯和肖在1972年提出，其基本假设为：在政治竞选中，大众媒体报道的议程将影响选民选择关注哪些政治问题。也就是说，第一级议程设置研究探讨政治议题在媒体报道中的显著性与选民关注度的显著性的相关程度。之后不久，肖和麦库姆斯在1977年对1972年数据的后续研究中提出，不仅仅新闻议题的显著性会影响大众感知，媒体对新闻事件特征描述的显著性也会传递给公众。媒体如何报道事件的特点以及报道所持的立场（支持、反对或中立）都会影响公众对事件的感知。这便是第二级议程设置研究，也称为"属性议程设置"。他们在第一级和第二级基础之上又提出了第三级议程设置假设，肖和麦库姆斯称之为"网络议程设置"。

第一级和第二级议程设置假设媒体所传递的新闻事件和新闻事件属性的显著性是彼此分离的，与之相比，第三级议程设置理论则认为新闻事件和特征的显著性是成批传递给公众的。换句话说，新闻媒体不仅告诉我们"关注哪条新闻"（第一级议程设置效果），以及"如何看待它"（第二级议程设置效果），还告诉我们"如何将事件联系起来"。麦库姆斯认为，第三级议程设置的理论基础根源于卡普兰和安德森的相关性记忆网络模型，即卡普兰所提出的"认知地图"和安德森提出的"认知结构"。记忆网络模型认为，人们在理解社会现实的时候，通常会将不同的事件元素在头脑当中联系起来，以形成沃尔特·李普曼所谓的"我们的脑海中的图景"。从大众媒体那里，人们获取信息，体验新闻事件，这样在一天结束时，头脑当中所形成的关于新闻事件的图景是由各种零散信息拼接而成的。第三级议程设置的核心即为格式塔视角在议程设置理论的延伸。

到目前为止，第三级议程设置的效果已经得到了实验结果的支持。麦库姆斯提到金和麦库姆斯 2007 年对竞选候选人在报纸和选民心中形象的研究，在对这个起初是第二级议程设置效果的研究进行再次检验的时候，发现网络议程设置的效果统计关联性达到 0.67，和原先所发现的第二级议程设置效果——特征关联性 0.65 的结果十分相近。这个领域最近几年出现了几个高质量的研究成果，比如瓦戈等人对 2012 美国总统大选在推特平台上议事日程的研究，以及洪乌、郭蕾和麦库姆斯对 2014 年度头条新闻与公共议程的网络比较。这两项研究都显示媒体议程和公众议程之间存在着显著的网络关系关联，支持了第三级议程设置假说。

从方法上讲，新闻事件和属性关联所产生的大数据可由电脑协助分析。新闻事件和关键词可以通过对垂直和水平媒体上的内容进行随机抽样评估来确定。电脑可以辅助频率分析、属性分析和网络分析，从而测量新闻议题和属性之间关联的强度。对议题网络聚合特征的分析将为我们描述个体新闻事件如何单独以及伴随其他新闻议题在媒体议程当中出现。麦库姆斯预计未来大数据分析将为第三级议程设置理论提供更多的实证数据，丰富人们对这个理论假设的理解。

（二）新媒体环境下议程设置理论的变化

1. 议程设置的主体从简单变复杂

新媒体的应用和发展，让受众拥有越来越多表现自我的机会。以前，传统媒体是议程设置的主体，受众只能从传统媒体获取信息，设置自己的议事日程。新媒体环境下，不同领域的网红、草根明星、娱乐明星、学科带头人等成为网络"意见领袖"，这些人拥有庞大的粉丝群体，他们的意见表达会影响其粉丝群体的意见走向，逐渐成为别人议程的设置主体。新媒体环境下，社会发声者的"言论"影响力被无限放大，他们有的是行业带头人，有的拥有庞大的粉丝群体，都具有强大的社会号召力，社会中不同的"声音"交会在一起，媒体设置议程不得不考虑这些"声音"。从一定意义上来讲，传统媒体不再是唯一的"发言人"，传统议程设置主体单一的局面被打破，受众选择议程设置主体的自主性得到提升。

新媒体技术的发展，促使受众拥有更宽广的信息渠道和话语空间，受众不用再受限于单一的媒介接触，受众的地位与传统媒体的地位都发生着微妙的变化。随着受众自身信息发布能力的增强，受众媒介使用意识也在觉醒。网络环境下，观点有了真正意义上的自由市场，通过自由市场的选择，受众有机会参与到各类议程设置中，自身话语权得到进一步实现。受众利用新媒体来展示自己的观点，发表自己的看法，这些观点和看法一旦形成强大信息流，通过网络超强的传播力，信息流便能够扩散形成网民合意，受众自然而然充当网民群体中的"意见领袖"，最终成为这一议程的设置主体。每个人手中独有的信息一经发布，都有可能成为别人议程上的首要议事。

2. 议程设置的议程更替速度加快

新媒介技术的不断迭代更新，新媒体传播的便捷，使受众获得越来越多的话语权。不同领域的"意见领袖"借助自身的影响力逐渐探索有别于传统媒体控制下的议程设置，打破大众传播媒介对设置媒介议程的垄断。议程设置主体变得越来越复杂，他们利用新媒体设定议题，同时不断更新所设定议题的内容，在一定程度上影响传统媒体的议程设置，逐渐促使整体舆论环境发生改变，进而影响了议程的更替速度。

新媒体使用的低门槛，信息获取的便捷性，网民话语权的表达欲，都会使议程更替速度受到或多或少的影响。更多的受众成为新媒体用户，有的成为新晋"网红"，变成别人的议程设置的主体，日益增多的议程设置者必定会加快新媒体用户议程的更替速度。与此同时，媒介生存环境不断改变，新媒介环境下受众注意力资源变得更加宝贵，受众流量备受重视，以受众为中心的观念逐渐占据新媒体主流。大众化传播向小众化传播转变，大众传媒主导的时代渐行渐远，"分众"时代到来。在这样的环境下，议程的起始点变得复杂多样，议题更新速度加快，议程更替速度自然就会变快。

3. 受众议程反作用于媒介议程

新媒体环境下，网民的议程设置虽然是零碎分散的，但不意味着毫无价值。众多被个人激发的议题最开始都是在小群体中传播，经过多重转发、分享、关注之后，知晓该议题的公众越来越多，随着该议题吸引的公众注意力增多，议题的影响不断扩大。

当个人议程吸引足够多的注意力的时候，"进阶"成为公众议程，自然而然也吸引了媒体的注意力，成为媒体议程。当公众议程进入媒体视野，网民的议程设置与媒体的议程设置形成互补和对接，能够推动公众普遍关心和重视的事件的解决，加深公众对这一问题的认识，强化传播效果，刺激媒体再次关注，最终形成更多受众的议程。不过，无论某一议程设置最先是来自媒体议程还是个人议程，其最终能够在新媒体环境中成为显著议程，一定是公众关注度较高的公众议程。受众注意力一直都是媒介为了获得议程上的一席之地而抢夺的资源。

新媒体环境中，受众自由选择度更高，受众的注意力变得更为宝贵。在激烈的媒介市场竞争下，媒体倍加重视受众意见走向，关注受众的一举一动，以期设置符合受众议题取向的议程。媒介议程与受众议程就像是一场博弈，一种长时间的博弈、短时间的契合状态，新媒体能够更好地体会到受众的"民意"，会使用更多的技巧在潜移默化中影响受众的议程。受众议程与媒介议程相互作用，相互影响，既实现了受众的议程设置诉求，又完成了媒介信息传播的需求。

4.主流媒体议程对网络舆情的引导力增强

新媒体环境下的信息传播，并不是十全十美的，由于网络的匿名性，信息的多样性，传播主体的复杂性，传播速度的不可控，在网络上汇聚而成的主流意见不都是理性声音的表达。全民传播有可能导致谣言的爆炸扩散，全时传播有可能成为社会大众恐慌的源头。新媒体的议题设置主体更多、议程设置也更为复杂，受众辨别力受到考验，真假难辨的信息、谣言等都是使网络舆论走向"偏道"的因子。主流媒体拥有庞大的受众基础，具有强大的公信力，在舆论反转、信息真伪、辟谣等方面，主流媒体的意见传播对于稳定网民情绪、引导网络舆情转向有积极作用。网络言论的发布者与接收者的言语表态，能够汇聚成网络主流舆论，这时主流媒体的议程设置对观点的推动、意见的表达、情绪的安抚等都具有强大的导引作用。当网络舆论引发社会不安的时候，主流媒体的议程设置以及意见表达成为众多媒体的风向标，在舆论引导方面主流媒体扮演着其他媒体无法替代的重要角色。新媒体环境下，主流媒体在信息浪潮中逐渐从信息传播者转变为意见传播者。主流媒体对于议题的选取、议程的设置更多地承担着对新闻事件的分析和解读责任。二次传播过程中，不制造恐慌、不传播未经证实的信息，成为公共议程中主流意见的塑造者。当然，在复杂的信息环境中，主流媒体需要时刻保持清醒，增强自身权威性，议程设置要承担更多的社会责任，这样才能继续在网络舆情走偏的时候，及时发挥重要作用。

任何一个理论研究，都存在特定历史环境的局限性，对于相关理论的研究应当更多地考虑现实环境。随着媒体环境的改变，议程设置理论正在通过新方式作用于媒介，影响受众，其内涵在一定程度上得到了丰富和延伸。新媒体环境下议程设置理论的变化研究具有重要的现实意义。

四、沉默的螺旋理论效果分析

"沉默的螺旋"理论由德国女社会学家诺依曼提出，是一种考察大众传播与社会舆论关系的理论。

诺依曼的假说由三个命题构成：第一，人为了避免陷入孤立状态，当发觉自己属于"多数"或"优势"意见时，他们更倾向于积极大胆地表明自己的观点；当发觉自己属于"少数"或"劣势"意见时，一般人就会屈于环境的压力而转向"沉默"或附和。第二，意见的表明和"沉默"的扩散是一个螺旋式的社会传播过程。一方的"沉默"造成另一方意见的增势，使"优势"意见显得更加强大，这种强大反过来又迫使更多的不同意见转向"沉默"。第三，大众传播通过营造"意见环境"来影响和制约舆论。舆论的形成不是社会公众的"理性讨论"的结果，而是"意见环境"的压力作用于人们惧怕被孤立的心理，强制人们对"优势意见"采取趋同行动这一非合理过程的产物。

在新媒体环境下，诺依曼的这一理论是否依然成立呢？我们可以对照诺依曼"沉默的螺旋"假说的三个命题分别进行分析。

首先，新媒体为大家提供了多元、复杂的意见平台，能容纳不同的声音和意见，这让每个人都能大胆地说出自己的观点。表面上看，持"少数"或"劣势"意见者可以不再"沉默"，能够利用网络等新媒体大胆发表自己的看法。然而网络世界是真实世界的投影，是现实社会的拷贝。即使在网络世界里，个人的观点仍和现实息息相关。在新媒体平台，仍然需要人与人之间的交流，人们通过跟帖、关注、点击、评论等方式发表对某人某种观点的看法。当个人意见在网络上提出后，如果不能符合多数人的观点，他依然会遭到无视、批评甚至反对，因此即使在新媒体环境下，"少数"或"劣势"意见要想形成有影响力的舆论依然很难。在这种情况下，人们的趋同心理、惧怕被孤立的心理依然存在。

网络空间中社会孤立的动机并没有消失，网络群体对个人的压力方式有变化，强度有所减弱，从众心理动因依然存在，从众现象依然普遍，尽管表现形式有所变化，但"沉默的螺旋"并没有从网际消失。

其次，在新媒体时代，意见的表明和"沉默"的扩散依然呈现一个螺旋式社会传播过程。只不过这一过程受到新媒体的影响，呈现得更加直观，过程也稍有曲折。人人都成为一个"自媒体"，人人都可以发出自己的声音。这一变化让"沉默的螺旋"形成的最开始并不"沉默"。然而因为网络是现实的投影，从事网络活动的依然是具有趋同心理的人类，所以当持"少数"或"劣势"观点的人发出不同声音后，依然会面临受到孤立的危险，也依然会感受到被孤立的恐惧，最后的结果仍然是一方的"沉默"造成另一方意见的增势，使"优势"意见显得更加强大，这种强大反过来又迫使更多的不同意见转向"沉默"。在新媒体时代，"沉默的螺旋"依然有形成的条件。新媒体环境并没有完全改变这一现实。

第三，新媒体为人们发布、获取信息，发表观点和看法，提供了十分有利的平台。然而也正因如此，面对浩如烟海的信息、纷纷扰扰的观点，人们往往无从选择也无从判断。新媒体的公信力在人们心目中，仍然比不过传统媒体。报纸、电视、广播等传统媒体，依然是人们信赖的信息源。

传统媒体的舆论影响力依然巨大，依然能够成为"沉默的螺旋"的重要制造者。近几年，传统媒体不断顺应新媒体时代的潮流，在信息采集、信息传播等方面不断完善，以应对新媒体环境对传统媒体的影响。在新媒体环境下，"沉默的螺旋"理论对传统媒体依然有着重要的指导意义。

五、知沟理论

（一）"知沟"理论简介

20世纪60年代，美国政府试图通过大众传播和其他手段来改善贫困儿童的受教育条件。其中一个项目是一部题为《芝麻街》的儿童启蒙教育电视系列片，目的是利用普及率已经很高的电视媒介来缓解贫富儿童受教育机会的不平等。按照人们的一般观念，大众传播媒介的普及可以改善知识传播和受教育的条件，缩小社会各阶层和群体之间的差距，从而实现社会公平与进步。但后来的研究却表明，尽管《芝麻街》播出后对贫富儿童都产生了良好的教育效果，但富裕儿童对节目接触和利用显然远高于贫困儿童，节目实际上是扩大了两者的差距。这说明，尽管大众传播将同样的知识或信息传送到每一个角落，人们在接触和利用的机会上并不存在公平与否的问题，但它所带来的社会结果并非如此。

1970 年，美国学者蒂奇诺等人提出了"知沟"理论："由于社会经济地位高者通常比经济地位低者更快地获取信息，大众传媒传送的信息越多，这两者之间的知识鸿沟也就越有扩大的趋势。"蒂奇诺认为，造成"知沟"扩大的原因主要有接触媒介和学习知识的经济条件、传播技能上的差异、信息的选择性接触、理解和记忆的因素等。上述无论哪一方面，社会经济地位高的阶层都处于有利的地位。新媒体时代，"知沟"理论又有了新的发展，即"数字鸿沟"，体现为以互联网为代表的新数字媒体接触和使用状况的四种差异：获取、技能、内容和意愿。

（二）新媒体在缩小"知沟"的优势

随着新媒体逐渐取代传统媒体，新媒体的各种特性使人们更愿意相信，技术的进步将逐步实现知识和信息的平等，从而给人类带来真正意义上的平等和自由。相比较传统媒体，新媒体在缩小"知沟"方面的优势更为突出，主要表现在以下几个方面。

1. 新媒体降低了获取信息和知识的门槛

新媒体技术的发展使得智能手机日益普及，针对手机开发设计的各种功能繁多的 App 客户端更使手机如虎添翼，用户只需一部手机和移动网络就可以满足生活、娱乐、学习、办公等多方面的需求。手机已经成为大众生活的必需品而非奢侈品。便携性和高速的网络使得手机用户随时随地上网成为一种可能，无线网络则进一步提高了上网的速度，打破了数据流量高昂的费用限制，从而提高了手机的使用频率，这些都打破了获取信息的空间和时间的限制，能够帮助人们充分利用每一刻的闲暇时间。所以，第一道"数字鸿沟"，也就是经济实力所导致的人们在接触和使用基础设备上的差距正在逐步缩小。

2. 新媒体强大的搜索引擎功能和信息的海量性

新媒体时代的网络才是真正意义上浩瀚无边知识的海洋，它几乎能够包含受众所需要的所有知识和信息。以某网络公开课为例，其课程涉及自然科学、社会科学、人文科学等多个领域，包含了文学、艺术、哲学历史、物理、化学等10门学科，如此庞大的知识宝库以网络为存储及传播载体，消耗的成本仅是传统模式的九牛一毛。新媒体强大的搜索引擎更是降低了知识的门槛，用户只需要动动鼠标和键盘就基本可以获得自己想要的内容。新媒体强大的搜索引擎功能和海量的信息降低了信息接触和传播的门槛，对于缩小知沟明显是有利的。

3. 新媒体的互动性和开放性

传统大众传播媒体的受众虽然是社会上的一般大众，信息和知识的传播具有跨群体的社会影响，但其为单向性很强的传播活动，受众只能在其提供的范围内进行选择和接触，并缺乏直接的反馈能力。新媒体的出现则改变了受众这种被动的地位：在新媒体时代，参与的门槛降低了，每个人都可以在网络上发出自己的声音，并被一部分人所关注。

（三）日益扩大的"第二道数字鸿沟"

提出"数字鸿沟"这一概念时，互联网刚刚兴起，设备和网络接入价格不菲，只有社会经济地位较高的阶层才有条件使用，那个时期的数字鸿沟主要是指"第一道数字鸿沟"，即互联网接入的鸿沟。随着新媒体技术的发展，数字鸿沟悄无声息地发生着变化，"第一道数字鸿沟"将随着经济、技术发展和政府扶持等因素逐渐减小，互联网使用水平的差异导致的"第二道数字鸿沟"——"使用沟"将会越来越明显。体现在以下方面：

1. 媒介素养差异导致的"知沟"

新媒体在融合传统媒体多种功能的基础上，又扩展了许多新的内容，这使得媒介的娱乐性大大提高，吸引了受众的注意力。对大多数社会经济地位低的受众来讲，新媒体的娱乐性要远远大于其媒介性。仅以网络游戏为例，现实中沉迷于网络、手机游戏不能自拔的青少年数不胜数。

新媒体的普及不仅没有增加受众充分利用手机等资源获取信息学习知识的时间，反而让一部分非理性的受众在功能多样的新媒体中失去了自我，占用了其真正可以缩短"知沟"的时间和精力。

2. 个人文化素养的差异导致的"知沟"

新媒体时代的"知沟"扩大的现象，不仅存在于个人使用接触信息和知识意愿上的差别上，还存在于个人文化素养的差异上。传统大众传播媒体所提供的是由专业的媒体工作人员整理过的有序的信息，经过了二次甚至更多的加工，从而保证了信息和知识的质量。而新媒体时代，即便是类似于传统媒体的门户网站，每天的信息更新量和速度都是惊人的，如何从冗杂的信息中去粗取精、去繁入简是网民们每天都需要面对的问题。门户网站之外其他网站，信息更是以无序的方式大量存在。另一方面，信息垃圾和信息泛滥日益为人们所关注，网络谣言几乎无处不在，涉及医疗、食品安全、健康等诸多领域，且这些谣言大多都披着科学的外衣，更增加了受众分辨的难度。文化素养低的受众不具备在浩瀚无边真假难辨的信息中搜寻有价值信息的能力，更不具备科学的理性的思维方式去伪存真、去粗取精。受众的互联网使用技巧将直接决定受众的互联网使用效果，显然无论是在搜寻有用信息还是辨别信息真伪方面，知识水平和受教育程度较高的受众都占据优势。

3. 传播内容导致的"知沟"

新媒体的开放性和互动性虽然打破了传统媒体时代只有少数传播者为中心的局面，但在传、受双方的关系中，大众媒体以其专业化的生产手段、可靠的信源和有效的机制，始终处于强势地位。在激烈的媒介竞争中，受广告主和其他客观因素的影响，大众媒介总是为社会主流人群服务的，它们看中的是其经济上的强势地位和实际影响力。许多高深、晦涩的内容可能难以为知识水平和阅读能力低的群体所理解和接收。

新媒体的发展，改变了人类的生活方式，促进了知识的传播，在一定程度上缩小了原先存在的知沟，但隐藏在这种表面之下的，却是其他方面的差异带来的更大的落差。因此，我们不得不面对这样的事实：也许在某些特定知识方面，或相对于少数受众而言，新媒体确实有助于"知沟"的缩小，但从知识总量和全社会来看，新媒体却以其快速、高效、便捷的媒介优势进一步加剧了知识分布的不均衡。

第四章 多视角下的新媒体艺术传播

第一节 媒介环境视角下的新媒体艺术传播

随着科学技术的发展，新媒体艺术的创作也进入新的天地。作为新媒体艺术创作的工具媒介，其属性也在科学技术的推动下呈现出多元化的特点，这也为新媒体艺术的创作带来了新的实践平台。科学技术和艺术之间互相融合，呈现出新媒体艺术，实际上也是艺术传播的过程当中一种独特的方式。新媒体艺术因为媒介的差异性而呈现出不同的特征，所以不同的艺术种类也随之产生，给人类带来了不同的艺术体验。因此，从传播学的媒介环境学角度分析，新媒体艺术实际上是依靠对环境和媒介的转变而逐渐产生的新艺术形式，要充分分析新媒体艺术的传播，就需要充分地了解在科学技术的支持下，媒介环境是如何发生转变的，只有通过这一方式才能够充分掌握和了解新媒体艺术的传播过程，从而让新媒体艺术的传播走向无等级、互联的信息交互网络之中，打破传统的封闭与孤立的艺术传播过程。这对于推进新媒体艺术的传播有着极为积极的意义。

一、新媒体艺术传播的概念与基本特征

进入到 20 世纪之后，各种艺术流派不断地发展，特别是以杜尚为代表

的艺术家，将小便池搬到艺术展会上，将小便池作为一项艺术品进行展览，这实际上就是对传统艺术观念的一种尝试与打破。包括约翰凯奇在实验音乐上面的尝试，以及白南准一系列的影像艺术，都是通过电子科技的方式，将艺术和电子科技互相之间结合，从而在创作表达方面以不同的媒介进行呈现。电影播放技术的出现，也促进了电影艺术的发展，对艺术表现形式和艺术传播等领域产生了革命性的影响。电影艺术家也可以通过蒙太奇等不同的手法，将电影当中的空间与时间重新组合，进而将时间序列当中的共时性画面并列进行呈现，也给观看者带来了一种新的体验。这些都是在媒介的支持下不断发展的艺术形式，由此可见，新媒体艺术的传播实际上是伴随着艺术的产生而产生。

（一）新媒体艺术传播的基本概念

新媒体艺术实际上是一个不断变化的概念，伴随着科学技术的发展，艺术的传播手段与创作手段也不断地发生转变，因此艺术家本身的创作观念也产生着不同的变化。当前对于新媒体艺术实际上并没有一个固定的概念，比如罗伊·阿斯科特就认为，新媒体艺术实际上是一种电路传输和计算机技术支持下的艺术创作，重点是指它表现出一种连接性与互动性。而另一位学者陆蓉之则认为，新媒体艺术实际上是一种将数字化媒体素材进行加工的创作，主要就是对电影、数字摄影以及声光设备等各种媒介进行创作。另一位学者苏珊·阿里特则认为，新媒体艺术实际上是一种理解型的新艺术，主要是通过各种不同的视频技术和互联网技术，所创作出来的一种虚拟艺术或者视像艺术。

（二）新媒体艺术传播的基本特征

从上述方面可以看出，新媒体艺术实际上就是一种基于数字媒介的艺术。通过数字化的各种媒介，让艺术的传播方式和创作方式发生改变，因此新媒体艺术传播也具备了下述的基本特征。

第一方面，新媒体艺术传播是具备数字化的特征。由于进入到21世纪之后，电子计算机技术已经深刻地改变了日常生活和艺术创作形式，所以在新媒体艺术的传播过程当中，必然要依靠电子计算机等数字化的设备，并且通过电子计算机等数字化设备进行加工和改造，以此让新媒体艺术的呈现方式呈现出多元化的特征。

第二方面，新媒体艺术的传播也具备着创新性的特征。新媒体艺术的传播，由于运用了一些新的媒介，所以在传播的过程当中也呈现出不同的特点，这种特点主要是展现出新媒体影像艺术本身的特色，特别是依靠电子计算机技术，对影像艺术和虚拟艺术进行发展，这本身就是新媒体艺术在创作过程当中，借助新的媒介进行进一步创新的特征。

由此可见，新媒体艺术的传播实际上对于整个媒介环境有着极大的依赖性，当媒介环境发生转变时，新媒体艺术的传播也会发生转变，特别是从传播的途径与传播的方法上都产生极大的变化。传统的艺术展示形式是依靠各种艺术展览会等平台，而在当前新技术的支持下，新媒体艺术的传播已经不仅仅依赖传统的艺术展览会等媒介平台，更可以通过信息化的技术平台进行传播。

二、媒介环境学在新媒体艺术传播中的影响

（一）促进新媒体艺术传播的抽象化发展

媒介环境学作为一门新的学科，也是研究媒介在整个传播环境当中的重要影响和作用。当前由于信息化技术的支持与发展，机械复制的方式已经成为一种新的传播方式。实际上，机械复制艺术取代故事性的艺术，已经成为新媒体艺术传播当中的一种主要的模式。随着信息技术的发展，文字符号的表意功能也逐渐将艺术的表现形式从具象转为抽象。新媒体艺术之所以能够在传播的过程当中受到大众的关注，原因就在于它在特定的信息化媒介环境里面，用独特的艺术呈现形式，让艺术不再停留在具体的描述当中，而是能够突破传统的艺术表现形式，以更为抽象和多元化内涵的形式展现出更为丰富的内容。因此，媒介环境学对于新媒体艺术传播的影

响，首先就表现在其对于传统艺术表现形式的革新，因此，媒介不仅仅是传播艺术的渠道，更是一种让艺术更进一步转化的模式。

（二）促进新媒体艺术传播的双向传播

媒介环境学也让传统的媒介环境转向为双向传播的模式。信息技术打破了传统艺术传播过程当中由艺术家主导单向度的传播过程，信息化让观看艺术作品的人能够有足够的话语权，因此媒介环境学影响下的新媒体艺术传播更具备交流性的特征。因特网是一种介入融合的模式，将作者的权威更进一步地消除，从而呈现出一种双向互动的媒介时代。因此，艺术品不再是以作者的权威展现出其本身的特点和魅力，而是通过双向交流的方式，让这种艺术品能够放在更广阔的范围内进行探讨和交流，从而展现出这些新媒体艺术品本身的魅力。

（三）提高新媒体艺术传播的大众参与度

媒介环境学让所有的新媒体艺术传播，不再是以固定的形式传播，能够让所有的观看者都参与到艺术创作的过程中。相对于传统的艺术品，新媒体艺术在传播的过程当中，依靠新的互联网技术的传播与交流，让所有观赏这些艺术品的人都能够参与到这个艺术创作过程里面，从而让艺术的传播、批评与分析的方式都要进一步地革新。所以在媒介传播的过程里面，新媒体艺术品更依靠这种新的媒介环境进行传播，从而形成一种智能媒介生态环境的特点。这种智能媒介生态环境实际上就是不同的信息传播来源，共同构成了新媒体艺术在传播过程当中独特的生态环境，所有的艺术品都应该在这一个框架内进行传播，从而产生其自身的影响。

三、在媒介环境学下新媒体艺术的传播模式

在媒介环境学的理论体系当中，新媒体艺术的传播得到了一种新的发展，实际上，新媒体艺术之所以能够得到发展进步，主要的原因也是信息传播技术的不断发展与进步，所以新媒体艺术的传播将会和信息传播的技术紧

密结合，并且逐渐呈现出分散、无等级、无中心等交互式的传播过程。因此，在当前的媒介环境中，新媒体艺术传播模式主要表现为以下三个类型。

（一）纯艺术传播模式

在媒介环境学的影响下，新媒体艺术的传播模式可以通过纯粹的艺术形式进行传播。纯粹的艺术实际上就是由专业的艺术家所创作，其消费的群体是由特定的群体构成。因此新媒体艺术如果作为一种纯粹的艺术进行传播，其作品主要是以空间展示为主，通过现场观众的观看或者参与，进一步完成作品的展示过程。虽然在机械复制的时代，通过摄影或者是唱片的形式，能够让观众脱离原来的艺术作品，在其他的场所也能够体验这一艺术品的内在氛围。但是实际上作为新媒体艺术的传播过程而言，作为纯粹的艺术形式进行传播，主要还是依靠其独特的神韵，避免内容被技术所压制，但是也可以通过技术的方式进行表达，因此新颖的信息技术对新媒体艺术的传播与支持，可以是为新媒体艺术在纯粹艺术的模式下进行传播提供一个独特的渠道。

（二）大众艺术传播模式

在媒介环境学的条件支持下，新媒体艺术传播也可以作为一种大众艺术进行传播。由于新媒体艺术是在机械复制时代当中出现的，信息化技术为机械复制的技术发展提供了充分的支持，所以当新媒体艺术要作为一种大众可以感受的艺术品进行传播。借助这些信息化的手段进行复制，从而进行再度的创作与传播。因此通过数字化的方式对作品进行创作与传播，实际上也是可以让大众参与其中，作为一种大众艺术，进一步让新媒体艺术成为一种开放性的作品。当前，各种事物的商品化过程也决定着艺术不能够仅仅成为传统的精英群体的专属，而要能够让大众参与其中，所以艺术家也不再是高高在上，而是能够和大众进行密切交流的。因此，在新媒体艺术的传播过程里，应该借助媒介环境学的理论和实践，充分调动艺术与大众媒介的结合，拓宽新媒体艺术的传播广度。

（三）边缘艺术传播模式

新媒体艺术传播在媒介环境学的条件下，也可以作为一种边缘艺术进行传播。新媒体艺术传播借助信息化的手段，也能够成为一种小众群体，艺术实践与传播的途径。艺术家不仅仅是一个精英群体特有的称谓，更可以是作为一种草根艺术，对日常生活进行情感表达，所以新媒体艺术传播在媒介环境学的支持下，可以一方面具备艺术的特征，另一方面也具备实用性的功能。所以边缘艺术这样一个新的概念也就在这样的媒介环境下逐渐发展而来。边缘艺术强调的是，新媒体艺术借助媒介环境进行传播，能够与日常的生活进行融合，让新媒体艺术能够和生活充分地接触，从而让新媒体艺术展现出独特的审美意味。所以在新媒体艺术的传播中，媒介环境也可以让其成为一种和日常生活密切相关的艺术品，有助于缓解和转移生活当中的压抑，进而促进大众的心理释放和情感愉悦。

四、新媒体传播所独具有的优势

就媒介环境学这一项目来说，它实质是供应了在平衡事态之下的新角度。详细具体地来研究，也就是说，新媒体所依附的传播途径，互通以及协作是其尤为注重的地方，同时它注重的还有社会责任其本源、道德范畴之内所包含的关切。在互通构架之下的受众权利来讲解，它应该接受并进行保护。具体来说，新媒体所特有的传播优势，主要体现在以下的几个方面。

（一）推进了多方面的特色互补

就新媒介其独有的平衡传递这一特点来讲，它不仅需要接受与吸纳有着不同特征的新闻媒体，而且得接受其表现出的不同特点间的差距。就在这样的基础之上，才可以促使其互通以及共生。对报刊来说，其应该反映着更深层次的寓意，这样来看其能够让平日的一些日常信息的存储更加便捷；而对网络和电话专有的媒介来讲，应该反映着其方便快捷的特征和更高等级的互通性质。就目前来讲，我们潜意识里的传统的各类媒体传播，使得科技形态下的媒介融合得到了相当程度上的加强及巩固。

（二）融合调整了多样化的信息

人们平日里所涉及的互通和信息的提供、娱乐性质方面的提供以及其所承载着的传播内容同样也带着多样的特质，这些均为新媒体所特有的特点。遵照以人为本理念这一最基本重要的指导，要使不同等级之内的信息内容得到一定程度上的满足与丰富。不同类别的媒介需要明白其受众的特点，例如具体分化出的年龄层段、文化级别的特性以及地方区域所特有的文化侧重，遵循公平的原则，来使其第一手以及形式别具的信息得以传播。就依照这样的途径来讲，我们可以使全面形态下的平衡传播得以创立并推动其长时间段内的其他媒介的发展与延伸。

五、研究并探索其最优化的途径

就最近的这几年社会发展来看，其新型所延伸出来的各类不同媒体，最大限度地推动了社会发展与繁荣。在媒介环境这一视角下相对应的媒体传播，与人们宏观意义下的稳定、和谐的文明发展有着密不可分的关系。因此，我们就应该经过长时间的不断摸索与探究来建构起最优的传播途径。

（一）明确其本源所遵循的规律

媒体具有的传播途径扩展了主体原本就有的传播能力，也扩展了其最佳的风气。而对新闻媒介来讲，我们同样需要明确它的本源性原则，这是传播途径下使得其不同的各类信息都必须具有真实性的根本保证。在高科技范畴下的不同种类的媒体，应该通过互通以及融合，来表现出其各自所独有的优点，更好地调节潜在的各种矛盾冲突。之后传播过来的形式独特的信息，应该能够在一定程度上使得受众群体的心声得到真实的反映，尊重这一概念统筹下的主体特质，并进一步促进受众参与其中。

（二）素质修养级别上的提高

受众群体接受不同信息的素质修养，应该在社会经济发展的同时得到同样的逐步提升，新媒体在艺术方面的传播所表现出来的艺术，应该容纳多元化的信息。在现有的媒体环境下，信息的数量增加，要面临互通形势下的大量信息，受众群体就需要经过谨慎的选择来存留自己认为合适的各类信息媒体素养所具有的更高级别，包含许多不同的方面，其中就有听读能力，准确辨别不同类别的信息、制备各类信息的能力。对于传来的各类信息，我们应该要严格通过自主的客观认识，以便来创立在更高层次上的能动性认识。对不同地域内所创立起来的社区组织来讲，这就需要使其形成最大程度上的合作，从而来促进并推动受众群体素质修养的进一步提升。

（三）系统框架概念下的新型工程

对于新媒体所特有的平衡传播特性来讲，它牵连着各种各样的利益，体系特征、利益融汇是它所独有的特性。其中新媒体所涉及的艺术传播并没有其独立的属性，而是被复杂的构架所包含之内。在这一框架之下所细分出来的各级下属系统，应当相互不断地进行调整融合，并以此来凸显出融汇过程中的总体倾向。一旦新媒体忽略了这些相关的多方面利益，就可以通过遵照原有的途径，来进行平常普及的信息互通互动，但是没有考虑到宏观特性下所具有的各种利益间的平衡。

传统的艺术传播形式往往相对比较封闭与孤立，这也制约了很多优秀的艺术作品在社会范围内的影响力。从整体的发展上看，传统的艺术实际上和新媒体艺术是不同的，新媒体艺术更多地注重对媒介的运用和传播。因此在信息化的条件下，新媒体艺术能够获得更多的社会关注，并且作为一项新兴的艺术，在创作方法以及艺术产生方式上，也和传统的艺术方式有着截然不同的特征。所以在特定的媒介环境下，新媒体艺术的传播速度相对于传统的艺术形式而言更快，而且新媒体艺术的传播，在媒介环境的支持下也更具备渗透性，在社会范围内也有着较大的影响力。

第二节　文化视角下的新媒体艺术传播

随着媒体传播形态的转变，受众的文化诉求需要科学传播不断提升其艺术性和思想性，深入挖掘科学信息与内容中的思想理念与文化内涵。现代科学传播并不是一种单纯知识性的传播活动，而是一个通过科学传播主体对科学内容的解读与延伸，复合思想理念、艺术价值、娱乐效果等文化属性的传播过程。

旧金山探索宫的创建者弗兰克·奥本海默在 20 世纪 60 年代已经提出，一个博物馆型的科学中心，其中的展品和演示，除了教育目的以外，还应具有艺术魅力。多种艺术形式如建筑艺术、环境空间设计、造型艺术等在科技馆建设中的运用，使得科技馆以及科学展示设计成为一种特殊的艺术创作过程。随着展示材料与工具的不断创新，用来进行科学传播的艺术形式也更为新颖并更加多元。艺术性的创作特征，可以营造出良好的科学传播氛围，使科学传播成为一个能够增长科学知识，激发科学兴趣并可以享受科学、赏心悦目的美感体验过程。

新媒体技术的迅速发展引发了展示方式的颠覆性变革，而新媒体艺术作为一种展示手段逐渐成为各类公共空间与场馆展示中的必要组成部分。在科学传播中，新型展示技术的引入与运用并不是简单的技术层面问题，而是一种具有审美意义的艺术创作。随着新媒体艺术越来越多地应用于非艺术领域尤其是公共展示领域之中，新媒体艺术与科技馆这两个各具科学与艺术双重属性的领域碰撞在一起，形成一种类似于"全媒体、全艺术展示"的科学传播整体环境。然而在科学传播的特殊范畴内，新媒体艺术的引入与运用固然具有一定优势，也并不能因此忽略其相应劣势。另一方面，无论新媒体艺术的展示效果如何，它也只是进行科学传播一个媒介、一种手段，其设计创作需要与整体科学传播环境相互协调，以科学启蒙与科学内容传播为最终要求与目的。

一、从新媒体艺术到新媒体艺术展示

对于新媒体艺术，至今没有一个明确且统一的定义。新媒体艺术理论先驱罗伊·阿斯科特认为："新媒体艺术最鲜明的特质为联结性与互动性。了解新媒体艺术创作需要经过五个阶段：联结、融入、互动、转化、出现。你首先必须联结，并全身融入其中（而非仅仅在远距离观看），与系统和他人产生互动，这将导致作品以及你的意识产生转化，最后会出现全新的影像、关系、思维与经验。"如果将这个过程放到公共展示领域中加以推演，可以将其描述为一种多重感官体验所带来的展示内容个人再加工过程。在这个过程中，传播主体利用多种手段，从视觉、听觉、触觉、想象、心理等各种渠道影响观者的感官，不仅仅是冷硬的知识接受，而是通过深度的感知与体验，激发他们的情感共鸣。

综合看来，新媒体艺术主要可以分为网络艺术、虚拟现实、机器人、装置艺术、人工生命艺术（基因与生物艺术）、数字艺术和多媒体艺术这几种形式，但更多时候它们是以一种交叉的、复合的状态而存在的。科学传播中的新媒体艺术，不再是艺术创作的主体，而是展示内容的载体与媒介，有时甚至是部分的媒介。相对于在纯艺术创作中对艺术家情感、观念、态度的主观性表达，科学传播中的新媒体艺术实质上是一种展示、传播的艺术手段。虽然有了相对受限的表达内容（科学内容），但作为展示的新媒体艺术与艺术品一样，依然是创作者使用多种艺术手法对其精神内涵与理念的一种传达。

新媒体艺术作为一种展示、传播载体，以计算机多媒体、传感、显示等技术为基础，以科学展品、环境空间构建、科学表演、特效影院等不同形式存在于多种科学传播活动中。科学传播特别是科学展示的传统方式包括实物展示、图文版展示、视频展示、模型展示等，新媒体艺术作为一种新型展示方式，既具有与传统方式无差别的展示特征，也具有相对于传统方式的展示优势及局限性。以科技馆展示为例，互动性和娱乐性是新媒体艺术展示与科学传播可以融合的无差别特征，只能说不同展示手段的互动方式不同，而不能单纯对比哪一种展示的互动和娱乐功能更强。新媒体艺术展示与传统展示有各自适合的传播内容，只是传播途径不同，效果可谓殊途同归。从新媒体艺术所带来的数字化展示来说，从传播的内容建构上具有一定的展示优势。一是可以扩大科学内容的信息量，减少实体空间及成本；二是虚拟效果及情景可以展示更多抽象的或者无法用模型、实物完整展示的内容，包括数字模型的创作和历史场景的再现。

同时，新媒体艺术在科学传播中的引入与运用，能够带给受众一种全方位多感官的"沉浸式"体验。相较于绘画、造型等传统艺术形式的单一式感官体验，"沉浸式"体验使参观者由原来的一种知觉感受变为多种感官全方位的同时互动。多元的知觉体验根据参观者自身变量的不同互相作用产生综合的情感体验，这种情感体验又与展示环境交互，创造出属于参观者的唯一"展示内容"，于是一种"传播内容和结果的不确定性"就产生了。在这个过程中，传播主体与受众间的单向传递过程转化为一种交互型接受过程，传播者和观者间的情感交流和传递过程变得清晰起来。

与展示优势相对，新媒体艺术用于科学传播也存在着一些"不耐受"的局限性。首先，是科学传播内容上的不耐受，新媒体艺术方式并不适用于所有科学内容的展示，虽然有利于信息量大、抽象、情景再现类内容的传播，但在某些基础研究领域，传统展示方式更能进行直观展示与有效传播。其次是展示形式上的不耐受，新媒体艺术作为展示方式，具有较高的互动参与性及计算机设计基础，相对于传统方式更容易出现工作障碍。同时，新媒体艺术展示装置大多操作界面较为复杂，对第一次参观的观众，特别是儿童及老年观众来说，容易产生无法正确参观展品甚至中途放弃的现象。最后，是传播效果上的不耐受，"沉浸式"体验固然有强大的传播效果，但也正因为新媒体艺术展示所带来的视觉效果及互动操作感较为突出，有时会使观众产生一种形式上体验等于内容体验的错觉，从而忽视了传播主体所传达的科学内容及理念。

二、科学传播中的新媒体艺术

科学传播中的新媒体艺术，既区别于普通的新媒体艺术作品，又区别于科学传播中的传统艺术展示方式。科学传播的首要基础是科学性，一是展示内容的科学性，二是展示形式的科学性。简单地说就是用科学的方法传播科学的内容。作为科学内容的展示，新媒体艺术不再如其他领域中一样是展示的主体，很多时候要与实物展示、模型模拟、场景复原等传统展示方式配合协作，形成每个科学内容的传播整体。新媒体艺术与传统艺术一样，其本质仍旧是艺术家的主观思想、态度及情感的宣泄与表达。而作为科学展示的新媒体艺术，科学传播的功能确定了需要展示的客观内容，直接的艺术表达需要转变为间接的具有科学知识性的"命题式"创作。虽然不能直接进行主观表达，但不可否认作为展示方式的新媒体艺术仍具有极高的艺术创作价值。从内容的创意选取、路线安排，到脚本设计、表现形式、视觉效果等所有创作部分，都能体现出创作者的主观影响与艺术创造力。进行科学传播的新媒体艺术，不但在传播内容上具有科学性，而且在其艺术表现上也会显露出一定的科学元素，也可以说具有一种科学隐喻。比如装置的造型、色彩的选择等各类艺术元素的呈现，都会与其他环境中的新媒体艺术区别开来。

科学传播赋予新媒体艺术不同表现的第二点是趣味性。科学展示及科技馆展示的趣味性特点，来自其非正式科学教育与启蒙的最终要求，这使得科技馆成为以儿童与青少年为受众主体的公共场所。所以科技馆中的艺术设计，需要细心考量主体受众群——儿童与青少年的心理诉求，新媒体艺术也不例外。无论是造型、灯光、互动游戏剧情、卡通形象设计，画外音朗读音调语气和脚本、影像内容的故事主线，以及整体空间的流动性与引导性等，都需要以容易吸引受众的注意，激发其继续探究的兴趣和好奇心为创作导向。

科学传播选择新媒体艺术，一方面是因为其强大的展示优势，而另一方面，也暴露了现代社会对于新技术的依赖和盲从。计算机程序编制、声光影电的投放、数字内容的录制与创作，对于同一科学内容而言，新媒体艺术展示方式在形式上远比传统展示方式的创作要来得快速与"简单"。强烈感官效果的制造、大量内容信息的囊括、自带互动参与的操作模式，新媒体艺术展示方式使得科学传播在完成氛围创造、内容传播、提高互动体验这三个任务上看起来"轻松"许多，甚至成为一些创作者心目中"多快好省"的不二选择。与此同时，富有人文气息与情感的内容设计与代表制作水平和创意的模型创作正在逐渐减少。

新媒体艺术用于科学传播，可以轻易地创造出"互动"的效果，而在这背后，创作者们则需要思考，科学传播真正需要的是怎样的互动？难道仅仅是"手指"或"身体"的参与，就可以说完成了"互动"的目的吗？事实上，科学传播需要的互动是深层次的，是充满人性与情感的，是思想与文化价值的撞击与传递，而不是简单利用新媒体交互技术完成的物理性互动。为了互动而互动的科学传播设计，只见新媒体而不见艺术，只见物质材料而不见情感，创造出的也只能是一个有武无侠、有形无神的科学传播作品。

三、文化视角下的新媒体艺术运用

科学传播中的新媒体艺术运用，既是一个科学传播设计过程，同时又是一个完整的新媒体艺术创作过程。纵观以科学展示为代表的科学传播，其第一层基本要求是知识性——即实现信息（传播）功能；第二层要求是要满足趣味性和互动性——达到娱乐功能；其更高层次的文化需求则是要具有艺术性——也就是满足审美功能。然而科学传播的最终目标，并不仅仅是知识的吸收与学习，更重要的是对创造力和兴趣的激发，甚至是一种启蒙。技术的堆砌并不能满足受众对于科学传播的文化要求，更不利于实现科学教育与启蒙这个传播内核。

美国著名物理学家、教育学家弗兰克·奥本海默在 1968 年就已经提出了利用多种媒介建立"参与体验型"科学博物馆的观念。他认为用科学博物馆进行教育的核心是尊重人以及人的创造精神，要为观众提供一个可以参与、主动发现问题的环境，使参观者能够发挥主动性和创造性，通过观察、思维、触觉等多重感官体验，自己动手学习知识。奥本海默的理论被视为世界博物馆型"科学中心"建设的基本原理，他自己也用"旧金山探索宫"的成功验证了这一理念。如此看来，早在没有新媒体艺术这种具有"沉浸感"展示方式的 1968 年，使用最基础的展示方式与艺术表达就能够完成科技馆建设的核心目的。那么在拥有丰富展示材料和内容的今天，我们又该如何达到科学传播的初衷？

在一个科学传播的整体之中，新媒体艺术的创作，需要真正具有"创造力"的策划和设计，需要在"信息、娱乐、审美"这三个文化要求的基础上不断研究与创新，以观众的参与和情感体验为科学展示策划设计的基础，在创作的每一个环节中都真正体现出尊重人的创造精神、以观众的参与和情感体验为基础的根本宗旨。随着经济的不断发展，科学的不断进步，公众对科学传播的文化属性需求日益提高。冰冷、枯燥、缺少文化内涵的信息，技术堆砌型或者纯粹娱乐型的科学传播设计已经无法满足现代受众的文化审美诉求，在新媒体艺术的运用中，必须不断提高、整合其文化属性，形成兼具"科学气质"与"艺术品味"的特殊媒介。

现代博物馆陈列设计这种特殊的艺术传播行为注重的是精神性的传达，材料媒介以及语言符号不过是设计者的思想、理念的外化形式。奥本海默提到的"尊重人以及人的创造精神"，在科技馆展示以及科学传播过程中具有双重的指向意义。在科学传播运用新媒体艺术的基本要求是尊重"两个人及他们的创造精神"，第一个"人"是科学展示的设计策划者，第二个

"人"是所有可能的参观者,这两个"人"分别代表了科学传播过程中的主体和受众。尊重第二个"人"即受众,实际上也是对科学传播主体提出的要求,每一个展项与空间的设计,都需要由受众的角度出发,考量受众的情感体验及心理诉求。不是为了展示而展示,是因为观众的需要而进行传播、教育与兴趣激发。从这点也可以看出,受众意识是科学展示设计团队进行创作的基础与前提。其次,尊重科学传播主体和他们的创造精神,这要求传播主体首先是科学内容内在价值、科学教育理念的表达者,而不仅仅是外在工具的使用者。新媒体艺术展示方式固然能够轻易创造出一个具有沉浸感的展示空间,但其本质仍是一种展示手段与材料。

21世纪的博物馆应被看作是一个体验生活、历史与文化的地方,是一个通过展示其拥有的材料而进行教育的地方。而一个博物馆如果仅仅成为自豪地显示自己所拥有的展示材料的地方,那么它也就没有完成自己的使命。科学传播更是如此。科学传播主体需要根据不同传播内容选择合适的传播媒介,通过对科学历史的再现以及自身对科学文化的解读,用科学展示的方式引起受众与展示间的情感共鸣,从而达到传播主体与受体间关于文化记忆的情感共鸣,完成由人到"物",再由"物"到人的文化内涵传递。

媒介即隐喻,其独特之处在于,虽然它指导了人们看待和了解事物的方式,但它的介入却往往不为人所注意。同样的,在新媒体和新媒体艺术越来越多地站在科学传播舞台之时,我们需要警惕这些潜移默化不动声色而来的文化"占领"。受众的思维方法将随着展示媒介的变化而产生不同的结果,多感官刺激的"沉浸式"体验将继续消磨现代社会中本就不再充足的理性与耐心。然而,新媒介的力量不是绝对而是相对的,外在符号不会完全代替内在精神,文化与情感的传递也不会全部被所使用的媒介所掩埋。对于"新媒介的隐喻力量",我们需要的态度是不漠视、不仰视。新媒介所带来的思维方式变革,并不会抹杀所有人的思考和反思,它既然可以被人的思考所"洞察",也就有由"能动性"来加以导向和利用的可能。

近年来，全球范围内掀起了一场媒介融合的革命，传播渠道空前丰富，各种媒介之间的界限在逐渐模糊，传播者与受传者的身份不再固定不变。随着新媒体技术的不断进步，展示方式的不断变革，可以预见，能够带来"沉浸式"体验的新媒体艺术将会越来越广泛地应用于科学传播之中。而新媒体艺术用作展示，终究只是一种展示材料与手段，只是科学传播展示整体的一个部分，有其天然的优势，也有相应的劣势。无论新媒体艺术展示拥有怎样的传播效果和互动性，它不会也不能替代传统展示方式，如同传媒整合一样，展示媒介也将最终走向融合的道路，在这个过程中，同时走向融合的还有各种展示艺术形式。多种媒介与艺术形式，不是简单的合并，而是以"全媒体""全艺术"理念为统筹思想进行融合，创造出一个拥有全方位感官体验，使观众能够主动探求知识、展现创造力的学习环境。当然，这一切的前提是，注重文化内涵的传递以及"人"的思考与价值。

第三节　公共空间视角下的新媒体艺术传播

科学技术的发展在当今媒介信息与技术领域中创造出了前所未有的革新机会，新媒体技术及数字化已经普及到大众生活的各个方面，社会及公共空间已经不仅仅是地域空间，而是成为以互联网为中心的多种维度的空间。新媒体涉及人类社会生活中政治、经济、文化等众多领域，并展现出社会多元化视角，呈现多元化的艺术形态。作为人类社会生活中的重要内容，新媒体艺术也开始逐渐呈现，其所表现出的特征有公共性、空间性与公共空间的交互作用等。在信息化发展的今天，新媒体艺术充斥着公共空间，并且随着信息化的发展不断发生变化。原有的公共空间艺术内容正由有形的形态变成无形的新媒体艺术形式，并被数字化，其交流方式也发生变化，变为看得见的形态。新的数字信息加入新媒体艺术中，并逐渐丰富其语境，更新新媒体艺术概念和形式。

一、公共空间新媒体艺术形成

在人类社会实践活动中，艺术潜移默化地跟随着人类精神文明世界的进步而发展。翻阅人类历史几千年艺术发展史，人类艺术形态与科技发展有着紧密的关系，科学技术的不断发展为艺术提供新工具、新传播途径，并能通过其创新运用为艺术提供新思维、新载体。而艺术伴随着媒介的传播作用，也会诱发出新的效应，导致人类社会的艺术形态发生变化，并引发新的思考。如在书写传播工具未出现以前，人们通过代代口传的形式将远古文化逐渐传播下来，后来又通过结绳记事、在木竹等物上刻以符号作为记事等方式逐渐改进传播方式。当书写传播工具出现后，传统的传播方式慢慢消失，转变为视觉艺术为主的表达形式，以文字、绘画为主的传播方式占主导地位。人们通过阅读、观赏获取信息，体验艺术，改变以往由被动接收信息的传播方式，转变为可以通过选择获得信息。

印刷术的发明，让人类精神文明世界通过载体广泛地进行传播，使更多人接触艺术，而这些大规模的艺术深入到各个阶层，逐渐改变着人们的思想意识，推进人类文明世界的前进。进入 19 世纪 70 年代，第二次工业革命后人类进入了"电气时代"。第二次工业革命推动了社会生产力的进一步发展，对人类社会的政治、经济、文化产生了深远的影响。此时电子技术的发展，再一次推动了人类文明前进的脚步。电话、电报的发明让人们再一次回到用听觉来接受艺术的表达形式，同时，也改变了传统中对艺术传播时间和空间的限制。电子技术的进一步发展就是电视、电影的发明和使用，它们将人类的视觉和听觉结合以来，同时呈现出人类新的艺术形式，这是艺术发展的一个重要时期。

人类社会发展到今天，信息化时代到来，数字化信息充斥着世界的每一个角落，传统的观念、思维、形式正在不断被新的信息技术打破和更改，新科技的发展、新传播方式的出现，为艺术发展提供了新的创作思维和方式。正是由于信息化在电子技术、影像技术、计算机技术等为基础的技术领域，以解剖学、生理学、遗传学、生态学为基础的生物科学领域，以卫星通信、空间科学和军事科学为基础的空间科技领域等的发展和创新，为艺术领域提供了新的技术媒介，随之产生一种新的艺术形态就是我们所说的新媒体艺术。新媒体艺术出现后使艺术边界逐渐模糊，艺术的感知力进一步扩大。新媒体艺术与科技、商业、文化的相融合，既体现出艺术的特质，又是一种突破于传统艺术观念的新型艺术形式。

二、公共空间新媒体艺术语境的概念及产生背景

（一）公共空间新媒体艺术语境的概念

公共空间新媒体艺术形式是复合型的，它是新媒体艺术与公共空间艺术所产生的互动美学的一种艺术形式。新媒体艺术表现，通过公共空间艺术与社会公众进行沟通。美学角度来看，公共空间新媒体艺术有"互动、自由自在"的内涵。从社会角度来看，是社会发展变化及社会文化的一种形象，是规范人类行为的一种社会形态。公共空间新媒体艺术产生公众文化、公众艺术及语境，被称为公共空间新媒体艺术语境。

（二）公共空间新媒体艺术语境产生背景

公共空间新媒体艺术语境是在当代艺术背景下产生并逐渐发展成当代艺术中别具特色的一种艺术语境。在当代艺术背景下，艺术层次、结构及内容不断发生变化，层次更加鲜明、结构更加明了、内容更加丰富，世界万物都可以通过感官体验获得艺术体验。在当代艺术发展下，社会文化成为各类艺术文化的关键。因此，当代艺术的价值体现在全球化的社会文化连接中，当代艺术语境包含了广义上的通信、政治文化的关系、世界性的文化交流差异、全球性的无线体验、经济与文化艺术的关系等。当代艺术是空间与时间的一种文化现象，在现代快节奏的生活方式中需要放慢脚步，将自己的思想情感融入其中，需要有关的经验、对象和事件等内容。现阶

段，当代艺术是一种象征，是一种反思社会的艺术态度、行为和观念，艺术结构、影像是当代艺术中重要的元素，表现出了其在地域化的基础上与社会文化、社会结构相似的艺术特征。当代艺术的表现方法及传播方式丰富多样，新媒体艺术是当代艺术中重要的一部分，新媒体在不断地发展和变化，有着新的概念和内容。因此，新媒体艺术作为当代艺术的一部分，与其有着紧密的关系。

与其他艺术不同的是，新媒体艺术的发展不会受传统模式的影响，其诞生时就具有当代艺术的某些特征。在网络信息、数字传媒等媒体技术的影响下，新媒体艺术的形成和实践不被传统艺术模式所限制。近年来，新媒体艺术已经成为一种新的艺术潮流，在当代艺术语境中占据着重要的地位。新媒体艺术语境正以其迅速发展的趋势超越艺术，进入到社会生活和大众视角中。时装展、博物馆、旅游景区等越来越多大众娱乐场所会出现新媒体艺术的元素。新媒体艺术语境，更是融入科技、商业化物质，基于各种混合艺术元素，它也更轻松地融入社会生活中。

三、公共空间新媒体艺术语境的特征

公共空间新媒体艺术语境有其独特的自主性和公共性特征，它所关注的存在观念及文化方向，其选择的艺术作品都具有开放性。公共空间新媒体艺术语境以特定的公共价值观作为导向，能够体现其公共性。公共空间新媒体艺术语境包含区域人文信息和科技发展水平，在一定空间内能够展现出区域形象、区域文化、人文历史和社会群体等特征。

公共空间新媒体艺术语境对公共性提出提倡和关注，在新媒体语境中，艺术作品的主体、客体和审美对象也发生了相应的变化。在数字化空间中，公共空间新媒体艺术语境的艺术并不是没有形态的，不是空建筑物的点缀，也不是大众娱乐的消遣方式，公共空间新媒体艺术语境是人们在社会生活中交流和表达情感的重要部分，用通俗的说法，是一种平等的艺术表达方式。随着经济的快速发展，人们的消费水平和观念在不断转变，价值观、人生观在不断发生变化，审美观念也在发生改变，人们在思考自己的生活状态，心态也在变化。

由于人们生活水平的普遍提高，人们的审美情趣发生变化，人文精神也会失衡。这些因素的变化使人们对社会生活的审美变得民主化，公众意识与家庭意识同时存在，审美开始变得不纯粹，艺术的边界开始模糊，文化艺术在商品化之间转换，因此共享、互动、平民化等使公共空间新媒体艺术语境具有独特的美学价值。新媒体艺术从单一的形式逐渐走向多元化的艺术互动，使新媒体艺术展现出更多形式。新媒体艺术语境中的互动文化，是个性走向共性的形式，在共性中包含人类生存的各种实践和体验。在共性和个性中互相转化和互补，这是公共空间新媒体艺术语境区别于当代艺术语境的特征。

四、公共空间新媒体艺术观念内涵的多向度范式

公共空间新媒体艺术是一种复合艺术形式，是存在于公共空间的艺术与新媒体艺术的互动美学内涵发生联系的一种艺术表现形式，是公共空间的艺术与当下社会公众产生沟通的一种方式，以新媒体技术为表现手段；从美学角度来说是通过新媒体艺术的互动形式体现"互动""自由自在"的美学内涵，从社会学意义来说是一个社会的人文化和社会化的形象代表，规范"人机共栖"的社会形态。作为其表现形态的观念内涵，表现出全新的交流和构建范式。

（一）公共空间新媒体艺术的观念内涵

相较于广义的新媒体艺术形式，公共空间新媒体艺术的观念内涵、美学思想仍可追溯至科学的发明与大量运用；不仅改变人类的物质生活，也改变着人类的精神生活。纵观百年工业革命的科技史，每一次科技进步，都震撼人们的思维传统变化。每一次科技进步都为艺术提供"新视野""新

观念"和"新思维"发展的契机。正如摄影术催生了"技术美学",电影和动画开拓了"世界的艺术",机械和动力启发了"装置艺术",电视和摄像则孕育"录像艺术"等。每当新技术的产生或成熟,就会产生各种新艺术流派和各种"新美学"。19 世纪至今,艺术运动的不断产生,新媒体艺术的发展,几乎就是一部现代科技史。

从西方艺术史看,艺术往往与科学的革命联系在一起。设计常被人们视作科学与技术的"结晶",也被看作是连接生产与审美的"桥梁"。现代新媒体艺术的滋生土壤与工业和信息产品的"美学"设计需求相关。从历史文化角度做探讨,19 世纪末 20 世纪初,科学与工业技术的发展,使绘画、雕塑等传统艺术发生功能性变化,形成现代艺术、影像艺术和设计艺术三大独立的艺术状态,三个艺术形态相互渗透,相互影响,形成交融和互动的新艺术。在西方古典美学解构的同时,后现代主义思想逐渐形成,并不断掀起对传统美学观念的冲击,在 20 世纪 60 年代达到高潮。由此,新媒体艺术形成以"生活审美化"和"艺术大众化"为核心的新的艺术形式。

新媒体艺术的美学思想,主要来源于蒙德里安、康定斯基的抽象主义艺术、包豪斯的工业设计思想、意大利马里内蒂"未来主义"的"机器美学"、法国杜尚达达主义对欧洲传统文化的厌弃。除此之外,19 世纪英国的拉斯金和莫里斯发起"新手工艺美术运动"的设计风格,主张艺术要与日常生活结合,艺术家应该从工作室走入生活,创作大众所理解和喜爱的作品;"生活即艺术""艺术和反理性艺术"思想,20 世纪五六十年代,动力艺术和光效应艺术、20 世纪 70 年代的录像装置技术,数字合成技术等,都对新媒体艺术美学思想造成影响。20 世纪 50 年代,各种艺术运动将传统艺术推向各种新型城市空间,艺术家的偶然性、机遇及参与性等举动加强了城市的活化性,形成环境的媒体化,如奥托·皮纳的"天空艺术"、克里斯托和詹妮·克劳德夫妇的"大地艺术"等。

此外,英国与美国发展出以杜尚为代表新的艺术流派"波普艺术",提出"通俗的、短暂的、可消费的、低廉的、大批量生产的、年轻的、妙趣诙谐的、性感的、诡秘狡诈的、有魅力的、大生意的"理念，和现代媒体艺术的表现和思维方式存在密切逻辑关系；其更贴近日常生活利用大众传媒，依靠复制技术创作，挑战传统的艺术定义的审美思想。

综上，公共空间新媒体艺术作为一种新的艺术形式，给人们提供了广阔的艺术空间；艺术空间的拓展，又使当代审美的外延与内涵得到明显的扩大和延伸。应用领域的社会信息服务业、工业设计标准信息服务、智能娱乐产品和高级数字娱乐产品设计开发等，已使社会形成"数字化"的认同。伴随社会"数字化"的发展，文化从最初狭窄的特定艺术种类，扩张到人类所有的精神领域和意识领域，日常生活开始趋于审美化。

（二）观念内涵的多向度范式表现

1. 比特空间的延伸

在社会的日常生活中，空间是容积、能够容纳体积的代名词，它是和实体的物理相对存在的，人们对于空间的感受是借助实体触摸而得到的。在社会及人类的发展中，人们会用围合或分割或圈占来取得自己所得的空间；与此同时，空间的封闭和开放是相对的。公共空间新媒体艺术以比特信息为基础、以各种不同的形式塑造空间，改变空间，从而使人产生不同的感受。公共空间新媒体艺术所塑造的空间存在着垂直与水平维度；这些被系统化的空间塑造互有交叉，有共同的部分，也有不同的部分，对其内涵与范畴有不同的定义和延伸，并形成了不同的空间领域，但此领域可被打破和重叠。

（1）平面空间向多维立体空间扩展。

相较于新媒体艺术，传统的艺术视觉表达通常是以平面设计元素为主。而公共空间新媒体艺术则更多的是将平面设计元素进行无限延伸，塑造视觉通透和渐层互动呈现，以此来延展平面艺术设计的纵向空间。公共空间新媒体艺术多是将平面艺术空间以更直观的方式转换、穿插，将有限的、静态的空间集合通过装置性立体艺术拓展成无限的、动态的空间元素集合，营造出立体的贴近真实的感受。

（2）新型的公共空间形成，物理空间与虚拟空间交叉并置。

公共空间新媒体艺术以其独特的实体数码展示方式，充分运用观众与艺术的互动，使观众沉浸其间，浑然不觉真实与虚幻之分；观众通过对此新媒体艺术的感受，游走于充满节奏的多元数码世界，感受独特的艺术视觉效果，沉浸于抽象和无限相互交织的时空。这种相互交织的时间与空间概念，即带来新型的公共空间，处于物理空间与虚拟空间交叉并置之中。

（3）信息交流是空间的主体，个人空间和社会空间混合。

在空间方面来说，公共空间新媒体艺术所塑造的空间，其主体是信息交流，其交流的对象是个人或群体的精神文化，所以其空间拓展也表现为个人空间和社会空间的混合。公共空间新媒体艺术的表现形式，大多是在特定的时空环境中，将人类日常生活中已消费或未消费过的物质文化实体，进行艺术的有效选择、利用、改造、组合及演绎，以展示出新的个体或群体丰富的精神文化意蕴。此空间必须是能使观众置身其中的、具有具体"环境"特性的空间。公共空间新媒体艺术在空间范式的概念延伸，成为观众个体信息与社会群体信息互相交流的环境，成为可传递动态讯息的环境构造体。

2. 社会认知的转向

在电子邮件和网络电话的世界里，我们共同生活的传播空间无穷大，信息传播强度和速度是几年前难以想象的。新媒体艺术的艺术主张已为民众普遍认同。人类追求新鲜刺激图像信息的兴致及个人表演欲得需求也产生了价值。"复制拼贴""异类合成""再创意""恶搞"等社会现象，由此引发更多的文化争论、价值观变化，以及社会认知的转向。一方面，公共空间新媒体艺术与非艺术的边界被破除，艺术的领域变宽，艺术的创作者和接受者不再以典型化式、静态的沉思替代艺术结果，艺术的阅读方式和图像的判断能力不再借助经典为蓝本，而是面对当下，直接从自下而上真实的情景中去接受，去体验，甚至是参与其中，互为表里。从杜尚"波普艺术"的"艺术即生活"观始，艺术已从画廊、沙龙、博物馆等四壁围困的模式走向户外，走向空间化；其表现形态从平面走向空间，从单一的画种走向绘画媒介的混合性过渡，更多表现为静态与动态的光效应、肢体和观念等非传统的艺术出现，尤其是公共空间新媒体艺术已将视觉图式的共性特征被个性化的文化索求所解构。

另一方面，公共空间新媒体艺术的传播，表现手法和表现风格不断在改变，也改变着大众的审美情趣和审美要求。"虚拟"视觉与"实境"感觉同步，是大众在真实社会与虚拟情景交替环境下不断追求的刺激视觉体验；这种新体验与新认知，在人体感官作用下，将大众由被动的接受者，转向为可以按照个性化的审美定位，通过各种手段对艺术方式进行改变和再创造。个人也可以是艺术家，艺术设计与技术的艺术融合，具有更强的渗透力和感染力。艺术家不再像传统艺术那样关起门来独立地完成一件作品，而是更多地以多人合作的方式进行创作，这一点特别体现在艺术家与不同领域的技术人员的合作方面。传统意义中作为观看者的观众地位改变，观众不再是被动的观看者，而成了引发作品开始运作的关键因素，或直接成为作品的一部分。

3. 隐喻的象征

艺术主要的职责之一，不是再现世界，而是通过对世界的再现，使我们以特定的态度和特殊的角度去看这个世界。所谓产生效果，也即让那些投身在世界中的观众对世界的看法产生转变，或进一步得到肯定。公共空间新媒体艺术作为艺术，也具有文化的隐喻象征意义；有着赖以产生的社会基础，归根到底是社会化分工的产物。

公共空间新媒体艺术是形象化较强的文化产业。商业性不是其第一和唯一属性，但其艺术的文化灵魂是其文化价值成功的关键所在。公共空间新媒体艺术的艺术象征意义，是一个由物质到精神的生产转换过程。作为在新媒体中的艺术形式，不仅是观众艺术消费的过程，还始终伴随着观众的消费与再创作过程。公共空间新媒体艺术拥有艺术的独特魅力，不仅具有深远的艺术价值，衍生出来的文化含义蕴藏着比作品本身更大的文化价值和商业价值，具有特定的文化隐喻象征意义。其文化隐喻象征意义基础及表现在于：

（1）具有科学技术商品化载体的特性。

公共空间新媒体艺术是大众文化、大众艺术，对新媒体艺术价值的接受与认同。因此，这种形态的艺术应当符合观众不同群体，多元化的视觉经验和自然规律，使大众可以轻松地体验到艺术表现之下所要表达的感情和意义。

（2）以娱乐、消遣游戏、精神抚慰为目的。

以公共空间新媒体艺术特有的介于真实和虚幻之间独特的美学特点，虚构内容，巧思创意，表现与现实落差的体验空间或创意性情境，达到"游戏冲动"的精神体验。"游戏冲动"在席勒的美学思想中，是一个重要的概念。游戏的根本特点，就在于自由活动。公共空间新媒体艺术通过技术传递手法，从文化含义、年龄结构等方面，带给大众视觉上创意想象，带来娱乐性和幽默诙谐、轻松明快、刺激和好奇、愉悦的美感和享受，以此实现文化隐喻中寻求人和自然和谐相处方式的价值需要。

五、公共空间新媒体艺术身体叙事及互动体验的参与

（一）空间性的多维性：虚拟与现实

在新媒体技术实现"虚拟假定"的空间世界里，公共空间新媒体艺术表现手法已不受制于现实规则；其艺术的形式更具视觉冲击力，如何直接、具体、个性化地创造出美术视觉语言，技术性地传达设计理念和文化、艺术主张，实现技术与艺术完美结合，已成为设计师创作始终不渝地寻找、挖掘的追求。公共空间新媒体艺术的空间多维形式构成的基础在于：

1. 空间的形式延伸及新思维的挖掘

新媒体技术带给社会的变革不仅仅是"一切"，更多的是人脑的延伸和扩展，尤其是无法替代设计的创造性思维。在公共空间新媒体艺术具象表

现中，需要技术，运用技术，但在理解技术的同时，需要设计思维和启发创意灵感，掌握日新月异的计算机硬件和软件技术，并灵活把握视觉新语汇的表达，运用计算机技术系统，支撑美术设计；包括对点、线、面、方、圆、三角等几何形和各种色彩的元素，根据设计指令进行平移、重复、渐变、旋转、错位、变异、增减等操作，生成理想的图形和色彩；构成各种最基本设计元素的储存，用艺术与技术的"语言"表达思想，真正达到"人机对话"的艺术境界。

2."艺术"和"技术"的双重关系

首先，"艺术"是"技术"实现的主导与核心。公共空间新媒体艺术的理念与创意，源于创作者主观文化艺术修养，既包含创作者对客观世界的认识，表现了对美和丑的审视和审美价值观念的表达；其创意与实现，也存在艺术思想与和技术"鼠标""键盘"等形式下的"交互对话"的操作关系，同样具备人脑与电脑操纵"人机对话"的特点。在公共空间新媒体艺术形态展现中，人脑艺术表现完全处于主宰和支配的地位，技术是辅助人脑更有效地发挥其主观能动性和智慧的工具，使其迅速地在显示屏上设计，并通过多次修整达到理想的图形，便捷地把设计的创意传达给程序。其次，"技术"是实现"艺术"主张的辅助工具。技术的进步与发展，为公共空间新媒体艺术的艺术形态、创作、审美、设计手段及最终的视觉传播效果，带来崭新的思维空间。其设计创意，既有艺术思维，也有技术的思维；而关键技术体现在计算机动画制作硬件与软件运用上。不同的公共空间新媒体艺术设计效果，取决于不同的硬件、软件功能。虽然制作的复杂程度不同，但其基本原理是一致的。

（二）互动系统与模式建构：感性的逻辑建构

其逻辑建构主要表现为以下三方面，并互为因果，相辅相成。

1.公共空间新媒体艺术是一种大众化艺术形式，即包含艺术创作者的逻辑思维与形象思维、与大众在艺术中的"互动"

思维不管是形象思维或逻辑思维，都是认识的一种深化，是人的认识的理性阶段达到的对事物的本质的把握。形象思维的过程在实质上与逻辑思维相同，也是从现象到本质，从感性到理性的认识过程。但这过程又有与逻辑思维不同的、本身独有的一些规律和特点，这就是在整个过程中思维永远离不开感性形象的活力和想象。在表现形式上，无论传统艺术还是计算机艺术虚拟的水彩、素描、油画、雕塑等艺术手段及任何材料，都可以成为公共空间新媒体艺术"人机互动"实现形式构成元素，成为创作者与大众发挥艺术审美灵感实现的途径。

2. 复杂系统与人互动的方式成为可能

相对于传统媒介的单向信息传递，新媒体与多维度和非线性，信息的双向，乃至多维的传递、反馈、碰撞、融合和激发，即构成了"交互与互动"的内容。大型互动装置艺术《云》是由 6000 个新的或废旧的灯泡组成，于 2014 年在卡尔加里城市第一个白夜节做公开展示。作为创建该装置过程的一部分，创作者收集当地的家庭、企业、博物馆和生态站烧坏的白炽灯泡。该互动装置艺术最初的想法是创建社区和艺术家之间的非正式合作，并以降低成本的方式做实验性艺术创作的后期使用试验。无数的灯泡组成了一朵巨大的云朵，每个灯泡都装上拉弦，让观众来控制该灯泡云的照明。观众通过即兴的拉线开关与作品互动，使自己成为装置艺术集体中的个体进行交互。《云》互动装置艺术充分体现了复杂系统中人的"互动"行为设计。公共空间新媒体艺术"互动"关注的重点不是形式与内涵，而是"互动"的行为设计。传统设计的设计元素是点、线、面、色彩、肌理等，而公共空间新媒体艺术"互动"设计的元素是：复杂系统与人互动的方式——即人的行为。

3. 公共空间新媒体艺术文化审美的社会性

在审美的环境中，美是物质与精神、感性与理性、客观与主观之间的中介。美在人性发展的过程中，所起的正是这样的一种中介作用。正是这种中介作用，使它能够改造人、教育人、克服人的片面性，使人成为具有完整的人性的人。

高度的娱乐性成为公共空间新媒体艺术的主要功能之一。在新媒体信息传播趋于图形化、动态化、互动化的现代社会形态中，公共空间新媒体艺术以其独特的文化形式与审美价值被更多的人认知。在"人机互动"在线形态下，时空特性淡化了各种文化时空观，差异文化交流将统一到同一虚拟时空里，公共空间的互动审美得到最生动的表现。基于互联网等新媒体平台多路径、多选择、多结局实现艺术交互和审美互动，包括各种有效的互动方式、增强和扩充，关注大众的心理和行为特点的普遍性、代入性以及互动操作过程参与感，都使大众在欣赏过程中充分发挥移情效应，最终大众的审美艺术观发生变迁。

（三）肢体语言的表达

相较于原手工传统技术技艺经验的艺术形态，从表现形式的结构逻辑以及相关审美趣味方面看，不断发展的公共空间新媒体艺术在新视觉中兴起的公共空间新媒体艺术，在手段上区别于以物质媒介为手段的视觉经验，更多地运用肢体语言处理媒介技术，所产生视觉经验已是截然不同的文化界面。公共空间新媒体艺术中肢体语言的加入使得传统艺术专业与业余的价值观被抛弃。公共空间新媒体艺术中肢体语言表达要求创作者个人或群体的集合性参与，或是和大众欣赏者的群体性合作，运用肢体动作、肢体形态、肢体的表达语言重构新鲜而实在的美术视觉文化和美学观念，应用新手段和新技术条件创造符合社会精神的美术环境，促使对固有审美观的解体，并带来一定的商业机遇。公共空间新媒体艺术的文化艺术与商业价值经营手法不分彼此，艺术也不再肯定个人创作积累和个人英雄成功伟业。公共空间新媒体艺术文化为人们展现的是一个崭新的艺术民主和大众文化时代，需要对"多元化"的形式与表现把握更加准确。

2010 年，德国多特蒙德曾举办系列的互动体验活动，包括具有实验特色的互动投影、音乐、舞蹈和视觉艺术等。

现代社会中，由于计算机技术的飞速发展和对人类生活影响程度的日益扩大，新媒体、数字化已渗透到人类生活的各个方面。公共空间与新媒体艺术同时具有"互动""交流"的社会属性，也有"艺术与文化服务于社会"的精神取向；新媒体艺术的进入，或动态或静态，或是物理存在或是虚拟、再现和表现的艺术形态，形成公共空间新媒体艺术的互动接口，以达到艺术表现、沟通和互动的目的。空间可以是新媒体艺术的媒介，这与新媒体艺术调动一切感官、张扬个性与本能意识的潜在特征相匹配。

公共空间新媒体艺术的叙事表现成为一大趋势并已呈现，公共空间已不再是原有的地域空间，而更发展成以互联网为基础的多维空间，在人类的政治、经济、文化等综合性视角，以多维形态呈现，其作为人类社会生活与接触的重要内容，表现出更强的虚拟性、公共性、时效性及交互性，使公共空间与新媒体艺术的互动在设计和实践中形成交会。

第四节　艺术美学视角下的新媒体艺术传播

依托信息时代的前沿科学理论和技术成果，采用新的表达媒体和艺术手法，新媒体艺术创造出了一种彰显人文关怀与艺术反思的艺术新样式。在学习、模仿西方新媒体艺术的创作与研究的同时，创作界和理论界也开始关注中国新媒体艺术发展的自身特点，并努力探索这些特点与中国艺术美学之间的内在联系。

一、新媒体艺术的理论与技术基础

新媒体艺术是在总结提升传统艺术经验的基础上，随着媒体技术和媒体理论的逐步完善而发展起来的。20 世纪以来，数字技术、信息技术、计算机与网络技术、生物科技等新技术的快速发展，为现代艺术提供了全新的传播媒体和表现形式。而 20 世纪下半叶兴起的各种社会思潮则为新媒体艺术理论提供了观念来源。特别是马歇尔·麦克卢汉在 20 世纪 60 年代提出的"泛媒介论",为新媒体艺术理论的产生和发展打下了理论基础。"泛媒介论"认为凡是作为人类交流器官的延伸的都可以被视为媒介,而媒介本身会产生大量的信息,并最终决定着人们的思维方式。"泛媒介论"为认识新媒体、整合新媒体为艺术创作所用产生了启迪的作用。此后,层出不穷的新媒体和新媒体理论不断冲击着原有的艺术思维和表现方式。新媒体艺术在建立了媒体可以是艺术的载体,也可以是艺术内容的理念基础上,走上了一条不断发现新媒体和融合多种媒体为我所用之路,并最终创造了新媒体艺术这一有别于传统艺术且不断进化中的艺术形式。

二、新媒体艺术的全息性审美

新媒体艺术的一个显著特征,是将多媒体技术可能形成艺术表达的元素进行有机性与整合性的链接,产生一种单一媒体所不具有的新的传播功能与技术意义。多媒体的相互融合是新媒体艺术的核心表现手段和主要艺术语汇,并由此产生了审美体验的综合性、审美过程的交互性、审美情境的虚拟性等区别于传统艺术的全息性审美方式。

(一)多媒融合带来的艺术变革

人类的艺术史,其实就是艺术媒体不断更新变化的历史。每一种艺术形式的产生和发展都与表现媒体的发现和使用密不可分。媒体工具形式决定着艺术的呈现方式,而艺术的呈现方式又深刻地影响着艺术的形式,并带来艺术本体的变革。每一种形式的艺术在其发展史上都经历过关键时刻,而只有在新技术的改变之下才能获得成效,换言之,需借助崭新形式的艺术来求突破。从口头媒体、书写媒体,到电子媒体,再发展到信息媒体,媒体通过改变和塑造主客体的观察方式、感知方式、思维方式和情感方式改造着艺术及其审美方式。

多媒融合是艺术自身发展的要求。它反映了艺术的人性本质和自然本质。首先,人类的感官本身就是"多媒"的,人类不仅以五官感觉,而且以全部的思维感受着外部物质世界和内心心灵空间，多媒融合符合艺术表现人性的要求。同时，自然界本身就是有声有色、"多媒"合一的，多媒融合也符合艺术表现自然的要求。所以，人类对于艺术信息的多媒融合，不但是技术发展的必然趋势，更是人类审美意识与人性自身完善的必然要求。

新媒体艺术多媒融合的审美方式，也反映了现代艺术发展回归到艺术本原的过程。在人类艺术的萌芽期，艺术的意象构成既表现为人类早期意识形态的朦胧性，也表现为人类原始造型方式的混沌性。随着社会的发展，艺术逐渐地从朦胧与混沌的原始状态进化到清晰与纯粹的现代状态。艺术表现也由多媒性转向单媒性，人们对艺术的创造多集中在某一单媒性的表现载体和单纯性的艺术思维之上。也就是说，分化独立后的各个艺术门类都具有以单一感官为传播对象的媒体特征，直到20世纪现代艺术出现之前。代表现代科学的新媒体技术的出现，使20世纪现代艺术发生了变化，尤其是20世纪后半期的现代艺术，通过媒体技术的多元整合，创造出了具有全息性、交互性、虚拟性审美特征的新媒体艺术。可以说，从原始艺术混沌未开的"多媒融合"，到古代艺术的"单媒门类"各自发展，再到现代艺术重新整合的"多媒融合"，艺术的发展轨迹说明，从单媒到多媒，不仅是艺术的一种轮回，更是对艺术审美的一种进化与升华。

（二）新媒体艺术的审美特征

新媒体艺术充分吸收并有机整合多媒体技术，建立了互动与互为的新艺术形式，使审美活动具有全息性与广泛性的审美特征。多媒融合下的审美思维是整体的、有机的、全息性的审美思维方式。它不仅综合性地调动了人们的视觉、听觉、触觉、嗅觉、味觉等各种感觉器官，还交互性地激发人们的思想、情感与精神等理性活动。在这种全息性的审美活动中，人们的主观与客观互动、感性和理性互融、技术与艺术相通，达到了一种审美意识上的辩证与统一，给人们带来了全息性的审美体验。

1.审美体验的综合性

新媒体艺术将不同媒体及其造型及传播机制的应用功能有机整合，大大丰富了艺术的表现形式，多重艺术语汇的综合带给人们韵味体验以及张力震撼。我们知道，审美体验意味着主体部分或者完全进入到对象当中去，对对象发出的信号进行回应。当代的新媒体艺术不仅需要融合眼、耳、鼻、舌、身等多种感官参与审美体验，而且随着现代神经学等科学技术的发展，新媒体技术可以绕开复杂的身体感觉器官，直接刺激神经，从而让人摆脱感觉器官而感知栩栩如生的世界。新媒体技术的发展给新媒体艺术带来了极大的发展空间，也让人们的审美体验产生无与伦比的综合性和丰富性。

2. 审美过程的交互性

新媒体艺术多媒融合的表现方式促使审美过程发生相应的变化。交互式审美成为新媒体艺术区别于以往艺术形式的一个重要特征。在新媒体艺术传播过程中，创作者、传播者和接受者是交互合一的，创作、传播和接受的过程是实时同步的。这赋予主客体对作品内容、过程、表现、结果进行创造性阐释和能动性建构的权利，艺术审美也成为主客双方互动地、深度地参与和体验的过程。这种积极的交流和互动使得作品意义的阐释变得多元而丰富，创作和欣赏的过程充满着审美的愉悦。同时，新媒体艺术审美过程的交互性使人的主体意识得以凸显，主体性得到充分发挥，体现了艺术审美追求自觉自由的本质要求。

3. 审美情境的虚拟性

新媒体技术的融合、生成功能使其可以任意地依据人们的直觉意象创造出物质现实中并不存在的事物。在新媒体艺术中，现实生活中发生过但不可再现的事物或事件场景可以随时再现，现实生活中可能发生但并未发生的事物或事件也具备了被展现出来的可能，甚至根本不可能在现实中发生的事物或事件也能被人类知觉所感知。新媒体艺术的这一特性突破了传统的审美准则，形成了虚拟领域的审美范畴。在这个虚幻的时空里，意识的直觉成了物质的现实，假定性的体验被赋予了极强的真实感，艺术的表现和审美体验都获得了空前的自由。

新媒体艺术建立的这种全息性审美方式，要求审美主体和客体的审美思维具有全息性或整体性的特征。正如麦克卢汉所说："我们的时代渴望整体把握、移情作用和深度意识，这种渴望是电力技术的自然而然的附属物。"麦克卢汉的这段论述是针对电子媒介时代的艺术而言的。而当代不断创新发展的新媒体艺术，更是以先进的技术表现和技术能力促使审美主体和客体从单一视角转向多维视角，从平面转向立体，并不断提高整体思维的感知力和全方位把握世界的整合力。而这种全息性或整体性的审美意识与思维方式正是中国艺术美学的一个最主要特征。

三、中国艺术美学与新媒体艺术全息性审美的关系

著名美国学者 F. 卡普拉在广泛探讨了现代物理学的成果与印度教、佛教、道教的系统理论之后，将二者进行深入比较，得出现代物理学的新概念与东方宗教哲学思想惊人地相似的结论。科学研究如此，现代艺术创造更是在东西方文化的不断交流、沟通过程中，在东西方思维互补性的交融化合中，推动着新媒体艺术的多元化发展。从创作实践看，许多西方艺术家在汲取东方艺术美学思想的基础上，创造出了独具特色的新媒体艺术形式。美国音乐家约翰·凯奇是较早把东方思维直接融入西方音乐的人物。早在 20 世纪 40 年代之初，凯奇就开始沉醉于印度哲学、佛教禅宗、《周易》之中，并将其应用于音乐创作。他创造的"偶然艺术""机遇音乐"代表作《4 分 33 秒》《金属构成》《想象的风景画》等，都体现了凯奇对东方直观、合一、整体的哲学思维的探索，革命性地震撼了基于和声的现有西方音乐的思维方式。美籍韩裔艺术家白南准在东西方艺术美学思想的对话中，将媒体与器械，音乐艺术与视觉艺术，东方禅宗、周易思想与西方的电子消费文化融合为一体，奠定了他作为"影像艺术之父"的历史地位。从这些例子可以看出，注重眼、耳、鼻、舌、身、意等多种感官媒介交融化合，立足整体思维、立体思维的中国艺术美学与新媒体艺术审美之间具有某种契合的关系。

中国艺术美学来源于中国传统哲学。"天人合一"不仅是其最重要和最根本的哲学命题，同时也是中华民族的一种思维方式，因而也深深地影响着中国艺术美学的各种审美范畴，并在艺术创作和审美中表现出一种注重生命本体、交感、整体观照、直觉顿悟等美学精神。从思维方式看，不论是《周易》的"观物取象"还是庄子的"物化""心斋""坐忘"，都要求审美主体和客体的观察思维方式采取四面八方、地下天上，视通万里、气包洪荒的全方位观照。观物当面面观、变动观、上下观、远近观、四时观、表里观，无所不观、无微不至。同时，这种观察思维方式也要求审美主体和客体通过"物化"达到主客合一，通过"神与物游"的沉浸式审美体验，从宏观视角去领悟、体验"道"的本质并加以总体把握，从而达到人的精神与物质世界的大融合、大自由。而这种调动一切感知觉手段去领悟、体验、把握事物本质的审美方式，与新媒体艺术多媒融合的全息性审美要求是不谋而合的。

首先，从审美范畴看，中国艺术美学从整体性思维出发，将宇宙时空、世界万物纳入自己的审美视野之中，"天、地、人"浑然一体，"尽精微，致广大"，无所不包。中国美学的元气论着眼于整体宇宙、历史、人生，着眼于整体造化自然。中国美学要求艺术家不限于表现单个形象，而要胸罗宇宙、思接千古，要仰观宇宙之大，俯察品类之盛，要窥见整个宇宙、历史、人生的奥秘。这种整体全方位观照与新媒体艺术所涵盖的大到宇宙时空、小到原子纳米的审美范畴是相通的。

其次，从审美方式看，中国艺术美学推崇物我为一、主客一体、至美至乐的审美境界。主张天地与我共生，万物与我为一，强调人的内心体验与天地万物融为一体。具体到审美过程，主张"物化"——昔者庄周梦为蝴蝶，栩栩然蝴蝶。此之谓物化。人移情于物，身与物化，精神世界与自然现象彼此交融，审美主体与审美客体浑然成一。这种审美方式与新媒体艺术多媒融合、交互体验的全息性审美是相符的。

最后，从审美想象看，中国艺术美学将"思接千载""视通万里"的艺术想象活动定义为"神思"。强调在精神彻底自由解放的状态下,"神思"是一种能打破时间限制的思维体验活动:思维可以自由穿梭于千载时光之中,"观古今于须臾",它能自然弥合时光流逝所带来的遗憾,亦可使一瞬成为永恒。同时,"神思"又是一种能打破空间局限的思维体验活动:思维可以摆脱了空间限制,"抚四海于一瞬",整个世界皆在掌握之中。在这样的审美想象中,时间和空间已丧失了具体意义,它们完全处于一种共时状态,现在、过去和未来已成为一个整体。具体到艺术创作和审美情境中,不管是物质现实存在的,还是意识中隐含的,都可以成为艺术表现的意象和载体;而审美主客体也可以在这个虚拟时空中自由驰骋、完美体验。这与新媒体艺术的虚拟审美特征是不谋而合的。

中国艺术美学博大、多元的审美理念,为新媒体艺术的发展提供了美学参照和理论支撑。如今,越来越多的新媒体艺术将中国艺术美学思想应用于新媒体艺术创作,产生了许多具有中国文化特色的新媒体艺术作品。

第五章 新媒体纪录片的影像语言

第一节 新媒体纪录片概述

一、新媒体纪录片的概念

新媒体纪录片是依托于新媒体时代发展形成的一种纪录片形式，因此需要分别将新媒体与纪录片的定义阐述清楚，再结合起来进行总结性定义。

新媒体的概念：新媒体是依托于数字技术、网络技术及其他移动通信技术产生的，具有互动性、融合性、高速传播效率的媒介形态和平台。在现阶段新媒体主要包括新媒体及受其影响而改变的传统媒体，主要有三个方面：第一是移动新媒体，以移动互联网为主的各类媒介形态，如手机终端、电脑终端等；第二是网络新媒体，以互联网载体的各类平台与网站，如腾讯视频、优酷视频等等；第三是新型电视媒体，是传统媒体的数字化以及其他具有互动性的数字媒体形式，如网络平台数字电视、IPTV（交互式网络电视）、移动电视、楼宇电视、隧道媒体、路边新媒体等。

纪录片的概念：纪录片是一种非虚构性的影像，旨在呈现事实、历史与某种信息，兼具真实性与现实意义。对于"纪录片"一词定义的举例："纪录片"一词是苏格兰导演约翰·格里尔森在评论电影《海洋奇缘》时创造的，格里尔森将纪录片定义为"对现实的创造性处理"。苏联电影制作人吉加·维尔托夫提出的纪录片定义是"生活本来面目"。美国电影评论家帕尔·劳伦斯将纪录片定义为"一部具有戏剧性的真实电影"。学者贝齐·麦克莱恩认为，纪录片是让电影制作人传达他们认为重要的历史事件、人物和地点的看法。

二、新媒体纪录片的类别

新媒体纪录片是衍生于新媒体时代，应用新媒体技术（包含数字、互联网和计算机技术等）的不同于传统形式的纪录片。具有数字化、交互性、网络化、真实性等多种特点，目前新媒体纪录片主要包括交互式纪录片、VR 纪录片、微纪录片。

1. 交互式纪录片

交互式纪录片是以交互性与真实性为核心的不同于传统形式的纪录片，往往会将多媒体资产（声音、影像等）与网络技术相结合、语言和通信系统相结合，其媒体的发送者和接收者级别相近，观众因其交互性而获得影片关键角色的新交互体验。

交互式纪录片开始出现于 20 世纪 80 年代，目前可以追溯到 1978 年的《阿斯彭电影地图》。值得一提的是，交互式纪录片的命名在国内基本已经确定，但在国外学界目前还没有统一名称，目前主要的名称有：交互式纪录片、沉浸式纪录片、交互或沉浸式纪录片多媒体纪录片、网络纪录片、数字纪录片、协作式纪录片。从这些命名的词汇不难看出这种纪录片的特点。

交互式纪录片是数字互动技术和纪录片实践之间的交叉点，即任何以参与"真实"为出发点的影像项目，并使用互动数字技术来实现这一意图。

交互式纪录片发展到今天，已经有了许多优秀作品和成果。比如，加拿大国家电影局，于 2004 年发行了世界上第一部完全在线的纪录片体验项目《驻场电影人》。截止到 2013 年，加拿大国家电影局将其制作预算的四分之一用于互动媒体，包括交互式纪录片；其资助的交互式纪录片代表作品除《驻场电影人》外，还有迈克·西蒙斯和保罗·肖布里奇合作拍摄的《欢迎来到松点》，杰里米·门德斯与莉安·艾利森合作制作《熊 71》等。

美国麻省理工大学的"公开纪录片实验室"，其数据库命名为交互式精选数据库，内容为包含数字时代改变纪录片的人物、项目和技术，截止到 2022 年 12 月，其中已收录 423 个项目和作品。

牛光夏在他的文章中认为，国内的第一部交互式纪录片是 2020 年的《古墓派：互动季》。这部作品诞生于国内交互影像的发展布局阶段，作为国内真正意义上的交互式纪录片，入选了"2020 年第二季度优秀国产纪录片推荐目录"。值得一提的是，弹幕语言在国内的兴起，也将交互性赋予包含纪录片在内的影像，在一定程度上弹幕语言加影像组成了一个完整的观看体验，带有大型交互作品的意味。

2.VR 纪录片

VR 纪录片是指运用虚拟现实技术制作而成的纪录片，同时拥有虚拟现实技术的沉浸性、交互性、想象性和纪录片的真实性。VR 纪录片可以使观众从"观看真实"走向"体验真实"，极大地还原了纪录片本身强调的"真实性"。

这一新生的媒介技术在影像语言层面，尤其是视听语言，更容易与纪录片交融，极大地延伸了的人的感官体验。麦克卢汉在他的《理解媒介：论人的延伸》中提到过一个观点："媒介是意识的延伸。"对于 VR 纪录片来说，媒介技术大范围地调动了人的感官意识，帮助观众沉浸在"真实"的时空当中。

VR 纪录片起源于 VR 技术有了一定的发展之后。世界上第一部 VR 纪录片是《洛杉矶的饥饿》（2012 年），采用了 CGI 技术（电脑三维动画），使用动画还原了当时的真实场景，也因此有的学者将其定义为数字动画纪录片或沉浸式新闻影片。2015 年，第一部使用真实拍摄影像的 VR 纪录片《希德拉》问世，同年国内第一部 VR 纪录片《山村里的幼儿园》问世，采用了 360 全景影像技术。

国内外在 VR 纪录片方面，迄今为止都已经做出了许多努力，也有了很多优秀作品。国内来看，2016 年起，国内各大新媒体平台建立 VR 板块，国内十余家主流媒体联合成立了"CHINA VR 新闻实验室"，相关赛事开始举办，VR 纪录片逐渐出现在大众的视野范围内，因此这一年也被国内称之为"VR 元年"。中国的"CHINA VR 新影像奖"（2016 年至今）设立，CHINA VR 新闻实验室联合中国传媒大学新媒体研究院及国内 VR 平台征集到了近千件 VR 作品，入围的 VR 纪录片作品共 24 部（占总体的 40%）。

总的来说，国内的 VR 纪录片发展态势繁荣，涌现了许多优秀作品，但主要以 360 全景实拍技术为主，使用全 CGI 技术等其他 VR 技术较少。

国外来看，自 2012 年第一部全 CGI 的 VR 纪录片问世之后，逐步涌现了一批优秀作品，许多国际纪录片节纷纷设立相关奖项，加拿大国家电影局、法国国家电影中心、美国麻省理工大学的"公开纪录片实验室"等机构对 VR 纪录片也有不同程度的支持和收藏。评选 VR 纪录片比较重要的奖项有奥斯卡最佳纪录片奖（1941 年至今）、圣丹斯电影节（1978 年至今）、西南偏南电影节、翠贝卡电影节（2002 年至今），等等。

综上所述，通过梳理国内外 VR 纪录片的作品与成果，可以看到 VR 纪录片的完整性越来越好，题材更加丰富，时长也有不同程度的增加，但由于目前的 VR 技术仍有许多技术难题没有攻克，所以整体作品相对来说数量偏少。

3. 微纪录片

微纪录片是以非虚构对象为表现主题的纪录片，核心特征是真实性和时长短，时长一般为 5—30 分钟。广义概念可以理解为只要是时长较短的纪录片都属于微纪录片。

广义上的微纪录片可以追溯到卢米埃尔兄弟和乔治·梅里爱发明"第七艺术"（电影摄影术）的时代。1895 年路易·卢米埃尔拍摄的《工厂的大门》（45秒）、《火车进站》（1分钟）等实验性的影片，都有纪录片的性质且时长较短。但正式被公认的"纪录片之父"是罗伯特·弗拉哈迪，弗拉哈迪也有时长较短的纪录片，比如《淘气制造厂》（1925年，15分钟）、《二十四美元岛》（1928年，10分钟）、《工业化英国》（1931年，21分钟），等等。

随着科学技术和摄像器材的发展，微纪录片发展到新媒体时代，虽然仍拥有传统纪录片的真实性，但已经不再是"专业纪录片从业人员"的专属品，大量的"时代记录者"作品涌现出来，通常这些作品会发布到网络平台，因其精短的时长更适合新媒体时代，具有及时传播性，堪称是"流动的历史"。卡尔·贝克尔曾提出"人人都是自己的历史学家"的观念，这个时代已经到来。

微纪录片中体量最大的一种是手机纪实影像。手机纪实影像是使用手机拍摄的非虚构性影像，同时拥有纪录片的真实性和及时传播性等特征。因为手机的便携性和低门槛，手机纪实影像对录制者的要求近乎零，人人都可以拍，只要是真实的影像内容，都可以称之为手机纪实影像，常用的称呼还有纪实短视频等。

手机纪实影像井喷式发展是在短视频平台兴起以后。2011年，美国短视频应用Viddy问世，并与YouTube、Facebook、Twitter等主流社交平台展开合作；2012年，快手从一个GIF（动态图片格式）应用转型为短视频社交平台；2013年腾讯微视上线；2014年微信朋友圈中出现了"小视频"的身影；2015年，快手开启了短视频与商业融合的初始阶段；2016年，由今日头条推出的抖音正式出现在大家的视野中，逐渐涌现出了大量的手机纪实影像；2017年，抖音的国际版TikTok上线，一经推出，激发了国际用户的创作热情，曾多次登上多个国家的应用下载榜首。2017年也被称为"短视频爆发元年"，自这一年开始至今，短视频逐渐与人们的生活息息相关，涵盖了多方位、全领域，各类型的媒体平台都出现了短视频的身影。手机纪实影像也包含在这些短视频之内蓬勃发展。

经过梳理与总结可以看出，手机纪实影像因其易得性和工具的便捷程度，在全球范围内进行计算，是新媒体纪录片中数量最多的一种。

国内还有一批由专业的纪录片从业人员拍摄的微纪录片，通常会在电视或新媒体平台播出，这种电视微纪录片已经形成了一定的结构模式和产业化。这种微纪录片更加精致化，叙事结构更为专业，文化美学更加突出。国内在这方面做了许多努力，比如中央电视台纪录频道制作了一批质量精良的微纪录片，新媒体平台也涌现了一批自制微纪录片。

国际上也有许多微纪录片发行，加拿大国家电影局、法国国家电影中心、美国麻省理工大学的"公开纪录片实验室"等对微纪录片做出了许多支持，国外的新媒体平台也涌现了一大批来自世界各地的微纪录片。

总的来看，微纪录片因其时长短、易传播，发展迅速，作品体量巨大，特别适合在新媒体时代进行传播，且适应全媒体传播格局及碎片化时间。目前我们已经可以在许多公共场所看到这些微纪录片的身影，例如地铁屏幕、各类建筑内的屏幕、宣传广告屏幕。

第二节　影像语言

一、影像语言的概念

影像语言伴随着影像的诞生而出现。影像是对人类感官能感知到的物质的一种再现，源头可以追溯到人类发现暗箱效应之时，本文主要谈及新媒体纪录片的影像语言，因此"影像"的含义限定在动态影像或者纪录片这个范围内。

影像语言属于语言的一种，是一种结构化的交流系统，用于传达影像的意义，其作为影像的核心部分是描述构成影像系统的规则集合。影像语言随着时间的推移而演变且多样化。影像语言包括视觉语言、听觉语言、叙事语言、剪辑语言等多种语言形式，因数字科技的发展，目前部分影像的影像语言也拥有数字化的特征。

语言学和符号学的重要创始人索绪尔认为，语言通过将符号形式与意义，或与其内容相关联来表达意义。符号形式必须是可以被感知的东西，例如，声音、影像或手势，然后通过社会习俗与特定含义相关联。索绪尔还认为"语言对思想所起的独特作用不是为表达观念而创造一种物质的声音手段，而是作为思想和声音的媒介"。影像语言就是新媒体纪录片的"符号形式"和"媒介"。

每种艺术形式都有自己独特的语言结构，自影像诞生发展至今，其独特的表达形式即影像语言也随之诞生并一起发展。影像语言的概念已经进行了初步阐述，下文梳理影像语言的来源与发展，将概念与过程结合起来写作，呈现更加全面和立体的理解。

二、影像语言的来源与发展

对于影像语言的研究范围限制在动态影像，不包含静态图片等影像，所以本章节从动态影像的诞生开始进行阐述，目的是更好地梳理清楚影像语言的来源和发展历程。值得一提的是，早期的纪录片被称为"现实电影"或"真实电影"，可见纪录片的影像语言和电影的影像语言有许多相通之处，因此在阐述影像语言的发展历程时会将电影和纪录片案例结合使用，在此章节只阐述整体历史。下文笔者将影像语言的发展历程划分三个阶段，分别是影像语言的起源阶段、发展阶段和数字化阶段。

影像语言的起源阶段（19世纪末到20世纪30年代）：世界上第一部动态影片是1888年的《朗德海花园场景》，时长仅有两秒钟不到，此时的拍摄者只会本能地对自己的拍摄画面进行一些选择。1895年，卢米埃尔兄弟制作了第一部虚构的摄像电影《水浇园丁》，原名《园丁与小淘气》，是一部时长49秒的默片，路易斯·卢米埃尔称这部影片采用了"动画摄影构图"。1900年之前的现实电影是胶片上捕捉的单镜头瞬间，如火车进站、工人下班等。1906 年自然色彩的彩色影片诞生，彩色电影胶卷其后又经历了几十年的发展，这一发明极大地丰富了视觉语言。1922 年罗伯特执导的《北方的纳努克》是精心布置过的浪漫主义纪录片，此片运用了舞台设计等技术。谢尔盖·米哈伊洛维奇·爱森斯坦，是电影学中"蒙太奇"（一种影片剪辑技术）理论的奠基人之一，蒙太奇极大丰富了影像语言，是电影创作的主要叙述手段和表现手段之一，爱森斯坦的《战舰波将金号》（1925 年）是这一理论的代表作。在这一时间段，导演对视觉语言、叙事语言与剪辑语言的主动选择开始出现，影像语言奠基并正式开始发展。

将电影与录音相结合的想法几乎与电影本身的概念一样古老。1877 年，托马斯·爱迪生发明了留声机，有史以来第一次，人们可以录制声音并保存，然后在其他时间和地点收听。早期的许多有声影片已经出现了对话，但基本都是短片。1900 年，第一个已知的放映有声电影公开展览于巴黎举行，上演包括《哈姆雷特》的文艺和喜剧影片，使用的技术是录制唱片和人工同步播放。1921 年，大卫·沃克·格里菲斯的《梦想街》在放映时使用了光碟系统，但其中只有一段歌声和人群的喧闹声。1923 年，李·德·福雷斯特推出了有声电影制式"Phonofilm"（一种光学电影声音系统），此时声音可以与影片对白同步，出现了同期声的雏形。此时，人们对听觉语言的主动选择已经开始。20 世纪 10 至 20 年代，列夫·库里肖夫通过镜头剪接实验得出"库里肖夫效应"和"创造性地理"，是影片编辑实践中关于蒙太奇的一种理论，该效应是影像镜头语言的基础理论，也是对爱森斯坦蒙太奇理论的证明与发展。

1926—1931 年，华纳兄弟及其姐妹工作室第一国家图片社制作了"Vitaphone"（一种光盘录声系统），含义是生命之声，在此时听觉语言中的同期声正式出现。第一部用 Vitaphone 声音系统制作的有声影片是 1926 年首映的《唐璜》，具有同步乐谱和音效，但没有对白。1927 年，世界上第一部作为有声电影呈现的故事片《爵士歌王》问世，具有同步录制乐谱以及口型同步歌唱和演讲（在几个独立序列中）。在这一时间段，听觉语言的技术逐渐完善，制作人对影片的声音主动进行编辑和设计，标志着听觉语言的发展正式开始。

影像语言的发展阶段（20世纪30年代至今）：随着相关影像技术的逐渐进步，影像语言也随之丰富起来。早期的影片对影像语言的利用必须要依赖于大量的手工工作，比如想要对影片进行编辑必须通过剪辑电影胶卷，想要增强电影的视觉色彩必须对胶卷进行手工加工，电影需要声音必须将音轨打印上去等。但是这一阶段的影片有其独特的艺术美感，涌现了大量影像作品和电影理论，成立和举行了许多有深远影响的影像机构和运动。其后便于20世纪70年代前后迈入现代纪录片时代，从70年代至今，影像语言逐渐成熟且逐渐迈入数字化时代。

从20世纪30至50年代，蒙太奇序列通常将大量具有特殊光学效果（例如褪色、溶解、分割屏幕、双曝光和三曝光）、舞蹈和音乐的短镜头组合在一起。光学声音成为全世界标准的电影音频系统。20世纪30年代，艾伦·布鲁姆林，开发了立体声麦克风和立体声光盘切割头，并录制了一些带有立体声配乐的短片，极大丰富了听觉语言。

安德烈·巴赞在20世纪40至50年代发表了一系列影评，汇聚到《电影是什么》（共四卷）这部著作当中，巴赞推崇现实主义美学，提出了"镜头—段落"理论，而后逐步发展成"长镜头"理论，为这一影像语言做了归类和总结，例如固定长镜头、景深长镜头、变焦长镜头、运动长镜头等。约翰·格里尔森促成了加拿大国家电影局的成立。在格里尔森领导下聚集了许多不同的电影制作人，他们的集体活动被称为纪录片运动，成功地将宣传、信息和教育与更具诗意的审美方法融合到纪录片中，让纪录片的影像语言更加丰富，该运动代表作品包括《夜邮》《采煤场》等。

20世纪50至70年代，真实电影蓬勃发展，更加轻便、安静且可靠的摄像机以及便携式同步录音设备出现，杜比A降噪系统在音频保真度方面取得了重大进步，该系统由雷·米尔顿·杜比发明，并于1966年引入专业录音室，它抑制了背景音中的嘶嘶声。这些技术进步使得拍摄现场事件更加真实，影像的视觉、听觉、叙事等语言都进一步发展。

20 世纪 70 年代至今，现代纪录片时代开启，从此时起，纪录片的性质从真实电影风格开始扩展。蒙太奇理论的发展也更加多样化，比如运动训练蒙太奇，代表作《洛基》（1976 年）。个人化的作品逐渐出现，例如马龙·里格斯的《舌头不打结》（1989 年）、《黑人意味着…》（1995）等，它们混合了表现力、诗意和修辞元素并强调主观性而非史料。影像语言已经逐渐成熟。

影像语言的数字化阶段（21 世纪至今）：直到 21 世纪初期，数字格式大规模取代了胶片的使用，电影放映机也逐渐被数字放映机取代，现代轻型数码摄像机和基于计算机的编辑极大地帮助了纪录片制作者，影像迈进数字化时代。尽管如此，出于审美原因，一些电影制作人继续选择胶片作为选择的媒介。数字格式有时会被故意改变以达到电影效果，例如添加电影颗粒或其他噪音以获得艺术效果。这些都丰富了影像语言。各种影像语言大都进行了数字化，下文对此进行举例。

蒙太奇的数字化："滚动蒙太奇"是专门为互联网浏览器中的移动图像开发的一种多屏蒙太奇形式，它与戏剧导演尤金尼奥·巴尔巴的"太空河流"蒙太奇一起上演。

"滚动蒙太奇"通常用于声音和运动图像分离并可以独立存在的在线视听作品，这些作品中的音频通常在网络广播中流式传输，而视频则发布在单独的站点上。

长镜头的数字化：经过数字技术处理的长镜头已经广泛应用在近年影片当中，比起传统长镜头来看，数字长镜头会增强视觉效果和真实感。除之前已有的固定长镜头、景深长镜头、变焦长镜头、运动长镜头等，数字长镜头还发展出了 VR 长镜头、动画长镜头等等。

声音的数字化：近几十年来，录制、编辑和消费方面的技术发展已经改变了相关行业。随着磁带录音的发明，音频编辑变得可行，MIDI、声音合成和数字音频工作站等技术允许作曲家和艺术家更好地控制和提高效率。

数字音频技术和大容量存储降低了录音成本，因此可以在小型录音室中制作高质量的录音。今天，制作录音的过程分为跟踪、混音和母带处理。多轨录音可以捕捉来自多个麦克风的信号，或来自不同录音带、光盘或大容量存储的信号，从而在混音和母带制作阶段实现前所未有的灵活性。目前发行的 35 毫米电影胶片都包含模拟光学配乐，通常是带有杜比 SR（频谱录音）降噪功能的立体声。此外，可能会出现杜比数字和 / 或索尼 SDDS 格式的光学录制数字配乐。通常还包括光学记录的时间码，以同步包含 DTS 音轨的 CDROM。这些声音技术的多样化为影像中的听觉语言提供了深厚的土壤。

数字技术的进步让影像语言的视听效果、叙事结构、剪辑呈现都出现了变化，比如 360 全景、CGI 技术和 VR 技术，更高质量的数字成像和立体环绕声技术等，影像软件的不断迭代进步，这些都促使了影像语言的数字化。"影像语言与其他各种艺术门类广泛融合渗透，并不断深入探索影像语言的极限表现力与表现方法。数字技术的借用、科技手段的融合，以及不断迭代的数字影像软件，使影像语言的表现范围不断拓展，表现能力不断提升。"

第三节　新媒体纪录片影像语言的特征

一、新技术的引入成就风格的创新

随着数字影像技术的进步，21 世纪以来逐渐涌现了一些具有数字时代美学的纪录片作品，这些新的影像技术对新媒体纪录片的作用是巨大的。可以说是这些新兴技术促使新媒体纪录片影像语言更加多样性，因此在本研究当中，有必要对这一部分进行较为详细的梳理与分析。

1.VR 技术、360 全景和 CGI 技术

本节以阐述影像语言数字化中引用的三种技术为主，因为以 VR 技术、

360全景和CGI技术为代表的技术引入让新媒体纪录片逐渐从"观看真实"走到"体验真实"，逐渐从二维屏幕画面走向三维立体影像。

VR全称是"Virtual Reality"，意思是虚拟现实，也有人将其译为虚拟环境或灵境。顾名思义，VR技术是利用计算机模拟产生一个三维空间的虚拟世界，将人类感官如视觉等进行模拟，让观众有"真实"的体验感。使用者在进行位置移动时，计算机会立即进行复杂的运算，将清晰的三维世界影像传回VR设备，进而产生体验现实的感觉。该技术集成了数字图像处理、计算机图形学、多媒体技术、人工智慧、传感器、显示及网络并行处理等技术的最新发展成果，是一种由计算机技术辅助生成的高技术模拟系统。

VR技术公认的基本特征为"3i特征"，即沉浸性、交互性和想象性，理想中的VR技术，或者说未来的VR技术，还会多一个多感知性，也可译为多感官性，这是一种理想状态的虚拟现实，可以极大地调动人类的知觉，如视觉、听觉、触觉、味觉、嗅觉等。由于当下传感技术发展的局限性，目前的VR技术所具有的感知功能仅限于视觉、听觉、力觉、触觉、运动等几种。值得一提的是，AR技术经常拿来与VR技术并列提及，由于本文的主要研究方向是新媒体纪录片的影像语言，而AR技术暂时还未在新媒体纪录片中系统形成，在此只做为VR技术的补充性提及。AR全称是"Augmented Reality"，意思是增强现实，从名称可以看出它与VR技术的亲密性。AR技术是一种结合现实世界和计算机生成内容的交互式体验，内容可以跨越多种感官方式，包括视觉、听觉、触觉、体感和嗅觉。AR可以定义为包含三个基本特征的系统：真实世界和虚拟世界的结合、实时交互以及虚拟和真实对象的准确3D配准。AR与VR技术的不同之处在于，在虚拟现实（VR）中，用户对现实的感知完全基于虚拟信息，周围环境是完全虚拟的，是计算机生成的。在增强现实（AR）中，用户在从现实生活中收集的数据中获得了额外的计算机生成的信息，即周围环境的一部分是"真实的"，只是将虚拟对象层添加到真实环境中，增强他们对现实的感知。

VR 技术特征的实现依靠于虚拟现实设备，代表性的虚拟现实设备一般包含显示器、传感器和计算组件，还有许多功能各异的专用设备，比如可移动式显示器；数据手套，可以将人的手部动作转化为计算机输入信号；电脑 VR 眼镜，中国上海的团队于 2018 年推出个人使用的 8K 分辨率电脑 VR 眼镜；数据衣，为了让 VR 系统可以识别全身运动的动作而设计的输入装置；等等。

VR 技术的发展从 1968 年第一个虚拟现实及增强现实的头戴式显示器系统被创造出来至今，已经过去了五十多年的时间。今天 VR 技术已经有了长足的进步，5G 网络与元宇宙概念的出现，更促进了大家对虚拟现实技术提升的渴望。虽然距离"虚拟现实"这个理想概念还有很长的一段路要走，但也可以预见 VR 技术对新媒体纪录片的影像语言的影响是具有极大意义的。

360 全景或称 360 度全景视频，通过数字技术或专业设备建构出一个真实感很强的三维空间影像，它可以同时记录各个方向（视角 360 度）的视图的视频记录，360 全景包括两个主要部分：全景摄影和虚拟全景。全景摄影是使用全景相机或普通摄影相机的集合（无缝拼接），虚拟全景是在全景摄影的基础上进行一定的技术处理，将环视图呈现出来，例如艺术品的上下左右等多角度环视。360 全景在普通平面显示器上播放时，观看者可以像控制全景图一样控制观看方向。它也可以在布置在球体或球体的某些部分中的显示器及投影仪上播放。

360 全景与 VR 技术这种虚拟现实技术相比，很重要的一个不同点在于 VR 技术允许在虚拟环境中进行实时交互，而观看者在观看 360 全景制作的新媒体纪录片时，其观看位置是固定的，观看者被限制在摄像机拍摄的范围内，以目前 360 全景的发展程度来看，观看者无法与环境互动，只能进行有限的交互，比如任意调整观看角度。360 全景是基于"纪实影像"制作而成的，可以无限接近于我们所观看到的物质世界，具有真实性、沉浸感，相对 VR 技术来说制作周期短、成本低、文件较小。

360 全景在 18 世纪，只是单纯的名词概念，发展到摄影，再发展到纪录片当中，现在已经过去了 200 多年。360 全景技术应用在 VR 纪录片中已经是一种较为成熟的视觉技术，帮助新媒体纪录片展现更多的真实角度。

CGI 技术，全称是"Computer-generated imagery"，意思是计算机生成的图像，也被称为电脑三维（3D）动画，是一种使用计算机软件进行生成或绘制的图片或影音的技术总称，比如影片中的三维特效等。

CGI 技术中涉及的代表技术和软件包括 ACIS（一套三维几何造型组件软件）、各类以 CAD 命名的技术和软件、Terragen（免费场景产生器）等。

综上所述，以 VR 技术、360 全景和 CGI 技术等为代表性的应用，是新媒体纪录片，尤其是 VR 纪录片与传统纪录片区别开来的显著标志。这些技术丰富了新媒体纪录片的影像语言，增强了真实性与交互性，让数字化的影像语言更加立体化。

2. 高动态范围的数字成像和沉浸式环绕声

影像语言的数字化离不开基础的视听效果，在这一部分将高动态范围的数字成像和沉浸式环绕声单独拿出来举例，了解影响影像语言中的视觉和听觉语言的两个基础技术的发展情况。

高动态范围的英文名称是"High-dynamic-range"，缩写是 HDR，这一命名可以追溯到标准动态范围（SDR），高动态范围是指该场景或图像的最亮区域和最暗区域之间的亮度范围比以往的动态范围要高，场景或图像中的光照水平存在很大变化。高动态范围成像的英文名称是"High-dynamic-range Imaging"，缩写是 HDRI（下文缩写与全称混用），高动态范围成像是指可以增加图像或视频的动态范围的一套成像技术和工艺。它包括图像和视频的采集、创建、存储、分发和显示。

HDR 应用在新媒体纪录片中，改变了视频和图像的亮度和颜色在信号中的表现方式，并允许更明亮和更详细的高光表现，更暗和更详细的阴影，以及更广泛更强烈的颜色阵列。这一特性极大增强了影像语言中的视觉语言效果。

HDR 重要的承载体是显示器，观看者看到的影像都是由显示器承载的允许兼容的显示器接收更高质量的图像源。它并不改善显示器的内在属性（亮度、对比度和色彩能力）。并非所有的 HDR 显示器都有相同的能力，HDR 内容会因使用的显示器而看起来不同。

高动态范围成像自 20 世纪 30 到 40 年代被创造出来，到 1997 年保罗·德贝维奇提出生成 HDR 影像的技术，再到逐渐普及。高动态范围成像发展至今，有了许多新变化。新媒体纪录片中大量运用的 HDR 格式是从 2014 年由杜比开发的杜比视界开始的；而后是 2015 年由英国广播公司 BBC 和日本广播公司 NHK 联合开发的高炉格式；同年由美国消费者技术协会 CTA 开发的 HDR10 格式；2017 年由三星公司开发的 HDR10+ 格式等。

沉浸式环绕声通过利用声音的定位来增强对声音空间化的感知。应用在新媒体纪录片中会让听众有"身临其境"的感觉，极大地丰富了听觉语言的效果。聆听时听众常常可以在方向和距离上识别探测到的声音的位置或来源。沉浸式环绕声的声源通常会存在以环绕式分布，即听众的四面八方都有可能会布置声源。

声音技术的提高极大提升了影像的听觉效果，对塑造纪录片氛围起了很大的帮助作用。观看者可以观看数字化程度更高的纪录片，而数字化程度高代表着这个影片的视听效果更加"真实"或更具有氛围感。高动态范围成像和沉浸式环绕声极大地增强了新媒体纪录片的视听效果，为"体验真实"添砖加瓦。多渠道数字技术的联合也拓宽了影像语言中的叙事空间和内容丰富性。

二、视听语言的变化造就美学节奏

新媒体纪录片影像语言中的视听语言有其独特的艺术属性和审美功能，视听语言是纪录片创作者主观性和客观性的统一表现，因为这种双重性存在，不同的制作者和同样的拍摄内容，最终可以呈现出非常不同的影像。

视听语言的变化可以造就不同的影像美学节奏。在新媒体时代，这种多样性和变化正是创作者和观看者都需要的。视听语言包含了许多方面，主要指视觉和听觉感官能在影像中感知到的部分，比如镜头与镜头的组合、色彩的运用、声音与画面的关系、人称视角的选择、画面中的文字信息、影片的思维结构等。对视听语言进行研究与分析，可以更深入地了解视听节奏变化对影像语言特征产生的影响。

1. 镜头语言的逻辑节奏与角度呈现

在新媒体纪录片的制作中，镜头是一系列不间断运行的画面，整个纪录片就是由多个镜头画面组合而成的。镜头语言是纪录片的一个重要方面，镜头语言的角度、过渡和剪辑被用来进一步表达情感、想法和运动。术语"镜头"可以指电影制作过程中的两个不同部分，第一个部分是在制作过程中，一个完整的"镜头"指的是摄像机开始拍摄的那一刻到它停止拍摄的那一刻，这段区间就叫做一个"镜头"；第二个部分是在影片编辑中，一个"镜头"指的是两个编辑或剪辑之间的连续镜头或序列。因此，不同的新媒体纪录片是不会有完全一样的镜头语言的，其逻辑节奏与角度呈现也会不同。

镜头语言的构成因素有六个方面：第一是镜头画面，包括一个或数个不同的画面；第二是景别，包括全景、远景、中远景、中景、近景和特写等，其中还有一些程度化更高的划分，如极近特写、极限远景等；第三是拍摄角度，包括平拍、仰拍、俯拍、正拍、反拍、侧拍等，也有一些以摄像机的位置和角度命名，如航拍、鸟瞰镜头、低角度拍摄、过肩镜头、视角拍摄等；第四是镜头的运动方式，包括推、拉、摇、移、跟、升、降、变焦等；第五是单个镜头画面的时间长度，如果一个镜头时长超过自己影片中的平均镜头长度，或者一般镜头长度，可以被认为是长镜头；第六是声音，在观看镜头画面时听到的一切声音都是镜头的声音。

镜头语言构成因素繁多，不同的组合方式会呈现出不同的美学效果。这种美学效果的不同性就是靠镜头的组装和拼接来实现的，这个过程又称为蒙太奇，基本包括切、分和组合。镜头组接的逻辑节奏和呈现角度可以表现出影片的美学风格。

通过上文阐述可以得知镜头是纪录片的基本构成单位，是一段时间的区间，那么构成镜头的基本单位就是以帧为计量单位的画面，一帧画面是静止的，镜头语言中的构图其实就是每帧画面的布局和构成。不同的摄影师选择的呈现角度不同，镜头的运动方向、景别的透视等都具有自己独特的美学逻辑。

镜头语言的内在逻辑节奏和角度呈现是造成视觉语言多样性的重要因素之一，对于新媒体纪录片来说，丰富的多样性表达和本质逻辑的不同，是避免影像同质化和造就独特美学风格的利器。

2. 色彩语言的塑造与表达

色彩是源自与眼睛的光感受器细胞相互作用的光谱的视觉感知属性，从人类诞生初期拥有视觉的那一天起，色彩就伴随人类左右，因此在人类文明与社会中，色彩拥有自己独特的含义和联想，继而诞生了色彩心理学这门学科。对于新媒体纪录片的色彩语言来说，色彩的含义和联想在视觉语言中是重要的表意元素。

色彩语言的构成因素和表达形式有很多，包括色调、明暗、色相、环境色彩、人物和物体色块等等，这些都可以影响色彩语言的表达。色彩心理学认为颜色承载着特定的意义，颜色的意义有的是基于后天学习到的意义，有的是基于生物上的先天意义；对一种颜色的感知会自动引起感知者的评价，这种评价过程迫使人们做出以颜色为动机的行为；颜色通常会自动发挥其影响，颜色的意义和效果也与背景有关。纪录片是含有主观选择呈现的客观影像，因此不可避免的每部作品的色彩语言都有其独特性。

色彩对视觉感受具有一定的冲击力。色彩语言可以丰富新媒体纪录片的视觉效果，比如在自然题材的新媒体纪录片中，自然环境的色彩语言丰富或者明亮，会让人也感觉到心情愉悦，甚至感知温度；在美食类题材的新媒体纪录片中，如果色彩语言非常灰暗，光线不充足，会降低食物的美味程度，甚至于让观看者倒尽胃口。即便是无色彩只有明暗的黑白画面，也可以通过处理明暗、灰度等多个角度来塑造影像效果。

色彩语言可以突出新媒体纪录片创作的主题，确立影像语言的美学风格，即使是在以纪实性为主的纪录片中，色彩语言的选择和微调也具有重要作用。因此，色彩语言可以塑造和影响一部新媒体纪录片的美学效果，表达其独特的美学内涵。

3. 弹幕的解释功能与交互性

弹幕属于字幕语言，字幕语言是在观看影像时出现的文字性信息，多数起到注解和提示的作用，一种近年兴起的字幕语言形式——弹幕，让字幕语言拥有了交互性特征，弹幕是由用户的评论留言组成，给观看者一种"实时互动"的感觉，这些弹幕与影像一起形成一个独特的交互影片。字幕可以作为影像的一部分呈现，也可以作为覆盖在视频上的图形或文本单独呈现。字幕的创建、传送和显示通常都要使用计算机软件和硬件。

新媒体纪录片的字幕语言目前有几种形式：第一种是预制字幕，这种字幕形式是目前最常见的，即提前将纪录片中的文字或语音信息制作成文本字幕格式，然后通过计算机后期软件将其拼接到影像当中；第二种是自动字幕，目前主要应用于部分新媒体网络平台之中，主要使用到的技术是语音转换为文字信息；第三种是弹幕，指的是在网络平台上观看新媒体纪录片时弹出的用户评论的字幕，目前主要在国内应用最多；第四种是同语种字幕，即不带翻译的同类语言字幕，最初出现是为了帮助聋人或有听力障碍的人，目前主要用于解释功能，可以提高识字率和阅读量；第五种是多语言字幕，顾名思义指的是字幕由多语种组成，国内最常见的是双语字幕，一般为中文加英文；第六种是封闭式字幕，指专门为聋人或重听者准备的闭路字幕，这些字幕是转述而不是翻译，通常还包含歌词和重要的非对话音频的描述，如（大笑）（风声）（"歌曲标题"播放）（树叶摩擦声）（雷声）（门响）等。还有一些更细分种类的字幕，但在新媒体纪录片中运用较少，在此不做详细阐述。

通过对新媒体纪录片字幕语言形式的梳理，可以看出字幕语言主要的功能是解释功能，这种解释是多方面、多角度的，可以用于对语言的标准性注解、对方言的规范性解释、对听力障碍人士的帮助性注解等。新媒体纪录片跟传统纪录片的字幕语言相比，弹幕是新媒体纪录片独有的字幕语言。弹幕天然带有交互性，虽然不同的弹幕评论发表时间不同，但都会在影像画面中显示出来，因此会给观看者"实时互动"的感觉，这些带有解释功能、补充功能、个人色彩浓厚的评论性语言与影像一起组成了一个大的交互性影像，比如新媒体纪录片中的微纪录片，本来没有交互性，但因为弹幕这种字幕语言的存在，也具有了一定的交互性。弹幕是由个人发表的评论，以字幕的形式短暂的出现在画面当中，注定每一部新媒体纪录片都具有独特的字幕美学。

字幕语言的解释功能和交互性对新媒体纪录片的视觉影响有其特殊的地位，发展到新媒体时代已经是不可或缺的一种视觉语言形式。

4. 听觉语言的呈现与声画关系

听觉语言跟视觉语言的重要性几乎是等同的，因为人类的视听感官是相辅相成的。影像对听觉语言的需求从默片时代就开始了，当时的影片播放会配备不同形式的声音，比如乐队伴奏、唱片、歌手演唱、人物独白等。发展到近代，新媒体纪录片的听觉语言已经发展出了很多方面，本节主要阐述人称视角、声画关系、听觉语言涉及的剪辑、录制和呈现，次要阐述涉及的相关声音技术。新媒体时代声音技术是数字化和多样化的，如数字音频编辑软件、沉浸式立体声的布置、录音设备的升级等。

新媒体纪录片的人称视角关系着观看者的视听体验和美学逻辑。人称视角是一种叙事方式，法国的文学评论家热拉尔·热奈特，也是叙事学创始人之一，认为故事情节是由故事指定的时空宇宙，叙事视角取决于人物与叙事者的关系。

从叙事者的角度出发，新媒体纪录片的人称视角主要三种：第一种是全知视角，又称无聚焦视角、"上帝"视角、第三人称视角，其叙事特点是全知全能叙述，可以从任何角度和时空来叙事，并不局限于单个人物之中，具有较强的客观性和旁观感，但会一定程度上介入影片的人物或事件当中去，应用于大多数纪录片中，表现形式如旁白解说等；第二种是内视角，又称内聚焦视角、第一人称视角，从自己的角度叙述事件，它可以由第一人称主角（或其他焦点人物）、第一人称复述者、第一人称证人或第一人称外围来叙述，焦点人物可以有多个，这种人称视角能够使观众看到叙述者对世界的看法即内心独白，会提供给观看者一些代入感和亲切感，新媒体纪录片中的交互式纪录片、微纪录片、VR纪录片往往会使用很多第一人称视角；第三种是外视角，又称为外聚焦视角，具有完全的客观性和叙事的直观性，甚至只是单纯的复述行为，仅描写影像画面，这种视角是全知视角的对立面，因为它无法解释、补充。

听觉语言的人称视角会在一定程度上影响观看者的体验，其所造成的叙事美学逻辑也是不同的，观看者通过人称视角感受整部纪录片的叙述内容，新媒体纪录片的制作者的一系列选择最终会影响纪录片最终呈现的美学风格。

声画关系又称音画关系，是指声音与画面的结合关系，这是听觉语言和视觉语言的结合体，声音和镜头画面组合变化的多样性。在新媒体纪录片的制作过程中，音轨是与图像分开建立的，它可以独立操作，这使得声音与其他影像技术一样拥有灵活性和广泛的范围。新媒体纪录片制作者对声画关系的选择实际上体现了影片内在的美学逻辑，这种选择会极大影响综合的视听美学效果。

声画关系一般有三种形式：第一种是声画同步，即声音和画面同步出现，这往往涉及声音或配音节奏与镜头画面节奏的配合、声音内容和画面内容的配合等，因此选择的不同会带来不同的美学逻辑，大部分新媒体纪录片中的声画关系都是声画同步；第二种是声画并行，也称音画并行，是声画对位的一种形式，这种声画关系指的是声音和镜头画面平行发展、两不相交，以这种表现形式对画面进行补充说明，比如拍摄现在的中国风景，讲述历史上此处风景的面貌；第三种是声画对立，也称音画对立，是声画对位的另一种形式，声画对立指的是声音和镜头画面按照各自的逻辑节奏表现彼此不同的内容，并在各自独立发展的基础上有机地结合起来，即声音画面的互补重印，这种声画关系的对比符合人们的视觉习惯，形成了单靠声音或单靠镜头画面无法完成的整体效果。

听觉语言的人称视角和声画关系的变化对听觉语言的特征起到了重要作用，声音在影片中是一个背景，人们往往会对视觉效果投注更多注意力，但声音形成的效果具有强大的魅力，听觉语言配合视觉语言，使得一部纪录片的内在结构更加完整。显然听觉语言丰富了新媒体纪录片的内在逻辑和表达效果，使影像更具有变化性和表现力。

新媒体纪录片听觉语言的录制工作最主要的是声音录制技术，主要分为两大类，即模拟录音和数字录音，现在主要运用的是数字录音技术。声学模拟录音是通过一个传声器振膜来实现的，它能感知声波引起的大气压力的变化，并将其作为声波的机械表现记录在介质上，如留声机唱片（在唱片上用触针切割沟纹）。在磁带录音中，声波振动传声器振膜并转化为变化的电流，然后由电磁铁转化为变化的磁场，使声音在有磁性涂层的塑料带上表现为磁化区域。模拟声音的再现是一个相反的过程，由一个较大的扬声器振膜引起大气压力的变化，形成声波。数字录音和再现通过采样过程将麦克风拾取的模拟声音信号转换为数字形式。这使得音频数据可以被更多的媒体存储和传输。数字录音将音频存储为一系列二进制数字（0和1），代表以相等的时间间隔对音频信号的振幅进行采样，其采样率高到足以传达所有能够被听到的声音。数字音频信号在播放过程中必须重新转换为模拟形式，然后再放大并连接到扬声器上以产生声音。

新媒体纪录片听觉语言的编辑工作最主要的是音频编辑软件和数字音频工作站（DAW）。音频编辑软件是软件或计算机程序，它允许编辑和生成音频数据。新媒体纪录片制作过程中，所有的声音资料都可以集中到音频编辑软件上进行编辑和调整，比如Wave编辑器。数字音频工作站是一种用于录制、编辑和制作音频文件的电子设备或应用软件。DAW 有各种各样的配置，从笔记本电脑上的单一软件程序，到集成的独立装置，一直到由中央计算机控制的众多组件的高度复杂配置。无论哪种配置，现代 DAW 都有一个中央界面，使用户能够改变和混合多个录音和音轨，形成最终的作品。

新媒体纪录片听觉语言的呈现工作最主要的是立体声、环绕声和更进一步的沉浸式环绕声（也称全景声），其他值得提出的是虚拟式环绕声。立体声通常指拥有左右两个独立声道系统，偶尔会是左中右三个声道，因为人类的生理构造是左右两个耳朵，一般会采用数字信号处理（DSP）和两组扬声器直接放在听众面前。环绕声通过使用来自听众周围的扬声器的多个音频通道（环绕通道）来丰富声音再现的保真度和深度。环绕声除了立体声有的左中右三个声道外，增加了一个或多个来自听众侧面或后面的扬声器的通道，能够创造出声音来自听众周围任何水平方向（地面）的感觉，该技术通过利用声音的定位来增强对声音空间化的感知。沉浸式环绕声或称全景声，代表性格式是杜比全景声，沉浸式环绕声在环绕声的基础之上添加了多个置顶扬声器，使声音对象和特殊效果的声音在听者头顶平移，它通过添加高度通道扩展了现有的环绕声系统，允许将声音解释为既没有水平也没有垂直限制的三维对象。

虚拟式环绕声或虚拟式全景声是一种音频系统，它试图创造一种感觉，即有比实际存在的更多的声源。为了达到这个目的，有必要设计一些方法来欺骗人类的听觉系统，使其认为声音来自某个地方，但其实不是。这类系统的大多数最近的例子被设计成使用一个、两个或三个扬声器来模拟真正的（物理）环绕声体验。这样的系统在希望享受环绕声体验的消费者中很受欢迎，因为他们不需要传统意义上的大量扬声器。一般应用于手机、平板电脑、电脑、电视和条形音箱等设备当中，因为这些终端设备的便捷性和普遍性，实际上是被听众使用频率最高的设备。当新媒体纪录片的观看者在这些终端观看时，听觉语言呈现的美学效果便被极大增强，使人拥有身临其境或者是更加真实的妙感。

听觉语言的进步离不开数字化，数字录音的设备和储存方式极大地方便了相关制作者，声音编辑更是极大丰富了美学表现力，听觉呈现可以让听觉效果更加有魅力。听觉语言的发展意味着更多的美学元素将被捕获并传播给其他听众，打破了时间和空间的桎梏。

三、数字技术长镜头促进沉浸式体验

长镜头从诞生之初就与纪录片的纪实性质非常吻合，长镜头发展到数字新媒体时代，更是拥有了许多新的特征，因此在新媒体纪录片的影像语言中，长镜头是一个必须要进行研究的影像语言。

在开始阐述数字长镜头之前，首先需要厘清相关概念。长镜头，也称为连续镜头，是指持续时间远远超过影片本身或一般影片的常规镜头画面时长的镜头。镜头的大幅移动和精心设计的遮挡通常是长镜头的要素，长镜头的长度最初被限制在摄影机的胶片容量，但数字化影像的出现大大延长了一个镜头的最大潜在长度。

比起传统长镜头，数字长镜头会增强视觉效果和真实感。除之前已有的固定长镜头、景深长镜头、变焦长镜头、运动长镜头等，数字长镜头发展出了 VR 长镜头、动画长镜头、一镜到底长镜头等。

1. 数字技术长镜头走向体验真实

因为影像技术的多样发展，长镜头来到数字技术时代，已经发展出了多种表现形式，新媒体纪录片的观看者也可以从单纯的"观看真实"逐渐向"体验真实"过渡，这种真实性美学因数字技术的介入更加立体化。

数字技术合成的长镜头主要有三种形式，第一种是 VR 长镜头，第二种是动画长镜头，第三种是拼接长镜头，让其看起来像是一段连续的镜头画面。

VR 长镜头是指利用虚拟现实技术，即 VR 技术或 360 全景技术制作的长镜头画面。VR 长镜头的运用会增强 VR 纪录片的纪实美感和感染力，使观看者仿佛亲自体验到了纪录片中发生的一切。造就这种"体验真实"美学的原因主要有三点：第一是 VR 技术或 360 全景拍摄会尽量还原现实空间，相对于传统纪录片，这种方式无疑扩充了观看者的视觉领域，但是 VR 技术制作的长镜头相对来说可以不限制视觉角度，用 360 全景相机拍摄的长镜头会将视觉点限制在拍摄者的观看角度；第二是 VR 镜头由于制作方式、美学要求、技术发展程度等原因，大部分的时长都较长，因此 VR 长镜头会更符合巴赞对于"真正连续性"剪辑和视觉效果场景的期盼；第三是 VR 长镜头的制作不局限于观看者平时所能看到的角度，比如 VR 长镜头如果使用航拍、仰拍等不常见角度进行制作，那么就会给 VR 纪录片带来独特的美感，这种美感不是纯粹虚构的，只是更加具有奇观性，这种奇观性会让 VR 纪录片的体验真实美学的范围得到多样化定义和延伸。

动画长镜头是运用 CGI 技术等电脑三维动画技术进行制作的长镜头，通常是利用 CGI 技术对现实世界发生过的事情进行还原和再现。动画长镜头对一些没办法拍摄到真实画面的情况起到了极大的弥补作用，填充了这方面的空白，因其制作风格的不同，动画长镜头画面的美学风格更加多样化，"体验真实"也更加多样化。例如应用到历史题材的新媒体纪录片中，动画长镜头可以再现历史场景，让观看者体验到历史的魅力。CGI 软件如 Terragen 已经出到第四代，Terragen 的图片库有许多看起来很逼真的动画合成画面。

拼接长镜头是指将多个长镜头，甚至是多个短镜头或素材画面，利用数字技术合称为一个长镜头，使其在感官上看不出有拼接感。这种拼接长镜头在当今媒体技术和设备的发展程度是可以实现的。

数字合成长镜头在一定程度上改变了观看者感知模式与空间的关系，释放了被平面视觉压抑的感知力，让新媒体纪录片创作者更加有技术自由，许多奇观性画面得以被创作出来，因此这种建构真实的镜头画面让新媒体纪录片纪实美学风格得到提升。

2.VR 加强影像的交互性及沉浸感

VR 长镜头是利用虚拟现实技术制作的长镜头，即 VR 加强了影像的交互性及沉浸感。

VR长镜头下的交互性是指VR长镜头画面从制作之初就提前构想了交互场景，让观看者可以在佩戴好观看设备后进行一定程度的互动。上文提及VR长镜头主要有两种类型，一种是360度全景相机拍摄的长镜头，一种是VR技术制作的长镜头。我国的VR纪录片主要采用第一种方式，这两种方式制作的VR长镜头都具有交互性，观看者进入虚拟现实的镜头画面后，视觉被数字环境包围，同时拥有不同的可操作程度。在观看者进行操作时，VR长镜头画面也会有一定程度的反应，比如在画面内走动、改变视角、移动观看对象的位置和角度等。

VR长镜头下的想象性是指观看者在时间较长的VR镜头画面下进行的思维发散。因其技术特性，VR长镜头所表现的视觉美学更加有冲击力，这种奇观性会让新媒体纪录片的风格各异，观看者在这种风格语境下，可以有更新奇的观看体验。

VR长镜头下的沉浸感是指长镜头带来的时空延伸感和VR技术带来的视觉沉浸体验。沉浸于虚拟现实长镜头之中，是一种在非物理世界中实际存在的感觉。这种感觉是通过将VR长镜头的观看者围绕在图像、声音或其他刺激物中，提供一个令人沉醉的整体环境而产生的。观看者通过被VR长镜头包围在一个人工环境中而改变了身体的自我意识，长镜头画面尽可能完整地描述部分或完全的悬念，使人能够对在虚拟或艺术环境中遇到的刺激做出行动或反应，对VR长镜头画面相信的程度越高，达到的沉浸感就越强。

沉浸感可以分为许多种，比如运动沉浸感、认知沉浸感、情感沉浸感和空间沉浸感等。VR长镜头的这种美学特征就属于空间沉浸感，在虚拟现实空间里，观看者的主观感觉被极大的投入，这种空间沉浸形式让新媒体纪录片和传统纪录片的美学特征大大不同。

VR长镜头下的交互、想象和沉浸感旨在让观看者在观看这段镜头画面时，完全沉浸在其中，因为调动了多种人体知觉（视觉、听觉、触觉等），可以让观看者思绪连篇，给观看者一种已经"踏人"合成世界的感觉。这种美学特征对于神经系统的多方面调动是传统纪录片不能做到的。

3. 数字技术长镜头延伸时空美学

长镜头因其时间和空间的延续性，拥有独特的时空美学，让观众在观看时拥有更深的沉浸感。数字技术长镜头要达成时空延伸的美感，除了经典的拍摄时间长以外，还包括一些辅助手段来帮助镜头片段的融合，以达到长镜头的时空延伸效果。下文将提到相关剪辑方式、技术和一些拍摄规则等。

数字技术长镜头的延伸纬度可以分为两类：时间连续性和空间连续性。数字技术可以使镜头段落连续，让观众跟随长镜头画面具体的物理叙述，需要适当注意声音、动作匹配技术和一些拍摄规则等。

无缝剪辑是纪录片制作过程中的剪辑方式，无缝剪辑的目的是达到一镜到底长镜头画面的美学效果，即一次性拍摄而成的镜头画面。无缝剪辑将或多或少相关的镜头，或从一个镜头中剪下的不同部分组合成一个序列，以引导观看者注意到预先存在的跨越时间和物理位置的镜头画面的一致性。无缝剪辑或"连续性剪辑"的运用，可与蒙太奇等方法形成对比，前者的目的是在观众心中产生不同镜头之间的相似联想，这些镜头不可以是完全不同的主题，或者是连续性方法所要求的密切相关的主题。

无缝剪辑的听觉语言也要保持一致。无缝剪辑的声音包括观看镜头画面期间的所有声音。它是来自一部新媒体纪录片的叙述世界的声音（包括屏幕外的声音）。连续的剧情声音通过重叠镜头来帮助平滑时间上有问题的剪辑。这里的逻辑是，如果场景动作中的声音事件在时间上有中断，那么场景及其相应的视觉效果就不可能是时间连续的。

动作匹配技术可以保持时间和空间的连续性，其中有一个统一的、不重复的物理运动或段落内的变化。动作匹配是指在时间上有问题的剪辑之前发生的某些动作被拾取，剪辑在紧随其后的镜头中离开。例如，可以编辑某人抛球的镜头以显示两个不同的视图，同时通过确保第二个镜头显示主体的手臂处于剪切离开时的位置，也就是相同运动阶段的主体的手臂，以此来保持时间连续性。这是一个剪辑师从一个镜头剪切到与第一个镜头的动作相匹配的另一个视图的影片剪辑技术。

定场镜头对数字技术长镜头的空间连续性提供了很大的帮助,定场镜头是一个提供动作发生的所有空间的视图的镜头。它的理论是,当所有的故事空间呈现在观众面前时,观众就会很难迷失方向。为防止观众在这些拼接镜头的过程中迷失方向,一种方法是遵守 180 度规则,该规则防止相机越过连接拍摄对象的假想线。另一种方法是遵守 30 度规则,这个方法是为了消除跳接现象,就是镜头不再有连续感。30 度规则要求,任何编辑都不得将相机视点彼此之间的角度小于 30 度的两个镜头连接起来。还有一种方法是视线匹配,拍摄人物主体时,他或她可以看向下一个要剪切的主体,从而使用前者的自身作为参考,供观看者在场景中定位新主体时使用。

通过定场镜头、180 度规则、30 度规则、视线匹配和前面讨论的动作匹配等技术,数字技术长镜头的时间、空间的连续性是可以最大程度去实现的。数字技术长镜头极大地延伸了人对时空感知的范围,这种感官体验上的无中断性,可以让观看者更好地体会影像完整的叙事逻辑。数字技术长镜头的时空延伸美学在性质上非常契合新媒体纪录片的其他特征,如沉浸感、交互性等,多方配合更能激发出多样的美学风格。

第四节 纪录片《赛车现场》创作实践

一、创作理念

在当今的信息发达时代,社会较之过去高速发展,赛车是工业革命后的产物,体现了速度与激情,吸引了众多爱好者的关注,笔者发现有关赛车活动的新媒体纪录片中多数聚焦于赛车和车手,较少拍摄相对完整的赛车现场或者说是赛车活动的整个流程,因此产生了纪录的想法,并进行了相关拍摄与创作。

笔者的纪录片旨在通过镜头记录赛车现场的真实氛围,不仅仅将镜头对准聚光灯下的赛车和车手,而且通过纪录现场,旨在让更多人看到一场赛事活动的呈现流程,展现赛车文化的魅力和赛车运动的精神。笔者希望通过拍摄赛车场的工作人员的合作、赛车手们的表现、赛车场地上的动感画面、车手的技艺展示以及观众的热情反应,为观众呈现一个全面而生动的赛车现场体验。

因此笔者通过多角度拍摄,尽力记录赛事活动的全过程,展示赛事筹备和举办阶段的细节和努力,以及赛车时的现场反应。通过纪录片,观众将获得一种身临其境的体验,同时也能够更深入地了解赛事活动的组织和影响力。作者将拍摄的这些纪实影像和新媒体纪录片的影像语言相结合,拍摄一部微纪录片并上传到新媒体平台,通过新媒体平台的弹幕和评论等功能,获得交互性。

二、创作总结

在完成这部关于赛车现场的纪录片后,作者深刻体会到了赛车运动的魅力和纪录片创作的挑战,举办赛事活动需要许多人齐心协力,经过周详的准备后大家才能享受跑车比赛时的速度与激情。为了实现创作理念,作者采用了多种影像语言。在影像语言上,本部纪录片有以下几种运用。视觉语言分析:选择水平线拍摄,近景拍摄,跟踪拍摄,特写拍摄,后期调色,目的是尽量还原人眼所见的色彩,捕捉到了赛车在高速行驶中的动感画面和车手第一视角画面等;听觉语言分析:同期声,采用现场原生或适度配乐;剪辑语言分析:创造性地建构影片,体现自己的美学节奏,定场镜头,视线匹配剪辑等;叙事语言分析:采用时间线性结构,按时间顺序为主要叙事结构,记录同一路段行走的人的脚步。运用到的拍摄设备包括专业相机、定焦镜头、手机、三脚架等。作者选择了新媒体平台进行视频投放,观众可以观看并进行弹幕评论互动,经过一段时间后,这部纪录片会发酵成为带有交互性质的微纪录片。

此次纪录片拍摄脚本将纪录片主要分为五个部分。首先是开场画面。日出时分，赛车现场的一天开始了。车队工作人员们匆忙地进入赛车场，准备迎接新的一天的挑战。在赛车现场，每一天都是充满激情和挑战的。工作人员们默默奉献，为了赛车的成功而努力。然后是第一部分——准备工作。赛车是一项充满激情的运动，一场赛车比赛不仅仅只有高光时刻，还有庞大的幕后团队和职能人员进行支持。技术人员检查赛车、调试引擎，策略师们研究赛道地形和气候条件，传媒团队进行拍摄，车队模特整理衣服。镜头切换展示不同工作人员的忙碌场景。在一天开始之前，工作人员们需要进行细致的准备工作。他们确保赛车在最佳状态下运行，并为车队制定策略。第二部分——比赛前的紧张。车手穿戴赛车服，准备进入赛车道，车队模特在跑车前加油鼓劲。工程师们和车手进行最后的沟通和调整。策略师们研究赛道的变化和竞争对手的表现。比赛前的气氛紧张而兴奋。工作人员们确保一切就绪，为车手提供最佳的支持和准备。第三部分——比赛的高潮。起跑的闪光和信号声音，车辆飞驰而过的镜头，以及技术人员们在赛道旁密切观察车辆性能的场景。比赛的时刻到来了。工作人员们紧盯赛车，在比赛中全力支持车手，确保赛车在最佳状态下保持高速和稳定。第四部分——比赛的喜悦。比赛结果出现，车队工作人员们庆祝胜利的场景，比赛颁奖场景等。

总的来说，这次创作是一次充满挑战和收获的经历，这也是一部展现赛车现场魅力的纪录片，希望能够让观众在观看时感受到赛车运动的激情和魅力，并对赛车文化产生更深入的理解和兴趣。通过对新媒体纪录片的实践创作，作者对新媒体纪录片影像语言的研究与认识更加深入，这部分实践经历也对作者进行理论研究提供了很大的支持。

第六章　新媒体时代科教片影像设计

第一节　新媒体时代科教片概念界定与理论基础

一、科教片和影像相关概念

（一）科教片

科教片的观念需要更新。在现代科学不断进步的新媒体背景下，如今的科教片相较于传统科教片呈现出较大的差异。与传统科教片相比，新媒体时代下的科教片在内容上不一味追求说教，强行灌输某种观念或现象，而是以变通的方式循序渐进地厘清科学道理，寓教于乐，激发大众对科学知识的热情与追求；在表现形式上冲破了不同艺术门类的壁垒，借鉴吸收了不同片种的艺术手法，如数字化媒体的运用、与新媒体传播媒介的融合，都为新媒体时代科教片注入了新鲜的血液，拥有了更为灵活多样的表现形式。

"视听艺术作品的主体在数字时代历经了从张扬到迷失，再到重构的几重更替。早期数字技术介入到视听作品中，主体达到一种空前张扬。"相较于传统科教片而言，在经历数字技术拓展后的新媒体时代科教片主体能量得到了进一步扩张，无论在内容创作、视听表现形式及传播渠道上都有着鲜明的时代特征，受众可以更近距离地感受在现实生活中接触不到的领域，获得更加真实的体验感，从而让科学知识得到更广泛的传播。

新媒体时代科教片中，"新媒体时代"框定了时间范围和表现形态，指的是与传统媒体相对的，基于数字技术、新媒体发展而来的新的媒体形态。如若我们将新媒体看作是技术手段，新媒体时代科教片则指的是利用动画技术、VR 技术等新兴技术手段创作而成的科教片形式；若将新媒体理解为传播平台，那么新媒体时代科教片可以理解为经新媒体平台播出的科教片。不过这些都是"新媒体"与"科教片"在简单意义上的叠加，在深层意义上两种属性并非简单的堆砌，而是不同媒介方式之间的相互融合。

（二）影像

影像又称图像，是对视觉感知的物质再现，该词具有广义和狭义两个层面的内涵。广义上的影像包含动态图像和静态图像两部分，其中静态图像大多是指图片、摄影；人们常说的影像往往趋向于狭义的概念，即动态图像。在中国，关于影像的准确定位也尚未敲定，人们根据日常经验，通俗地将其区别于绘画艺术、摄影艺术等其他艺术形式，将"影像"一词频繁运用于动态图像创作中，因此影像的狭义概念得到了广泛的认可。

影像在视听语言中承载着"看"的角色，它包含了镜头元素及造型元素，镜头是影像中最基本的元素，它决定着影像的景别、拍摄角度及运动方向；造型元素则是通过镜头中色彩、构图、光线等塑造画面效果的分子。看影像，本质上就是体会拍摄者隐匿在作品中的创作意图及思想情感的过程，它能体现出拍摄者的审美趣味。科教片影像通过画面向大众传输知识，解释和说明科学道理，纪实影像为科教片增加了可信服度，动画影像辅佐科教片更直观阐明科学道理。在新媒体时代科教片中，不同形式的影像通力配合形成富有吸引力的画面，将科学内容和科学精神传达给观者。

二、新媒体时代科教片理论基础

（一）共同体美学理论

共同体美学是在新媒体时代背景下，基于作者美学、文本美学、接受美学理论应运而生的一种美学理论。饶曙光、张卫、李斌等中国学者首次提出了"共同体美学"的概念。其核心价值在于构建影像与观众之间的互动性，无论是虚拟美学、数字美学还是工业美学，各种科技手段拓宽着影像表情达意的空间并且丰富着影像创造力和想象空间。科技的介入无形中增加了影像与受众情感的交流互动，对话与认同机制的建立，也进一步推进影视与受众之间产生更为深层的链接。共同体美学理论不是对西方"共情""共同体"理论的借鉴、改造，而是突破了西方理论的束缚，根植于深厚的中华优秀传统文化，延续了"和合"文化与"大同"世界观的理念，是对中国本土文化全面性、创造性的转化与发展。王国维的美学思想对共同体美学理论的建构起着重要的作用，有关"有我之境"与"无我之境"的论述是为了实现叙事文学与抒情文学的有机融合，其强调的客观性并非是单纯追求客观而放弃主观性，而是在传统观念的基础上增添新的阐释，通过"有意味的形式"吸引读者实现精神与心灵的无限延伸，产生移情心理，进而达到古今中外的兼容与互动，实现艺术的升华。本研究用到的核心要义主要可以概括为"尚同""存异""崇和""共美"，即考虑"他者"感受与诉求，共同推动观众与时代同频共振。

首先，共同体美学倡导的是"共同体叙事"，即在"我者思维"基础之上建立"他者思维"，若想打破创作者与创作对象之间的"围墙"，实现两者之间的对等，需要与观者建立情感上交流与共鸣的"新形式"。关于在影视创作"何者为第一性"的问题，在 20 世纪西方经历过两次转向。作者电影理论形成于 20 世纪 50 年代，弗朗索瓦·特吕弗提出了"作者电影"等相关概念，指出电影与导演是不可分的。传统文艺批评中电影作者论将创作者放在核心位置上，肯定了创作者重要性的同时，也忽视了影片同受众之间的互动关系。欧洲先锋派形式主义、英美新批评理论等流派探索文本自身作为研究对象，认为文学作品具有自身的独立性，强调作品本身存在的意义。直至 20 世纪 60 到 70 年代，姚斯、伊塞尔的接受美学学派确立了读者中心的地位。区别于文本中心论，接受美学逐渐将重心转向了读者，认为作品本身是一种存在着诸多"空白"的"召唤结构"，需要读者自身投入其中，才能实现作品的完整性。本着共同体美学所倡导的"我者思维"与"他者思维"观念，创作者在影像创作中融入了可供受众互动的议题，在新媒体时代中冲破不同圈层间的隔阂，通过互动、交流对作品解构、建构，实现影视创作领域的螺旋式上升。

其次，共同体美学着眼于实际，始终坚持历史唯物主义、辩证唯物主义、顺时而动、应势而谋，具有更强的包容性、开放性、科学性。在新媒体时代语境下，影视创作应把握好高新技术发展的趋势，充分运用数字媒体技术、虚拟现实技术等新兴技术手段，以更贴合当下受众观影需求的形式呈现出来，实现更高层面上的有机融合、高质量发展，甚至碰撞出更具时代性的火花，满足受众更高层次的文化需求。

综上，新媒体时代科教片创作更需要结合新的社会语境，搞清楚如何运用各种新兴创作手段增强影像与观者之间的黏性的问题。因此，新媒体科教片的创作不可避免地需要借助共同体美学理论提升科普质量，满足更多受众的审美需要。

（二）修辞学与视觉修辞理论

"修辞学"是一门起源较早的学科，在古希腊及罗马时代，就有关于运用语言文本的"修辞"来强化劝说表达效果的相关论述。随着修辞的广泛传播，修辞研究逐渐被渗透到多个领域中。20世纪60年代，肯尼斯·伯克重新阐述了修辞的观念，视觉修辞借助非语言符号系统开始发展，此时视觉修辞尚未成熟但相关研究论述已经处于起步阶段。法国文学理论与评论家、结构主义思潮领头人罗兰·巴特与其弟子、传播学家杰克斯·都兰德提出了"视觉转换"概念，是将传统修辞研究中的修辞方法运用到视觉传播领域中，以修辞学理论作为主要支撑分析广告中视觉成分的修辞搭配，开创出视觉传播修辞新领域。20世纪80年代开始出现了对现实物象中修辞的研究，其研究范畴不再拘泥于"修辞图象志"与"修辞图像学"，转向了"实物修辞"方向。21世纪以来，视觉修辞已被熟练地运用到各种类型视觉文本中，视觉文本的样态、理论研究接踵而至，其内涵意义得到进一步延伸，迎来了高速发展的繁荣时期。

在国内，有关修辞学的发展最早可追溯至先秦时期，如《庄子·杂篇》中的寓言，以及《诗经》中赋比兴的表现手法等。南朝时期文学理论家刘勰在《文心雕龙》中对先秦以来运用的辞章之学进行了总结与品评，开此后千年辞章之先河。直至南宋陈骙编撰了《文则》，将比喻细化区分成类喻、诘喻、对喻等十类，是对古代修辞学最为深刻、全面的论述，也被认为是中国修辞史上首部专著。从以上国内发展概况中不难看出，修辞学的研究与文学语言有着紧密的联系。直至20世纪后，以陈望道出版的《修辞学发凡》为标志，我国建立了修辞学独立学科，修辞被定义为"调整或适用语辞"，最终结束了长期以来文论附庸的状态。近几十年来，我国对西方学者提出的"视觉修辞"也有一定的见解。学者们提出了不同的定义方法，但实质上都认为其主要目的就是通过对图像（影像、图画）精心组合取得最佳效果，这也为总结我国影像创作经验起到了重要作用。

在文学作品中，文字符号是文学修辞中的主要修饰对象，而影像创作借鉴了文学创作的手法，因此以视觉修辞理论与修辞学存在很多共通之处。在影像创作领域中，修辞主要体现在视听语言的运用，即运用修辞格修饰、美化影像内容、传达影片所要表达的主旨思想，并且视觉符号为受众提供的情感体验远比语言丰富、深入。

新媒体时代科教片作为一种传播科学知识、推广新技术经验的影视文本，帮助人们感知世界的形象性，参与并建构着人们对客观世界的理解与审美追求，视听内容中的叙事元素为主要的修辞语言。科教片语言具有明确的言说对象及用途，话语的最终目的旨在对受众产生启迪，这也同修辞学的核心本质相契合。在新媒体时代科教片中，创作者可以运用更加多样化的表现方式优化影像的视听效果，赋予更多层次的影像内涵，因此在剪辑思路、语言风格、艺术化的表现手法等方面都会渗透出修辞功能，如色彩、构图、光影、景别、音乐等。同时，这也为视觉修辞在影像方面的研究提供了更多的分析文本，帮助我们更清晰地把握新媒体时代科教片影像的设计思路，也更加顺畅、成熟地将用修辞学同视觉文本的转换运用到新媒体时代科教片的创作中去。

第二节 "融合"与"参与"
——新媒体时代科教片的影像设计

一、影像设计思维构建

受众是传播学的基础概念之一，"是指包括读者、听众和观众在内的所有信息接收者的统称"。受众群体作为新媒体时代下科教片的主要构建群体也是最终检验者，其发挥的主观能动性可谓是空前未有的。一部不被大众所容纳的科教片自然就失去了其传播科学知识的意义，受众的多少成了评判影片成败的重要标准，因此新媒体时代下科教片影像应反映受众诉求，以服务大众为宗旨。正如英国传播学家丹尼斯·麦奎尔和瑞典斯文·温德尔提出的"受众中心模式"中的使用与满足理论，即"具有社会和心理根源的需求，引起期望，即大众媒介和其他信源（的期望），它导致媒介披露的不同形式（或从事其他活动），结果是需求的满足，和其他或许大都是无意的结果"。即受众是具有特定"需求"的人，深入分析受众的需求、满足受众是科教片创作者必须要做的事。

受众对信息进行选择时具有主动性，做好受众研究俨然是受众中心的坚实基础。新媒体时代下观众获取信息的渠道趋向于多元化，视觉审美水平不断提高，观众不再是盲目杂凑的乌合之众，而是成为对信息具有筛选能力的群体。因此，新媒体时代科教片的创作不仅要关注自身内容，更要"想受众之所想"，精准把握受众需求及收视规律，让受众对媒介产生接受和认可心理，从而发挥媒介自身的价值。

（一）新媒体时代科教片的受众构成

新媒体时代科教片的传播面向大众，因此受众研究成为新媒体时代科教片传播中重要的一环。科教片的受众不以年龄为界限，不能狭隘地将科教片理解成是未成年人普及知识的一种手段。在广义上，科教片的受众面涵括了 7 岁至 60 岁的社会群体，对于传播对象并没有固定的限制，传统科教片面向的群体看似比较广泛，但实际上受众黏性不高，大多数年轻受众群体的需求并未得到满足。

随着互联网技术的发展，人的主体能力得到了强化，开始对新事物有着更强的探索欲与求知欲，电视受众群体逐渐趋于老龄化，新媒体时代背景下传统科教片的受众群体结构不断发生着改变。针对传统科教片出现的诸如受众面狭窄等问题，更要求科教片创作积极同时代特征相结合，利用新媒体技术完善科教片的制作流程，拓展科教片传播渠道，不断丰盈科教片的主题内容，将流失的青年知识群体"拉拢"回来，以适应更多年龄阶段、不同群体目标受众的需求。BBC 自然科学科教片《你最想知道的科学》《绿色星球》《地球脉动》，央视推出的历史人文类科教片《我在故宫修文物》《如果国宝会说话》以及探索频道推出的《流言终结者》等影片的受众对象都十分广泛，上至古稀老人下至黄口幼儿都适合观看。专门针对广大农民群众、农业专家学者开设的农业科普栏目，如央视农业农村频道《致富经》《田间示范秀》，山东农科频道《乡村季风》《农资超市》等，其主题聚焦种植培育、养殖新品种，提升生产技术等领域，并进行了时代性更新，定位更加精准深入，在讲述乡村振兴背景下农民群众的生产致富经验同时，展现了先进生产力的新理念。

（二）作者已"死"：受众审美趋向分析

新媒体的"新"字则已经预示着事物的迭代更新，意味着新型艺术形式与审美价值的习惯的形成。在传统媒体时代，人们崇尚经典、理性，充满哲思的审美；在新媒体时代背景下，人们更多的是追求强调互动、崇尚自由、尊重个性的新媒体文化精神。一方面，人们每天都可以通过多种终端接收到形式多样的信息内容，这些"刺激"和背后产生的"思维"促使人们的审美感知力都有了更高的追求；另一方面，在大数据分析的支持下，对受众感兴趣的某一具体领域进行个性化分析，提供了更加精准、深入的门类内容。从技术赋能的角度来说，以 5G 技术为代表的新技术也为科教片的内容和创作形式的变革提供了支撑。

毋庸置疑，新媒体时代科教片审美趋向同受众群体审美趣味有着密切的关系。为满足不同受众的多样化的需求，满足受众的审美期待，新媒体时代科教片在生产传播上更要符合大众的审美要求。首先，对于影像主题审美的趋向分析。早期科教片影像内容局限于军事国防、农业生产、江河等方面，结合模式化的专家采访，讲述事件、阐明道理，其内容生产、表现形式过于单调；而新媒体为受众带来了更丰富的审美景观，新媒体科教片仍是由业界精英创作，但内容的生产更具针对性，从国家历史政治到工匠技艺传承，都能有所呈现。不论是纪录片的创作形式，亦或是短视频科普短片，这些形式多样的影片都有着不同的创作个性。其次，从影像叙事方面进行分析。当代观众习惯接收娱乐化的资讯，在影像的选择上也更青睐于观感更加轻松、愉悦的影片，在这种注重于获得精神和心理层面愉悦的前提下，也推动了科教片影像表现形式的衍化与变革。为与时代审美特点相结合，新媒体科教片借鉴了纪录片"故事性"为影像增添吸引力，并通过"交互性"将更多的话语表达权交付给受众，以更加年轻的形态吸引更多的"网生代"群体，新媒体时代科教片因此也具备了更多的人文特征和情绪感染力。其次，影像画面审美趋向分析。受众与新媒体科教片产生的互动是进行符号交换与符号审美的过程，因此对画面美感的追求也愈来愈高，如构图、色调、光线等都是决定影像风格，推动叙事发展的重要力量。

（三）走向用户：互联网思维的借鉴

新媒体格局下的互联网思维已经不拘泥于 IT 领域，它成为一种战略性思维渗透进了人们的生产生活中，立足于互联网精神去分析、处理问题已渐成气候。互联网思维是互联网在人类意识领域的体现，是经过长时间的内化与积淀形成的认知方式，它包含了用户至上、体验为王、免费的商业模式、颠覆式创新这四个核心观点及用户思维、流量思维、平台思维、跨界思维等九大思维。

"跨媒体、跨介质成为当下新媒体的主要存在方式。"基于5G、4K/8K、AI等新技术，央视率先做出了一系列的探索，成功实现了业态转型。新媒体时代科教片的创作更要因时而变、因势而新，针对科教片创作中存在的短板问题，积极与互联网思维的核心内容对接、包装，形成新媒体时代科教片独有的创作风格与创作流程，提升科教影像的创新能力和自身影响力，实现由符号跨向现实的图景飞跃。

1. 用户思维——满足受众需求

用户思维是互联网思维中最关键和首要的思维模式，它着眼于"人"而非"物"。在用户思维的驱动下，媒体可以明确具体的服务对象，紧密围绕"用户需要什么""用户需要我成为什么"的核心问题，打造人性化的媒介，满足不同圈层用户的个性化需求。用户意识促使媒体不再过度关注于内容创作本体，而是深入到信息生产创作过程中寻找符合用户的喜好与需求的契合点。

在竞争激烈的新媒体市场环境下，快节奏的信息传递方式促成了多样化的互动形式，互动能实现观众与影片的双向交流，增强与观众的连接，能更好地满足观众的诉求。科普工作难点在于"普"，想要攻克"普"的难关就要被受众所接受，从用户的互动需求入手能在潜移默化中增加与受众的亲密度，刺激用户参与的积极性。这种互动方式大致可以分为网络媒介互动及现场互动。其中，网络媒介互动是最常见的互动方式，如早先直播节目中就已经运用电话连线、发送短信等形式让观众参与到节目中，这种互动方式可以根据观众反馈的信息及时调整和改进节目内容。由于新的传播形态不断催生，各大视频平台将留言评论、弹幕、"摇一摇"、网络投票等形式广泛服务于媒体互动中，改变了传统媒体的互动模式，重塑了媒体与受众之间的链接。

《中国诗词大会》在热播期间，联合了微博、微信等新媒体平台与观众互动，如官方客户端线上同步答题的活动，春节期间定制专属诗句祝福语的活动，这些双屏互动的形式更是提升了受众参与的愉悦感，提升了节目好感度，彰显了人文关怀。影片《穿越时代的传统》吸收新媒体时代下流行的互动模式，在视频下方添加了 QR 图码，即大众口中的"二维码"。考虑到观者的心理诉求各有不同，观者可自行扫描获取 H5 科普界面，满足深入求知的欲望。

2. 跨界思维——融合与创新

跨界指的是事物属性、类型的转化，目前被普遍理解成是通过多种维度剖析事物现象，探求问题解决方法的一种思维模式，将其运用在影视作品创作过程中也十分新锐。跨界本身较少受本学科范畴的限制，通过原有范式与其他资源的整合与碰撞，找到学科交叉融合的突破口，实现创作的革新与跨越。从人文历史发展的经验来看，无论哪一个学科在其生态中，思想基因层面的全新改变和创造性发展都是引发其全生态系统演化的根本因素。跨界思维俨然已经渗透进时代发展的脉络中，人们对于生活新锐的审美追求催生着事物的融合与创新，但是跨界思维并非单纯将不同的事物拼凑在一起，科教片若想挣脱枷锁拓展生存空间，在顺应创新趋势的同时要从多角度、多方位、多层次、多手段着手，创作出更具前瞻性的科教影片。

跨界思维关键在于紧跟受众需求，受众最高层次的需求是文化需求。从影片创作的角度来讲，审美趋同的科教片容易使观者产生审美倦怠，很难再博得大众的眼球，若将科教片与其他艺术表现形式相融合，能大大增强科教片和大众传播的适配性，满足观众多元化的文化需求，实现对文化价值的多元解读。传播率较高的综艺形式为科教片的创作打开了新思路，将传统意义上严肃、无趣的科教片与活泼、生动的综艺节目相结合，以文化输出为核心，以综艺为外形，打造出更加立体化的艺术表现形式。这种艺术形式不仅囊括了历史、文化等专业知识，精心策划的内容情节也更容易受到大众的青睐。《上新了·故宫》作为一档文化类科教节目融合了"慢综艺"的形式，以故宫博物院为科普对象，在明星嘉宾和专家的带领下一起走进故宫探寻珍宝，打破了大家对故宫、对科教片的刻板印象，也向观众输出了更深层次的故宫文化；除此外，《我在故宫修文物》《国家宝藏》等科教节目融合了文创、文博等元素，如《国家宝藏》联合国内二次元画师，以馆藏藏品"葡萄花鸟纹银香囊""金瓯永固杯"为创作原型，推出系列人物手办，建立起受众与故宫文化双向互动的新连接，二次元、历史爱好者也为"故宫 IP"的大众传播与推广起到了扩圈的作用。

3. 流量思维——依附时代热点

在互联网思维下，许多热点话题都可以作为科普的切入点，将人们关注的热点话题作为研究题材，利用人们的兴趣点透过热点事件挖掘潜在的科学信息。特殊时期，中科院物理所曾推出了以"网课""疫情"为话题导向的科普轻喜剧《闹起来，费先生》。以故事片的形式呈现，影片被网友投放到视频平台，科普故事片自身的趣味性吸引了大批受众，影片自身融入了短视频直播、网课线上直播的形式，让屏幕前的观众一同感受独特、新颖的物理网课，剧情中同学与网友发送弹幕，同主人公进行评论互动，也为观者营造了更加逼真的沉浸感，无论是形式还是内容本身，都具有显著的新媒体时代科教片的特征。这种以热点事件作为切入点融合到科教片的创作，也为新媒体时代科教片吸引了更多的观览流量。

4. 平台思维——传播新样态

"互联网时代的驱动力不是这个驱动力，它的驱动力就是平台。"倡导共享、互赢得多主体生态圈，它强调的不是传统产业的发展，而是实现传统产业转型突破。在影视媒体领域，从传播渠道的角度来看，新媒体的出现为科教片的传播提供了良好的条件。科教片跨界联合视频类平台、社交类平台、咨询类平台等新媒体平台，为受众构建出一个自由、平等参与话题讨论、传播知识的互动场所，实现了知识科普在多种传播渠道的联动，从而促进受众的角色转变，成为知识传播的主体。新媒体时代下知识传播更加快速和便捷，人们非正式学习的空间更加广阔，视听媒体与互联网的融合，不啻降低知识获取的门槛，摆脱传统传播模式的束缚，也为科教片带来了更多样化的发展。

二、新媒体时代科教片的多元影像构成

新媒体蓬勃发展以来，科技创新对人们产生的影响已经渗透进各个方面，它不仅改变了我们沟通的渠道，也促成了新媒体时代下文化艺术的新局面。英国艺术理论家贡布里希曾说过："整个艺术发展史不是技术熟练程度的发展史，而是观念和要求的变化史。"

新媒体本身是科学技术发展的产物。由于新媒体时代的特性，科教片影像在保留传统科教片拍摄技法的同时，数字技术赋能也推动了科教片转型升级。无论是数字二维动画、三维动画或是其他创作手段，新媒体时代科教片创作都更加注重作品的可参与性、多媒介的综合性。这不仅是一种新兴技术催生的艺术现象，在现象背后它以独特的表达方式传递着时代的审美艺术特征，也对"现代"受众的艺术观念、审美观念产生激荡。

（一）新媒体时代科教片中实拍影像的运用

1. 常规摄像

常规摄像是科教片影像创作最普遍、最常见的拍摄方法，也是实拍影像最基础的构成部分。它基于摄像师自身的拍摄技巧与拍摄方法，通过摄像（影）机及其他拍摄装备拍摄获得影像。

2. 特殊摄像

随着科技的进步人们对影视拍摄器材的要求也越来越高，高端技术装备逐渐在拍摄中运用起来，实拍影像的种类也越来越丰盈，除了根据拍摄设备的特殊性分类可以分为航空摄像、水下摄影等；根据特殊拍摄技巧分类则包含了逐格摄影、延时摄影等；根据拍摄对象的特殊性可以使用显微摄影、微距摄影等；除此外，还可以根据特殊的光源分类，如红外线摄影、

X光摄影等。新媒体时代下这些特殊摄像的手段更是成为影视生产中不可或缺的成分，在科教片中也被普遍运用来摄取在常规条件下无法完成拍摄的对象，以强化科学知识的画面表现力。

（1）常见的特殊摄像：

①航空摄像。

航空摄像的魅力在于它能带给观众以鸟瞰的视角观察世界，这是人们日常生活中接触不到的全新视域，影像的磅礴浩大之气势给观者带来了强烈的视觉冲击力，结合地面拍摄能塑造出更加立体的影像。航空摄像主要借助无人机、高空气球、飞机、飞艇等飞行器进行拍摄。中央广播电视总台央视纪录频道播出的地理风光片《航拍中国》采用了全航拍的方式进行影像叙事，通过空中视角全方位、立体化地展现了中国不同省份的地理面貌，看似单一的航拍镜头却汇聚了祖国大地绵延不绝的山川风情、跨越千年的文化古韵，表现了华夏儿女对祖国大地深深的热爱与眷恋。《穿越千年的传统》每当抵达新的拍摄地点时，更是运用航拍摄影交代环境协调出场人物与环境的关系，使影像前后产生逻辑关联，例如在第一部影片中有一个镜头展现了创作团队在室内进行壁画创作的画面，也更好地凸显团队精神与哲匠精神。

②逐格摄像。

又称逐帧拍摄，是指将摄像机通过设置时间间隔拍摄一定数量的照片，以一张照片作为一帧，后期将照片按序列号连接起来以正常视频速度播放，这样可以在视频有限的时间内展现出更大跨度的时间更迭，将漫长的发展过程进行"压缩"后流畅地展现给观者，呈现出一种新奇、神秘的观赏效果。这种拍摄手段在BBC的《绿色星球》中得到了充分的体现，幼苗的破土新生，轻木藤蔓的蜷绕生长，在交通线上繁忙搬运的切叶蚁家族……每一幅影像都需要付以数周的时间去捕捉，这些动态的画面带我们穿梭雨林，领略了大自然鬼斧神工的绝美画面，同时感受到了植物与动物之间特别的生存方式。

③微距摄像。

科教片中常常涉及难以被人体视知觉完整感知到的微观世界，通过常规摄像难以表现事物的关键信息，利用特殊的摄像器材则可以以超近距离拍摄被摄主体，在避免因近距离拍摄干扰被摄物正常活动的情况下，获得比原物大的影像，如动物、昆虫、花卉、水珠等。苹果公司拍摄的《小小世界》以微观视角放大了世界不同地区动物的生存状况，用生灵的角度观察生灵。蜂鸟将喙伸进花苞中吮食花蜜，花苞中的汁液在脉络的纹路里游走的画面；渺小的花螨虫在蝎尾蕉花瓣上的特写画面，都从微观的角度佐证了除了竞争斗争，自然界中动物与植物间存在和谐共处的场景，带领观者揭示了一个个未曾知晓的植物界的秘密。

（2）特殊摄像在科教片中的作用：

①特殊摄像可以使抽象的物体更加具象化。

在新媒体时代下科教片创作的首要任务仍是用形象、直观的镜头语言展现出晦涩、抽象的科学知识，且让观者看得清楚、听得明白。当常规摄像难以表现影像内容时，特殊摄像则可以拓宽拍摄领域，拍摄到常规摄像无法完成的画面内容。比如在拍摄某些狭小空间或无法进入探索的空间时，特殊镜头则可以以特殊的视角帮助拍摄者完成拍摄任务，拍摄出更加贴近被摄物体真实状态的高清画面。

BBC《抗癌之路》在展示治疗过程、化疗情况时，采用了 X 射线拍摄、磁共振拍摄、内窥镜摄像等特殊拍摄手段，真实还原了患者身体器官的位置和形态，以此确定了患者的手术部位。

②特殊摄像可以激发观赏兴趣。

新媒体时代伴随着媒体形态的不断变化、延伸，大众获取信息的渠道也越来越多，这些多元的信息种类对现代大众有着极大的吸引力，这些背景对新媒体时代科教片的趣味性提出了更高的要求。科教片的目的是让观者更加接近科学，这需要以生动形象的方式去表现科学，从科学本体中去挖掘，"趣以引思"让人产生主动去了解、探索的诉求，进一步引发对科学知识的思考。

使用特殊摄像拍摄的特殊画面在短时间内更能吸引到观者的注意力，BBC《地中海》使用了航拍、水下拍摄、微距等特殊摄像手段，展现了地中海生态样貌，诸如海龟感知路线、金枪鱼群交配的场景，在传递知识的同时，又给观众以美的体验。

③特殊摄像使影片更具节奏性。

特殊摄像里低速摄像（延时摄影）、高速摄像（升格镜头）具有"改造时间"的功能。以高速摄像为例，它所能揭示的瞬间现象在科教片中具有独特的表现性，作为一种蒙太奇语言调节着影片的叙事节奏。科教片中常见的花开瞬间、水滴落进池塘里荡起涟漪等现象，摄像中时间的延伸带来了变形与夸张的效果，有着强烈的指引性和放大性，揭示出肉眼难以辨别出的自然现象，也提升了科教影像写实的表现力。

（二）新媒体时代科教片中虚拟现实技术与数字影像应用

1. 数字二维动画的艺术表达

（1）二维动画的溯源——原始意象与视觉游戏。

纵观人类历史脉络发现，早在两万五千年前的远古时期就已经出现了通过图形记录连续运动的动作分解图，这是动画的早期形态。西班牙境内的阿尔塔米拉洞窟壁画中刻画了众多史前动物的运动形象，其中的"野牛奔跑图"展现了野牛奔跑的形象，这是距今发现的人类最早开始记录动物动态特征的考古遗迹。古代岩画绘画中常出现多条腿、多个翅膀等重叠的意象，这些看似不太合理的重叠恰恰揭示出人类潜意识中对表现动作和时间的渴望。在中国的陶器上也出现了空间流动的意识形态，史前人类尝试用静止的方法来表达对运动的理解，用以捕捉凝结连续运动游走的物象，如在青海省马家窑出土的"舞蹈纹彩陶盆"，画面中的舞者手挽手呈踏歌状，具有强烈的动感和韵律，这都与早期的动画意识不谋而合。

事实上，这些被单独分解出来的动作不能被称为真正意义上的动画。16世纪西方出现的"手翻书"，中国早期出现的"西洋镜"，这些技术进一步加深了对动画概念的阐释，但动画仍未有实质性的发展。真正意义上的动画得益于电影技术的发展，而电影的发端也正是以动画制作技术为先驱进行实验的结果。17世纪法国的传教士阿塔纳斯·珂雪发明了"魔术幻灯"。所谓"魔术幻灯"是以铁皮外壳作为箱体，箱前开一个孔洞并覆盖一枚透镜用于投射，在箱体内放置一盏蜡烛，将绘有图案的玻璃置于透镜后，灯光则会经过透镜、玻璃最终投射在墙面上，这与我国唐汉时期出现的"皮影戏"原理基本一致，都是由光源在幕后投射而成的画面。

1888年"动画创始人"埃米尔·雷诺对"活动视觉镜"进行改进，进一步完善制成了"光学影戏机"，并在同年创作了世界上第一部动画电影《一杯可口的啤酒》。传统动画片的创作过程非常烦琐，它需要将每幅画面中细微的变化和不变的背景逐一绘制出来。

随着动画技术的发展与革新，动画的表现形式变得更加多元化，出现了诸如木偶动画、剪纸动画、黏土动画等众多的动画表现形式，数字技术也参与到了二维动画制作中。但无论如何其创作都离不开动画创作的基本规律，它们始终都是以人为的方式去创造生命力，它们是人类想象的产物并非存在的实体。

（2）数字二维动画的创作优势。

与传统二维动画相比，数字二维动画从制作技术到表现形式上都有了较大的提升，它在保留了传统二维动画制作流程的同时，充分发挥了计算机技术的特性，如具有洋葱皮效果的图层列表代替了拷贝台，可以重复修改的图层代替了传统的动画纸，都大大提高了动画的创作效率和表现效果。通过比对后发现，二者主要在创作中期存在差异：一方面，数字动画创作是由动画师运用电子设备完成，每张画稿的描线、上色都可以通过电脑辅助完成，操作更加简单快捷，避免了逐帧绘画的重复劳动，减少了制作的时间成本；另一方面，二维数字动画能更加直观地查看绘制效果，获得及时的反馈，更方便把控画面的状态，并进行调整和修改。在技术层面上，数字二维动画已摆脱传统二维动画中逐帧手绘的状态，它可以通过电脑对关键帧进行插值计算，自动补全中间动作生成动画效果，保证了动作的连贯性；在绘制线条、色彩时通过计算机可以绘制出虚实有变、力度匀称的线条和颜色均匀、稳定性较高的色彩。无论是数字二维动画的直接制作软件还是间接制作软件，其镜头的推、拉、摇、移、升、降、跟，画面的位置、比例、特效等都为动画制作提供了坚实的技术支持。从制作成本上而言，传统二维动画的创作需要以大量特殊的纸张、绘画材料作为媒介，制作人员队伍庞大且分工复杂。即使对画师的手绘技巧有着较高的专业要求，但在绘制和更改过程中仍然避免不了纸张资源的浪费，数字二维动画则以图层代替了传统的纸张，减少了材料消耗和人力消耗，降低了动画的制作成本。

（3）新媒体时代科教片中数字二维动画的创作。

新媒体时代背景下的二维动画不只是传统意义上的二维动画，它在一定程度上指的是数字二维动画，即通过动画软件和数位板完成形象创建、场景绘制等前期的设计，根据动画绘制软件设置动作的关键帧，在计算机中补全中间帧形成运动路径，经后期渲染导出后得到的成片。当下互联网与新媒体充分发展，受众更容易被造型简约、具有强视觉冲击力的外在艺术形态所吸引。二维动画的表现力是无上限的，现实与非现实世界中晦涩难明的学识，都可以运用新兴的审美理念与制作技术，在虚拟的空间中呈现出生动活泼的视觉形态，这也与科教片普及科学知识的任务要求不谋而合。

2. 三维动画技术的还原与修复

（1）三维动画的创作优势。

三维动画是艺术与技术的统一。在利用计算机图形技术对建立的物体、动作等进行三维数据编辑的同时，同时还要对画面的构图、色彩、镜头的剪接按照美的规律进行把控，逐步产生了自身的美学特质。与二维动画相比，其最大的不同之处在于三维动画创建出的影像在二维的平面中呈现出三维立体的效果，即有正面、侧面及反面之区分，通过调整视点能观察到所创建物体的不同角度的视图，其独特的时空理念为成片塑造了更强的视觉冲击力和画面层次感。

人们对审美的追求紧跟时代发展的脚步，而对影像的追求已经不拘泥于"呈现"功能，新媒体为艺术创作的生命力延展了无限的可能性，在这样的时代背景下，三维动画制作的优势愈发突出，场景环境的塑造，画面的质感处理，影像呈现的视觉真实感为三维动画带来了更为广阔的发挥空间。由于平面绘制的限制，二维动画往往不能表现出人们脑海中虚构出来的景观，而三维动画技术则可以突破限制，还原现实乃至塑造超现实景象，满足观者的好奇心与欣赏欲望，使影片更具观赏性；在出现数字技术之前，影片中细节的调整、影像的渲染及剪辑等工作都需要耗费巨大的成本，三维动画技术突破了传统艺术的物质载体边界，将其共同建构在虚拟体系中，大大缩减了影片的制作周期和开支；除此外，三维动画的可扩展性使其在视觉信息传达上有着较大的优势，它跨越了介质的剥离，既可以实现对现实世界的复刻，也可以创造出魔幻的虚拟世界，为多元的文化与艺术介质的相互融合提供了可能。

（2）三维动画技术在新媒体时代科教片中的应用。

目前三维动画技术的应用范围已经十分普遍，从建筑景观到产品展示，从动画特效到科学普及，从可视化数据的展现到非可视化原理的诠释，三维动画用高级的数字化手段向我们提供了一个充满想象的艺术空间。

央视制作的卫生与健康科教片《人体的微观世界》使用了大量的三维动画配合解说，在讲述肾脏降低血压的方式时，动画段落的组合完整演示了心脏分泌心房利钠肽、肾脏捕获心房利钠肽、肾脏分泌尿液等过程，详细直观地将医学背后的知识原理传递给大众。《如果国宝会说话》第三季第三集中利用了三维动画技术，重新搭建、拼合了石子岗出土的、次序凌乱的竹林七贤与荣启期砖画，在虚拟三维世界完成场景的搭建后，对壁面的细节结构进行了"真实再现"，利用摄像机功能对场景进行多角度拍摄，从而能向人们展现出站在砖画下看到整体复原样貌的角度。在《大唐西游记》

大漠古道一集中，有一幕讲述了唐朝大将李靖率军对突厥人发起进攻的事件，人民之众、车马之多，进行实拍是非常耗力耗资的，但是通过三维软件则可以运用 MEL 脚本实现重复建模和模型的多次重复调用，很容易就塑造出了规模浩大的人群车马，片中使用了柔和细腻的灯光以减弱暗部阴影，其造景搭建出的三维空间有着浓厚的东方意蕴。

3. 真实与虚拟的再现与表现

（1）虚拟现实技术及功能。

虚拟现实技术在新媒体时代科教片中具有虚拟场景、虚拟角色等多种功能。首先，虚拟场景最具代表性的是通过虚拟现实技术实现时空的跨越，将人类已经消亡的、难以展现在大众眼前的古文明复原出来，通过菜单栏建立场景即可在多维空间中塑造物体，赋予材质，调控设置灯光、模型的参数，不断地为模型润色，使其更有真实感、空间感。山西科技馆展出的"月球漫步""重返侏罗纪""小水珠剧场"等展项，涵盖了宇宙奇观、微观粒子，在"月球漫步"中凹凸不平的月球表面，奇幻的天体景观，影片通过 VR 技术塑造了真实的"月球"奇观，放大了观众奇观体验。

虚拟角色为科教影像增添了更强的说服力，一方面它可以通过计算机技术让已经不复存在的生物恢复生命力；另一方面则可以在保证影片真实的基础上，塑造出更生动有趣的画面，激发观者的科学兴趣。如在中国科技馆曾展出的"火灾逃生屋"，受众置身火灾场景，伴随着听觉上燃烧的火焰声中寻找灭火器，再通过操纵手柄进行灭火处理，在体验中掌握了自救逃生的技巧。关于虚拟角色的塑造可以借助虚拟动力捕捉技术，它有着高效的虚拟制作水平，能实时、高效地捕捉表演者的动作，甚至可以精准地利用广角镜头将表演者的面部表情、眼球运动这些细微的表情变化高保真地传送到制作引擎。再如文化科普节目《经典咏流传》将传统文化融合前沿科技，通过虚拟制作技术架构出虚拟主持人"赛小撒"，为了使虚拟人物形象更加逼真，技术团队对人物原型撒贝宁进行了全身三维扫描，在获得三维模型后通过肢体动作绑定、表情捕捉，最终实现了现实场景中与主持人的实时互动。

虚拟现实技术的加入为新时代科教片提供了更高水准和先进的技术支持，这些新技术、新手段的应用改进了传统科教片的制作模式，促进了科普传播方式的迭代与升级，为观者提供了更具趣味性与沉浸感的科普教育体验，也为科教片带来了无限的发展空间。除了以上阐述的功能外，虚拟现实技术还具备虚拟出席、虚拟灯光、虚拟阴影等其他功能，一同为科教事业的发展蓄力赋能。

（2）虚拟现实技术在新媒体时代科教片中的应用。

新媒体时代下的科教片依靠虚拟现实技术重塑了传统科教片无法实现的电影影像，为新媒体时代科教片带来了全新的改变。"虚拟"和"现实"在字面上其含义相互矛盾，却被科学技术赋予了新的含义，夸张、想象等奇观效果化腐朽为神奇，将现实中无法观察到的现象呈现出来，强化了观者的感官体验。在《宇宙时空之旅：未知世界》中，为了表现宇宙的变幻莫测，影片的开篇就运用 CG 计算机建构了一艘具有科技感的宇宙探测器，这种材料在当今是不能被人类所制造的，它是以强互作用力材料所制成的探测器为原型，伴随着主持人的讲解从海平面上缓缓升起，镜头紧接着摇向了高空，承载着观者的思绪一同消失走远，其生成的虚拟环境增强了观者的代入感，令人引起无限的遐想。

虚拟现实技术为新媒体时代科教片促生了新的媒介形式。传统科教片重视影像所带来的价值，而虚拟技术参与的影片则更注重切身的体验，这种媒介形态即西方理论家所说的沉浸式媒介。这种媒介形态将无法用传统影像表现的事件、生物，通过虚拟技术转变成人类可以感知的信息，摆脱了时间、空间等客观因素的束缚，为人类感知世界创造了更多的可能。

在 VR 技术的支持下，人们可以足不出户体验到大千世界的艺术文化。央视法制类科普节目《撒贝宁时间》通过 VR 科技制作出"人在画中走"的三维虚拟场景效果，运用蓝屏抠像技术完成真实环境与虚拟场景的调度，将演播室与案发现场联系起来，实现了主持人在不同场景的切换。这种结合实景解说的方式给观者带来了更加真实的感受，直观地意识到案情的复杂性与严重性，培养公民遵法守法的意识。《穿越千年的传统》第三部结合了虚拟现实技术手段，运用 VR 拍摄的形式，展示了我们身边跨越时代的传统壁画经历沧桑的面貌，引领观者思考传统壁画在保护中的艰难困境，这种形式实现了受众高沉浸感的互动体验，为提升科教片受众互动体验的真实感做出了颠覆性创新。

新媒体时代"VR+科教"的新形态，加强了科教片与受众的连接，将观影过程中更多的主动权交给了观者，同时也为科普工作提供了更多的可能。但同时也要认识到，有价值的科学内容才是王道，这些新兴尖端技术的运用始终都是围绕着科学内容。我们应该把握好运用的"度"，通过新技术的辅助创作出更优质的科教影片，切忌为了创新而创新，进行盲目的炫技卖弄，导致本末倒置。

三、内容与形式的平衡

科学传播中最重要的是科学性，它体现在表现形式的科学性与内容的科学性。形式是人们感触艺术的第一层面，有了形式的依托人们才更愿意去感受作品的内在。新媒体时代科教影像的呈现有着全新的表现形式，如运用二维动画、三维动画、虚拟技术等增强影像视觉效果的新技术手段提升科教片的观感。但科学性最终还是要落到实处，科教片依然要注重内容层的塑造，以"内容为王"才能避免空洞无内容的形式，即通过科学的方法展现科学的内容，通过影像塑造、传播科教片的科学内容、科学原理及科学精神。

（一）真实书写与内容展现：影像真实传播科学内容

新媒体时代科教片影像是对科学知识的诠释与再现。社会学家卡尔·霍夫兰在"说服研究"中曾提出："高可信度的信源在传播行为之后会立刻导致更多的态度变化，但是，信源在一段时间之后会被遗忘。"科教片往往采用纯纪实的表现方法，以贴身观察的方式跟拍人物、事件，向观众呈现出最真实、朴素的客观事实，这些事实往往通过纵向的历史现状、横向的类别对比渲染细节形态；通过多元化的视角了解不同受众群体的分众化需求，为科教片带来更令人信服的影响力。

相较于传统的科普方式，新媒体时代下科学传播与艺术、审美、时代背景等要素充分融合，大大扩充了科学内容的信息量。理性的科学内容结合感性的形式展现，呈现出的科教影像更加形象化、立体化，具备可理解性，也使新媒体时代科教片在内容构建上呈现出明显的优势。

（二）可视化表达与知识传递：影像深度解析科学原理

新媒体时代科教片影像最基本的就是将知识讲清楚，将原理讲透彻，将观点讲具体，使用和调动视觉元素，构建可视化的科学是达成以上标准较好的对策。仅在静态图像和动态影像的记录下表现真实，有时并不能做到知识的完全呈现，若想向观众传递深层次的信息，需要将解说词、动画等可视化信息作为重要的表现手段，把繁杂、抽象的科学知识替换为具象的表达，才能更有效地提升科学表达的精准度，为观众提供更加深入、直观的观看体验。

1. 字幕与解说

在科教影像中依靠画面能实现对事物的大体认知，但难以实现对客观事物内部含义及隐匿细节的言说，导致观者对影像的理解产生偏差，影响科教片的观感体验及科普深度。对此，字幕与解说成为科教片影像中不可缺少的一部分，它能最大限度地补充画面信息，加深观者对客观世界、事物本质及事物发展规律的理解，实现与画面内容的衔接与填充。

在新媒体时代科教片中，解说词不仅是对画面的简单陈述，更是一种对画外要义的延伸，它可以围绕影片主旨将创作者想要传递给大众的深层含义通过叙说的形式直接讲述出来，使影片叙事段落的起承转合更加流畅。比如对人物角色职责的说明，或就事物的性征、创造过程、来历的阐释等。此外，新媒体时代科教片的科学性不仅体现在画面的内容表现中，字幕与解说同样对科学性有着更高的要求。一方面，在对新媒体时代科教片进行策划撰写解说词时，要在保证内容科学严谨、准确无误的同时兼具"贴近性"，即用大众通俗易懂的方式进行言说，如科教片中晦涩难懂的专业名词、技术原理等都可以以口语化、大众化的表述方式阐述出来；另一方面，新媒体时代科教片中解说词应做到清晰简洁，避免因过度言说而削弱画外延伸的内涵，限制观者发挥自身的思辨能力。

《穿越时代的传统》的解说采用了活泼的语言风格，将人们难以理解的绘画专有名词转换成轻松诙谐的形容词，更有助于辅助人们加深对知识的理解。片头用疑问句加举例的方式展现了石头在现实层面的价值，"石头能做什么？建筑房屋、制作器皿、防洪截流，或许它也是无聊打发时间的一种消遣。"引出来"岩即矿石的粉末，彩即色彩，是指材质。壁画的主要用色即是这些矿物颜料，也正是这些珍贵的矿物质颜料，才能让这些壁画尘封百年依旧色泽鲜艳、层次分明"，交代了矿石颜料的名词含义及在艺术领域发挥出的价值，语言通俗易懂，点明主题的同时解析了壁画矿物颜料的保存特点和优势，富有更强的语言表现力。

2. 数据信息可视化

新媒体时代科教片的主题纷杂、题材众多，有相当一部分影片内容深奥，如与物理学、化学、天文学等领域有着密切关联的科教片。这些数据来源的初始信息往往是比较复杂、难懂的知识内容，其知识体系庞大复杂，需要对搜集陈列的众多数据信息进行对比分析，才能向观众展示出最终结论。在对原始数据进行处理时要保证数据的全面性，且数据来源要具备权威认证，以确保可视化数据处理的科学性及严谨性。此外，数据可视化有着多样的表达形式，诸如静态可视化、动态可视化、交互可视化，可以清晰地阐释新媒体时代科教片中蕴含的科学原理。

《创新中国》中穿插了交互可视化信息，呈现出物联网系统对楼层的实时管理情况。这种形式有着更清晰的逻辑和丰富的内容，可以按照控制者的意愿调控出想要呈现的画面，有利于影片形成更加完整的体系。当然交互可视化视频的呈现对视频平台的功能性依赖性较强，无法独立于平台单独观览，在展示时具有一定局限性，因此，在新媒体这个大环境中也拥有着更广阔的发展空间。科教片《数学漫步之旅》中采用的是动态可视化的表达方式，以视听相结合的形式与科教片影像实现了完美衔接，在讲解反常数定律时，实验汇总了超市不同种类商品的价格数据，并提取出了价格中的第一位数字，来提出超市更偏好于小数字的奇怪现象，大量的数据通过动态数据的展示、分类使内容阐释得更加直观清晰，挖掘出更多数据背后的隐藏信息。

3. 动画解析

新媒体环境下，数字技术的发展为信息可视化提供了极大便捷，将动画投入到科教片的科学知识生产中已屡见不鲜。新媒体时代科教片中动画影像的创作严格遵循科教影像的科学性要求和动画创作的基本法则，辅助科教片将不可视的科学知识转化成可视化的科学动画影像，比如生物学和医学中难以观察到的病毒、细菌、微生物等，若运用显微镜和特殊摄影进行呈现，迫于技术限制显然无法观察到具体过程，而动画则可以完美转述这些不可视之物。

在《穿越时代的传统》中，在讲解壁画线稿绘制反复推敲、打磨的过程时，为强调线稿这项基础步骤的重要性，将这项工作借助建造大楼的事例进行讲解，并插入了二维动画辅助呈现，更加贴合我们的现实生活，便于大家理解。动画以小游戏的形式展示了搭建大楼的每一步过程，告诉大家"若想搭建得更高，就需要将下层的基础楼层打牢"的道理。这些楼层被赋予了鲜活的卡通形象，形象地展现在观众面前，将复杂的科学原理形象化，为科学传播提供了更加灵动的表现形式。

（三）情感凝结与价值传达：影像精准传递科学精神

科教片的科学传播不只在传播科学事实，在传播科学事实的背后还在向受众输出科学认知及价值观。新媒体时代科教片以客观事实为基础，在讲述科学现象、阐释科学原理的同时，通过科学事迹与人物话语的组合勾勒出人物的科学精神，体现科学人物对科学文化的价值追求；另外，还可以折射出时代精神的内涵，彰显正确的价值观念。

<h2 style="text-align:center">第三节　"照像"到"造像"
——新媒体时代科教片的影像呈现</h2>

一、美感呈现

新媒体时代科教片的视觉传达是通过画面呈现来实现的，画面传达的效果会对科教片内容产生较大的影响。影像的色彩、构图、影调、景别、用光等诸多元素都是组成视觉成分的重要视觉元素，在这些元素的通力配合下形成强大力场，给观者一定的视觉力量。其中动态影像的张力大多源于对叙事节奏的把控，但就单个影像画面来讲，影像画面内部结构自身也会产生视觉力量，呈现出画面的美感。在影像中视觉的美感是更为直观的美，在保证科教片拍摄真实的前提下，可以将均衡的构图、色彩的搭配、光影的塑造运用到创作中，达到和谐的影像效果。

（一）色彩——随类赋彩

色彩是绘画创作中重要的形式语言要素，同时也是影像造型的常用手段之一，它是视觉作品中最容易被人感知到的因素。用色彩讲述故事，则需要利用色彩配置激发出不同艺术效果与心理反应，借助色彩三属性塑造出新媒体时代科教片独特的美感与风格。

就色彩基调得分方式而言，它可以以色温、色深度（明度）、色彩饱和度（纯度）等物理属性作为分类标准。如每相邻的两个色彩之间都存在着混合而成的色彩层次，在色环中处于相对位置的颜色称之为补色，如黄色与紫蓝色，红色与蓝绿色等，通过补色的混合调和出浅灰的色相，这些混合生成的不同阶度的灰色被称为色彩饱和度。根据对色彩温度的感知，人们将色彩分为了冷、暖两种属性：橙、黄、红等暖色系波长较长，可见度更高，常给人以温暖、热情、明亮之感；而以蓝、绿为主的冷色调波长短，常常给人以平静、深沉的感受，冷色的光源或冷色调的色彩倾向能营造出冷静、客观、凄凉的意境。此外，色度也是根据色彩的明暗程度还可以区分出低明度、中明度、高明度的色彩，低明度基调给人以厚重、古朴、阴暗之感，中明度的色彩更为质朴，而高明度的色彩则给人以纯洁、明亮的感觉。在一部影片中色彩基调可以是动态化的，在画面统一的前提下通过添加同类色调或对比色调，搭配冷暖色调、明暗对比等多种元素形成画面的节奏，营造画面微妙的变化，即用"'中'的作用达成'和'"，达到画面的和谐状态。

自然知识科教片《一路象北》在影像色彩上非常考究，影片中黄青色调与蓝色调具有表现性作用。黄色和青色能塑造出自然界最真实的质感，在讲述各路监测人员寻找象群的片段中，画面选用了大量的青色调来还原丛林树木，用黄褐色来刻画丛林监测队员的皮肤、土地与阳光，体现了大自然本该拥有的盎然生机；而在讲述象群攻击人类的片段，人与象群之间产生冲突时画面色调是蓝色的；在黑暗环境中，监测人员手机屏幕发出的冷光是蓝色的；道路中央屹立的象群，也被蓝色的夜幕笼罩着；跟踪指挥部在山顶监测象群移动行踪时，画面也是由蓝、橙两大色块组成，少部分的暖色搭配下半部的深蓝色，这种低饱和度的搭配保证了画面颜色和谐统一，色调也精炼不失变化。在画面底部留有大量黑色剪影，避免了头重脚轻的失衡感，以强烈的视觉冲击力展现了大自然的磅礴景象。

在对新媒体时代科教片影像色彩分析时，不能忽略动画影像与拍摄画面的和谐统一性。新媒体时代科教片往往穿插有动画影像，这些影像作为影片的成分之一，其色彩选取也不能脱离影片作为单独主体而存在。若拍摄影像传达了庄严而具有崇高敬意的画面，再强行加入活泼、喜庆，色彩基调鲜艳明亮的动画，画面则会产生跳跃性，衔接起来会更加生硬，这样就无法完成色调的统一，也背离了服务主题的初衷。其次，在对新媒体时代科教片影像进行艺术处理时，必须遵循事物本质的科学性，不能有悖于客观事实。举一个例子，在现实中海洋的颜色为蓝色，若单纯为了追求画面美感将动画中海洋的颜色改成其他违背客观规律的色彩，则会对观者造成严重误导，与新媒体时代科教片的创作初衷背道而驰。

（二）构图动静两相宜

同色彩一样，构图也是常用的造型艺术术语。构图的意义则是通过恰当地安排画面，将混乱无序的画面内容组合成一个主次分明，主题突出，符合形式美法则的整体。遵循均衡、对称、对比、集中、呼应、节奏、多样统一等基本原则，把想要表达的内容以清晰有章法的形式呈现出来，将观者的注意力吸引到画面的视觉中心点上。

对于在绘画、摄影等形式中存在的静态构图来讲，一般需要遵循构图的普遍规律，如黄金比例构图法、三角形构对称图法、引导线构图法、对称构图法等。而动态影像"动"是关键，在构图时摄像机与被摄主体都处于运动状态。因此，与绘画这种静态的呈现方式相比，动态影像在考虑构图普遍规律的同时，还需要考虑到镜头景别与景深对画面表达的影响。由于运动构图中在遇到某些突发事件时镜头调度会受到一定程度的限制，在拍摄前创作者务必要细心观察情景中主体物的运动态势，为摄像机接下来的运动轨迹提前做好预判，更加准确地捕捉动作；另外，要把握好影像运动的节奏，平衡好画面各要素之间的关系，不能因为一味地追求动感导致画面偏颇，动静相衬才能防止受众产生审美倦怠感。综合以上，新媒体时代科教片影像构图呈现出更加简朴的特征，同时赋予了科教影像更加真实的表现力，在对新媒体时代科教片影像探索中，不断地创新构图形式，将全新的表达方式应用于运动构图中，才能为受众呈现出符合时代审美的影像。

想要在新媒体时代科教片中呈现出影像构图的美感，关键在于发挥镜头的表现力，动静兼备，相辅相成。在《故宫100》"手工再现"一集中，不仅有运动镜头相配合，构图呈现的主体形态也具备动态性，并且灵活运用了静态构图。影片开头使用摇镜头展现开门锁的动作，将画面最终定格在开锁的双手上，这一系列动作表现生动而又具体，满足了观众对事件发展走向的期待；紧接着影像融合了静态构图的构图方式，采用高视角俯视构图与倾斜构图两种方式表现推门的过程：画面中门闩以倾斜的角度延伸，打破了画面的平衡感，使开门人与倾斜的大门形成鲜明的对比。这组影像虽然没有镜头的运动，但仍通过拍摄角度与主体动作的配合，赋予画面强烈的动感，创造性地改变了表现此类动作原有的构图方式。随之营构的画面使用了更加主观的第三人称视角，通过构图用镜子作为映射，完成了时空转换，真实展现了时过境迁后倦勤斋的荒败场景。

另外，留白是中国传统绘画中一种独特的构图方式，意指画家在作画时，在画面上留有的大片空白，以凸显主体，塑造意境。留白在中国画中人物画、花鸟画、山水画中常有体现，留白同样被应用到新媒体时代科教片中，画面除了主体物之外，其他起衬托作用的部分就是留白，这些留白并非物理中物质层面上的"虚无"，天空、远山、树丛、沙漠、虚化的场景等都可以起到留白作用。

《穿越千年的传统》对周围环境多次留白，在提及绘制精稿过程时，两位主人公画前背景被绘制的稿卷所充实，在一墙墙纸稿的庇护下两位展开了创作对话，两位对话者为"实"，周围环境为"虚"，人与周围环境融为一体，疏密有致，虚实相生，这些内涵恰恰是中国美学的独特追求。在描绘了物的表象之外，升华画外之意，传达出更深层次的精神内涵与文化追求。

（三）光影明暗与层次

光是影像的基础。光线投射在物体上产生影，这种亮暗交织塑造出的明暗关系赋予了物体鲜明的轮廓形态，作用在生物视觉系统中这些物体便有了形状。在影像创作中，善于运用光影塑造画面关系能为影像增添更多的层次感，充分发挥其凸显物体结构、增强构图张力、营造影像氛围等美学功能。通过调节背景用光及作用于主体物光线的明暗，则可以调节主体轮廓与背景之间的关系；通过照射不同饱和度、色温的光线可以调节物体及背景的色彩鲜艳度；它可以突出物体结构，刻画物体的零碎细节，也可以弱化结构，着重刻画对物体的整体塑造。光作用于影，影衬托出光，二者相互作用，互相衬托，赋予影像新的活力。

《穿越时代的传统》第一部片尾处，通过移动光源展现了创作完成后壁画贴合的金箔材质，利用光影造型增添镜头美感。沥粉贴金、展现金箔及工具，绘制过程中的布光凸显了沥粉的纹理质感，用影像将故事主题诠释得更加深刻，使影像格调得到整体提升。同时，影片展现了研究员们最具代表性的作品——《善财童子五十三参》，在灯光的衬托下，人物的饰品、绳结、盔甲等细节刻画展现了研究员们手艺雕琢之细致；交织的光影强化了画面色泽及质感，其色彩通透淡雅、璀璨夺目，闪烁着金色光泽；贴金与描金明暗有秩、对比有序，体现出壁画人的"哲匠"精神，绘制技艺之精湛。影像营造了黑暗环境，背光、侧顺光等光线从多个角度照射在壁画作品上，在展现沥粉纹理的同时增加了画面的层次和立体感；金色的质感在灯光的照射下熠熠生辉，倾注了对"哲匠"们非凡创造力与想象力的钦佩，将文化魅力含蓄地寄托在光影之中。

二、修辞呈现

（一）立象尽意：视觉修辞之内涵

修辞，最初应用于语言表达，在语言的传播过程中有表情达意的作用。在语言传播过程中，如浏览文章、交流信息等一系列传播行为通过书面文字、肢体语言等语言符号解词释意，它们都建立在视觉基础之上，这说明传统修辞已经囊括了视觉元素，即视觉修辞已经具备了学理基础。科技的发展促进了东西方文化的交流，在与东方学者的修辞观念融会贯通后，修辞学的研究范畴与其他学科交叉的现象更加普遍，以影像符号表意所呈现出的张力打破了人们对传统修辞的认知，视觉修辞的概念逐渐得到了认可。视觉修辞从语言修辞中汲取了经验，同样有"自己的语言、自己的语法和修辞"，它以图像、声音、语言等综合符号作为载体，将辞格投入到生产过程中，通过组合增强表达效果，以达到对话、认同、劝服的目的。正如美国新修辞学代表学者伯克提出的"象征行动"核心概念，即人类是通过符号完成行动的，且每一种行为都有明确的目的性，所有语言都存在修辞意义。

"立象尽意"源于语言表达在表意上的局限性，因此"象"自古就成为了传达大道和真理的重要媒介。在新媒体时代背景下，科教片在信息传递上需援引我国古代的"象"思维，在修辞中引以借鉴，遵循语法规则和修辞方法规律，借助视听等语言诠释科学、剖析知识。科教片的修辞研究，主要是针对科教片中画面语言、声音语言、文字语言的面向，其多样性、丰富性也正是独特于其他媒介语言之处。画面语言以图像符号为主，如景别大小、色调冷暖、时间长短、画面虚实、镜头运动、画面组接等都包含了作者的创作构思，受众需要深入理解才能正确解读其中的思想内涵；声音语言则指解说旁白、同期声、音乐音响等听觉符号；文字语言是指解说词、人物对话、采访等文本符号。在科教片创作中三种符号相辅相成，多媒介、多符号相互结合的形式超出了单一符号形成的效果，为科教片带来了最佳的表现效果。

法国电影理论家巴赞提出了"摄影的美学潜在特征在于揭示真实"的美学原理，即实体与本质的同一，其存在的视觉修辞与真实性是密不可分的，它以真实为中心且最终指向真实，将真实以更加真实的形态呈现在受众面前。另一方面，科教片的拍摄对象和拍摄事件讲求客观真实性，视觉修辞的自由性相对来说会受到限制，但其真实性的特点符合科教片的首要创作原则。

（二）辞格与呈现：科教片影像中的视觉修辞方式

在科教影像中为了实现某些创作意图，往往会借助多样的修辞方式将深层的象征意义隐匿于符号中，赋予视觉修辞文本多样的涵义，修辞格则是实现修辞目标的一种方式，也算得上是实现"美"的一种"有意味的形式"。在语言表达上，修辞格作为一种具有极佳表现力的修辞手法，涉及了表意性的问题。"它是在修饰，调整语言，以提高语言表达效果中形成的具有特定表达作用和特定表达形式的特殊的修辞方法或方式，如比喻、夸张、对偶、反复、反语、引用等。"在对修辞格的定义中可以管窥学者张涤华、胡裕树对修辞格表意性的认同，并强调了修辞格特殊的表达效果。本部分将以科教片作为研究对象，通过分析科教片中常见的修辞策略，对影像呈现中的辞格发凡举例，进一步探讨修科教片中动态画面中辞格的独特叙事表意方法。

1. 单镜语视觉修辞

"单"即单一，"镜语"即镜头语言，将这些语素合并起来则意指由某个具体镜头组成的镜头语言，但要注意的是此处的单一仅仅只是镜头数量的单一，并非意味着画面内容的单一。在目前存在的理论研究背景下，对于镜头在视觉修辞学方面的研究仍存在短板，尤其是在科教片中的应用更是存在空白。国内学者李显杰将其按照功能与形态划分出了"长镜"与"特写"，虽然国外没有出现过以镜头命名修辞格的划分方式，但按照镜头叙事划分亦可以看作是影像中独特的修辞特征，所以笔者仍采用李显杰对于单镜语的划分方法对新媒体时代科教片就影像中具体意象的开掘与刻画进行阐释。

（1）长镜："诗意情怀"与"刻意性"。

长镜头自电影艺术发端就已经产生，它是默片时代、有声片产生的早期阶段中影像表现的一种主要手段，但事实上关于长镜头时间长短的判定，在理论界并没有固定的标准，有关"长镜头"的概念至今也尚未有一个严谨的定义。从其功能上来讲，长镜头是在一段时间内，进行连贯持续拍摄而形成的镜头，它在保持了事物原生态的基础上，同时也维持了时间流逝与空间位移的连续性，具有审美情感的观照。

在新媒体时代科教片影像塑造中，"长镜"辞格不单单是一种拍摄技巧，更包含了深厚的美学含义。与一般叙事中的长镜头相比较，它在强调物象真实的基础之上，着重点更倾向于营造画面的"诗意"氛围，隐含着创作者的美好向往与情怀；抑或以静观默察的态度起到了"刻意"突出的效果，以冗长的镜头引发观者的期待，进一步对事件发展走向提问设疑。

历来中国文化讲求内敛含蓄之美，含蓄意在委婉曲折，在影像表达中则体现在意境。中央电视台拍摄的人文科教片《远去的水乡》中则运用了这种手法，镜头的开始展现了洋溢着笑脸的村民同记者展开对话，向观者解释着拿到养老金和待业金的激动心情，紧接着镜头摇向了正在吃饭的其他村民，嘴里在不停诉说着惠民的好政策。还有一个段落展现了熙熙攘攘的村民们祭祀的风土民情，影像的开始以仰拍的角度展现了村民们围绕着古树念诵着心中祝福的场景，接着镜头摇到了村民的面前，神态各异的村民们抚摸着树干，不停地拜候着，在镜头中入画、出画。这些长镜头段落朴质而又真切，侧面折射出村民们在步入现代与保留旧俗问题之间的矛盾，多个长镜头的交织营造出了诗意的情怀，在表达了村民们对农村村庄的回忆和留恋的同时，展现出对未来美好生活的憧憬，含而不露，韵味深长。《问禅大洪山》中也有长镜头的修辞运用，它采用航拍的形式展现了僧人高定独身一人从毗卢殿门前的高梯走下，踏着皑皑白雪，穿梭过空荡的寺院，最终随着航拍镜头的拉升逐渐渺小，画面中剩下了高定行走留下的脚印，营造了此片净土的孤寂，也暗示了高定自上山投缘净土后，求佛法的路是要走完一辈子的。

在 VR 影像中，长镜头是组成的基本单位。这种形式虽然实现了受众观看视角的自由，但也受限于当前技术标准，播放时视频整体分辨率大程度被折损，若使用传统蒙太奇频繁剪切，则会增加观者的眩晕感。为了从多种感官模拟出更真实的沉浸感，部分 VR 影像投入使用了 CG 镜头，这已经超出了传统长镜头仅仅是复原现实的艺术追求，具有更深刻的美学特性。

（2）特写："凝神关照"。

"特写"是电影艺术的一种手法，指的是"呈现人物肩部以上的头像或者是被拍摄对象某些细节的电影画面。"同远景、全景、中景、近景等镜头一样，是景别的一种类别，但从叙事功能的层面上来说，特写能更加细致地关注到事物的局部，以更加微观的视角聚焦事物的细节，给人以强烈的视觉效果。

　　在叙事层面上，特写镜头以展现事物局部特征为主要目的；而在电影修辞格层面上，"特写"的功能已不拘泥于只表现事物的细枝末节，观者可以通过摄像机对特写镜头中的事物着重审视，影像以此为着手点向观者敞开心扉并走进人物形象的内心，更加细腻地摄取影像中人物内心的情感活动，与影像传达的思想情感产生共鸣。《三十二》中韦绍兰收养的儿子学善（日本遗留后裔）蹲坐在门口闷声吞饭的特写画面，配合上他平静地讲述着因为背负着"日本人"头衔而受辱的辛酸经历；有关韦绍兰老人的镜头中，老人泪流满面地诉说着日本侵华战争带给自己的悲痛回忆，紧接着的是犬牙交错的蜘蛛网的特写镜头与老人面部特写镜头，镜头中"蜘蛛网"的意象意味着强权控制，这也是一种象征性表达，象征着侵华战争中这些残酷暴行对人精神上的束缚和肉体上的压制；后面紧跟着的是韦绍兰老人饱经风霜的面部特写镜头，她眼角湿润，写满了岁月的伤痛。这些具有主观色彩的特写镜头引导着观者的注意力，通过气氛、情绪以及影片节奏的融合，进行恰到好处的强化、突出，给予观者一种独特的窥探角度，也令观看者于此对侵华日军犯下的沉重罪行留下了深深的愤懑之情。

　　（3）变格：主体的"情感言说"。

　　除了以上阐述的常格修辞大类外，视觉修辞中还有一类称之为变格修辞。通俗理解，"变格"即为了强化表达而打破常规，按照特殊的处理方式使影像呈现出特殊的效果，并为影像赋予新意义的辞格形式。"变格"具有强烈的主观色彩，为了强化影片的特殊情感、表达主体的内心状态，它更加突出其"言说"的功能。

　　"变格"的表现形式多样，包括了分割银幕、快慢镜头、变焦镜头、定格镜头等形式。例如，《穿越时代的传统》第二部则通过慢镜头的刻画凝结主体情绪、创造意境，团队研究员们守护壁画，在讲述研究员们创作经历的镜头中，有意将在地下车库吃饭，在凌晨的马路上用水洗漱，空闲时间师傅们的笑脸，搬运过程中滴落的汗珠等动作慢化，侧面表现出对壁画研究员的崇敬恭仰之意，将师傅们与文化传承相联系，抒发守护与传承中国传统文化，莫要忘本之深意，以唤醒更多国人认识中国传统文化，烘托出的悠远深邃的艺术氛围。再如《中医世界》中，第一集开篇讲述时，运用了大量的快镜头展现了在异国他乡的车水马龙、云起云落，营造出时间的流逝感。一方面与解说词"健康是人类社会文明进步的基础，也是各国民众的共同追求"互相呼应，交代出在历史长河里中医药学能被发扬传承下来的原因，也体现出中医药学存在的重要性；另一方面，画面里的人物、建筑皆是异域风光，侧面反映了中医药学的国际化，此时也点明了"中医世界"的主题。

2. 多镜语视觉修辞

（1）递进："情绪指向"。

节奏是"简单而纯粹的形式性直接而有力地强调了情感的东西"，在影像排列中产生的视觉节奏，使得影像在节奏韵律中激发出观者更加强烈的情感。"递进"辞格在科教影像的应用中也伴随着内容的层层递进和节奏的增强，它将多个镜头以连续或交叉的形式组接在一起，以达到强化观者内心中特定情感体验的效果。在此值得注意的是，"递进"辞格与其他辞格相比有着更强的叙事性，这种递进除了对时间节奏的把控外，也可以是多方面的，比如景别的递进、音乐的递进等，这些因素相互配合将情绪、氛围烘托至高点。

这种辞格在《地球脉动》中常有体现。一群黑斑羚在草原上悠然自得地觅食，一群鬣狗已分散开准备行动；黑斑羚抬头张望后继续进食，鬣狗悄然将黑斑羚包围至中间；黑斑羚听到声响后无所适从，鬣狗目光紧盯黑斑羚；三只鬣狗开始围捕，黑斑羚随后奔跑；鬣狗将黑斑羚驱赶至埋伏好的包围圈，黑斑羚飞速跳跃逃离；最终的镜头是鬣狗与黑斑羚在草原上追逐驰骋的画面。

（2）喻意："象外之象"的创构。

李显杰认为影像中的"喻意"同语言系统中的应用有着明显的区分，之所以用"喻意"这个范围更为宽泛的概念，而不使用"隐喻""象征"等概念，其一是因为在语言表达中，可以根据是否借助比喻词将其区分为明喻与隐喻两种形式，而影像表达本身就是一种直观的表现方式，它是借助于对具体物象的相似性引发的联想；其二，"喻意"本身就是一个边界更为宽泛的辞格集合，它包括了暗示、象征、隐喻、换喻等多种修辞手法，"它可以是单镜头的'象征'或'隐喻'"也可以是"多镜头或镜头段落的对比性或隐喻性组合"。"喻意"在视觉修辞学中占据了重要的地位，它既可以是具有深沉内涵的单个镜头，也可以在镜头的组接中迸发出新的意义，因此在科教片中也常有体现。《穿越时代的传统》第一部就运用了转喻，采用双屏分割画面，左边画面呈现了新一代壁画研究员迎着朝阳向前方行进，右边画面呈现的是老师傅在夕阳下逐渐隐匿的身影，隐喻着壁画保护与传承在新一代研究员的努力下获得新生；后面出现的则是近景，画面中有三个年轻人在炎炎烈日下肩扛壁画板前行，配合解说词"新老平衡，自此新生，他们要做的是将传统发扬下去"，更是体现研究员们崇高的艺术追求。

（3）叠印："折叠"时空与意象。

从技术角度上，比弗尔在《电影术语词典》中曾这样解释过叠印："将两个或两个以上的镜头呈现于同一画面之内的光学技巧，这里一个镜头叠在另一个之上。"在修辞学角度上，叠印是将时间、空间不具同一性的画面叠合显现。即打断原有叙事的线性时间顺序，重现过去发生过的影像或将未来预想中可能会发生的事件与当下正在进展的事件影像进行重叠，或将多重空间的影像进行并置。其叠加显现出的独特视听感受，往往能带领观者进入比对、猜疑、思考的状态中，从而对影像进行建构、遐想、印证。

三、交互呈现

技术的进步总是伴随着艺术形式的更新。在数字技术迅猛发展，传播媒介快速更迭的新媒体语境下，影像艺术的表现形式也呈现出多元化态势，大众感知美的方式发生了变化，经历了由以往受限于平面感知扩展至更为立体的感知；由现实转向虚拟；由单向接收到双向交互；摆脱了传统视觉图像的桎梏，更多的学者、专家将目光投向了影像交互领域（包括全息影像、立体影像、智能影像、影像装置四大方向），影像艺术获得了更大的发展空间和发展潜能。新媒体科教片中交互设计的融入，不仅能驱动科教片创作形式的变革，还促生出全新的艺术接受方式，提升了受众在艺术中的主体地位，实现由"凝视"到"参与"的转变。

（一）角色易位：交互的概念

关于对"交互"的解释，在不同学科领域中有着不同的理解。从日常语境中来看，交互需要相互配合，交互双方必须对他人的行为产生影响，韦伯斯特将交互定义为"进行相互的行为"，它是一种复杂的、动态性的关联。如对话、网球运动、四重奏表演等每一种活动都需要通力配合，否则整个过程将会陷入混乱。每一方都对对方行使权力，影响着对方的行动。这些例子中可以看出，交互性是两个或多个智能方之间复杂的动态耦合。

在计算机科学与技术领域，交互被视为类似与模型驱动的反馈系统，成为衡量计算机人性化的标准之一。界面的可见性促使我们可以使用鼠标对计算机做出直接的操作编辑，计算机同样也会对用户做出即时的反馈。

在传播学领域，由于媒介的传播方向具有互逆性，传播过程中形成的双向信息互动可以理解成"交互"。

从美学意义上来讲，交互是与审美对象之间进行审美经验的交流与互换，各种审美关系之间相互影响，彼此映射。交互是新媒体时代重要的审美特征，影像中交互的运用是多领域意义的集合。如今，塑造了跨媒介的交互体验涉及了网页、留言评论、移动媒介等，是对媒介的"整体体验"，有效激发用户的互动式体验和兴趣点。

而新媒体艺术创作具备开放性、互动性及复合性，其产生的影像具有双（多）向性、实时性及循环性，通过新媒体技术、信息技术等实现艺术与受众的直接沟通。

（二）化身与映射：交互性在科教片中的体现

与传统科教片相比，新媒体时代科教片在内容和形式上突破了艺术门类的束缚，实现多门类艺术的融合。新技术下塑造的新鲜的影像形态更要观照人的情感需求和社会现实，借助信息技术和新媒体传播手段与观者产生更多的良好互动，通过有效对话为受众带来更强烈的交互体验。数字媒体帮助科教片搭建了更加多维、立体的影像空间，通过不同的媒体形式联结不同的文本及视听元素，有效提升了科教片的互动维度，为科学贴近大众提供了更多的可能。

1. 沉浸与叙事

空间性通常被认为是数字媒体叙事潜力的关键特征。此处的"空间性"并非物理现实存在，而是指情节不以固定发展顺序呈现。新媒体时代背景下，受众可以依靠互联网、移动终端更加便捷地选择自己感兴趣的信息，对影像有着更精准的甄选能力，这也很大程度上转变了时代背景下受众的观影习惯：人们对以往传统"线性"的、剧透的观影模式不再抱有过高期待，多线性甚至非线性的叙事方式反而更容易激起受众的期待心理，因此，视听元素的整合呈现出碎片化和后现代解构主义特点。

互动科教片《最后一代》是为响应气候变化报告倡议制作的项目。影片结合高端 Web 技术展现了马绍尔群岛面临的全球变暖导致的洪水侵袭等生态危机，其事件都以非线性的顺序展开，观者可以通过 VUP 对历史、现状、未来三个分支故事进行选择，历史分支回顾了群岛遭受污染的经过，现在分支讲述了岛民的生存现状及即将面临的选择，未来分支展现了政府应对群岛生态问题提出的政策与实施的行动。三个故事段落之间内嵌了多种形态的交互内容，这些拓展内容以超文本的形式存在，观者可以通过自行点击、滚动推进故事线前进。影片的叙事视角基本以三个孩童的第一人称自述为主，这种微观叙事的方法为影像体验带来更亲切、真实的感受，更符合当代"个体的生存境遇和情感体验得到前所未有的关注"的特征。

动画这种艺术表现形式在新媒体时代科教片中的实践也存在非线性视觉传播，许多视频网站上的的科教动画片，都是以主题系列或片段章节的影像，配合言简意赅的讲解，短时间内将复杂的科学内容呈现给观众，符合当代人碎片化时间的需求，同时它摆脱了一般叙事原则的时空限制，针对传统科教片缺乏共识元素的问题，在创作中适当加入故事情节，增添人文价值内容，更充分地满足当代受众对科教影像的提出的多元化诉求。影片带来的笑点与泪点与受众产生更深层次的链接，有效刺激吸引受众，完成影像内容同观看者之间的交互。

2.互动层次与成像

艺术家使用大量的图像作为交互，作为双向交流的文本。图形图像的创造不是艺术家用来从一个地方到另一个地方的转移，而是为了激起与其他艺术家和异地的参与者多重的视觉对话。新媒体时代科教片画面的呈现形式丰富多样，其本身具备的趣味性对观众已产生吸引力，我们可以把它称为浅层互动。这种浅层互动依托于影像与新媒体技术，片中实拍影像、动画影像、文字等多元化的音视频元素为受众带来更好的审美体验。具有表现力的色彩，有"窥探"功能的视角，形象鲜活的动画演示，有效构建了声画兼备、视听一体的沉浸式数字化影像，将受众难以想象到的、无法理解的内容以完美的视觉形式呈现出来，引起"欣赏中视知觉的积极反应和主动建构活动"，这也增强了科教片、创作者与受众之间的凝聚力与整体性。哈佛感官人类学实验室与导演维瑞娜·帕拉韦尔联合创作的某实验片充分体现了交互性，GoPro以不受人为控制的第一视角记录了马萨诸塞州渔民出海捕鱼的一系列活动，观者作为事件的第一见证者，昏暗晃动的画面配合嘈杂刺耳的机械噪音，造成强烈心理压迫感。这些"客观真实"打破了人们对海洋现状及渔业发展的美好印象，促使观者对过度捕捞、海水污染引发的海洋生态问题产生反思。

诸如全息投影技术、裸眼式3D技术，以及前文所提及的虚拟现实技术、增强现实技术、混合现实技术、扩展现实技术等虚拟现实技术，让传统科教片有了更多创作革新的空间，为影片创作提供了情感、思考等深层次体验支持，可以称之为深度交互。这些技术催生出全新的虚拟影像和交互影像艺术，将影像由物理空间拓展至虚拟空间，以360度全景视角置身于"虚拟"环境中，通过 VR 设备与虚拟影像进行实时交互，以极度拟真的影像还原出现实物理世界。

VR 技术与科教实体场景的结合充分体现了科学与文化的碰撞。VR 具备的三维虚拟功能实现了对科普对象的实景复制，如今在电子设备上通过浏览 VR 全景博物馆就可以实现对展品的近距离观察。这些全景图像皆来自对真实场景的捕捉，给人带来全新的现场体验感。这种形式不拘泥于时空，能最大限度发挥出知识传播的作用。

《穿越时代的传统》第三部，采用 VR 技术向观者全景展示了华不注山山脚下遗存的民俗壁画风貌，更加近距离观察古壁画面临的灰浆覆盖、霉斑、大面积脱落等病害，观者通过对古壁画与团队创作壁画完整程度的对比，明白壁画保护的重要性，使影片主题得到了升华。VR 的表现形式在体验感上能取得更良好的反响，通过 VR 显示技术高质量还原影像资料，以精细的画面展现了墙壁表面的丰富细节，将观众置于人类探索历程中虚幻与真实的边缘，沉浸式体验对世界的探索。

3. 从空间的声音到声音的空间

新媒体时代科教片的声音符号也要突出"新"的特性。首先，基调音乐的选择应趋向多元化，如传统文化主题科教片选择有地域特色的民族乐器，在剧情节奏快的地方通过适当添加鼓点、快板等具有中国传统特色的节奏感强的音乐为影片增添个性化标识，赋予声音明确的倾向性与意义，增强观众对影片主题的认同感。其次，一改说教式的灌输式话语，用亲切的、接地气的解说更能与观众产生情感互动。再如观众观看 VR 科教片时可以佩戴上相应的设备营造出独立的空间，通过削弱除重点声音以外的杂音，感受到优于现场的声音细节。新媒体时代科教片在听觉上的沉浸感体现在对声场的再创造，可以体现在对环境音、音乐、效果声、对白（独白、旁白）等声音元素的编制形成声音矩阵，再对重点音响效果进行拾取，最大程度上还原实景音频。

4. 界面的双向互动

新媒体时代科教片要提升受众的参与度，还要增加对界面的可操控性，以"我会怎么做"来搭建受众与影像之间平等的互动关系，塑造受众的潜在活动。在传播主体中用户可以通过导航结构等设计控制情节先后顺序等交互环节，以新的身份对话、参与到影片建构的过程中，成为"建构的受众"。

H5（Hyper Text Markup Language 5，HTML5）产品是运用 H5 语言开发的动静相辅，具有强交互性媒体页面，它具备平面展示、交互展示、互动故事、互动游戏等功能，相较于传统的视频、文字、图片等形式来讲，其形式更加新颖，吸引用户主动操作，为科教影像增加曝光度。

《穿越时代的传统》中加入了 H5 互动页面，在设计上，其界面绘制使用了大量的敦煌壁画元素，与影片主体相呼应，色彩古朴淡雅，更具备历史底蕴。在实操过程中，通过扫描影像中二维码，受众则可以选择浏览有关影片的拓展内容，一方面能满足不同接受程度受众的需要，帮助观者更透彻地掌握相关科学知识；另一方面，通过小程序的互动能增强用户的活跃程度，大大提升传播概率，形成更好的传播效应。

互动科普向影片《古墓派·互动季》将交互界面融入影像中，赋予了受众更多参与的权利。首先，从界面的形式外观上来看，影片将选择界面中的图形、色彩、文字等元素有机结合，能够第一时间吸引观者的注意力；画面整体的色彩搭配更加协调，两边缀有的祥云图案也都契合古墓主题，更具年代感，这些元素引领观众感受到考古带来的神秘感，使观众沉浸在历史长河中；标题及选项通过版面下方画框展示，具有透明度的黛色背景与影片内容相互衬托，同画框形成鲜明对比，打破画面的沉闷感，辅助影片有效传达信息，提升用户的体验感。其次，从操作体验的角度分析，点击式、左右滑动、上下滑动这三种常见的交互方式能有效提升受众的使用感，通过点按选项引导剧情方向，形成界面信息与受众的双向反馈机制。此外，新媒体时代下的影片经视频播放器进行网络传播，通过搭建的评论、分享、弹幕等互动平台，用户之间可以实现信息多方交流，这种良好的传播交流氛围为用户带来了更加流畅的交互体验。

5. "可玩性"体验

交互性作为网络游戏的核心，是吸引玩家的关键所在。新媒体时代科教片的交互方式则是从游戏中延伸而来。在虚拟技术的支持下，"交互"为受众增添了更多虚拟体验元素，譬如对纪实段落的切身体验，自身的视觉感知与物理产生联结接，避免了异质性视角。

同样以《古墓派·互动季》为例，影像本身的互动性除了我们能设想到的"用户自主选择选项"的方式外，还能通过"双手"控制参与到剧情当中，跟随剧情发展寻找犯罪证据，滑动屏幕打开盖子，拍摄相片等。这些带有游戏性质的互动改变了传统科教影像的刻板印象，观者需要主动参与到事件的建构过程中，才能顺利推动剧情发展，这种模式也保证了影片科学思想性与艺术性的权衡，受众在体验的同时，接收和掌握了新的科学文化知识。其次，界面由左向右拖动滑块，体现了交互的一致性原则，方便受众根据日常习惯对动作进行预判，增加用户的心理舒适感。

第四节　"赓续"与"向新"
——新媒体时代科教片影像审美分析

一、真实与科学美：还原本体之真

审美的本质在于人的本质、本质力量和理想的显现所引起的愉悦的情感反应。新媒体时代科教片借助于新媒体、科教片等艺术形式将事物作用于审美者，呈现、唤起科学美感，为审美者带来愉悦的心理体验。

（一）何谓科学美

科学与艺术是不可分割的。在新媒体时代科教片创作中，客体是科学，科学文化信息则是最重要的组成部分。它力求内容准确全面且符合客观世界的发展规律，不等同于一般的文艺表现对象。科学美是新媒体时代科教片最显著的美学特征，它是比艺术美更深层次的美，在科教片影像的特殊视角下是能被人领会、观看、聆听、共鸣到的美。刻板印象中科学看似严正、死板，究其本身就已经具备了隐蔽、深邃的理性美感，它与人的审美共生，只有具备对科学的感知力才能体会到这种美。那么科学因何而美呢？这些美感可以体现在真实、理性与智慧，也可以体现在科学内容本身的形式美属性中，如公式美、理论美、实验美、创造美等。

科学首要目的是追求真理，在追求真理的过程中也会实现对美的感悟，即"真中见美"。科教片的科学性包含了知识性、准确性，同时兼备了纪录片的本质特征——真实性。《孤身绝壁》《徒手攀岩》与《大峡谷国家公园》同在美国国家公园拍摄，前者主要表现攀爬人的冒险精神和挑战自我的勇气，虽然具备了真实性，但纪录片性质更为突出。而后者为科教片，影片就国家公园中"独特"景观进行展现，呈现出具备"对称性"的图景结构。并对地形、地貌的形成原因进行"简明扼要"的分析，实现了影像元素同科学内容共"和谐"的境界，向人们普及了日常"无法触及"到的地理、历史知识，正是映射了科学美中"简明、和谐、对称、新奇"的特征。

通过对比以上影片可以发现，这些特性在阐释科学美的同时，也成为区分科教片与纪录片的标准之一。纪录片符合真实性特点，但更大程度上侧重于表现人物和故事经过，注重对人物情感、性格的塑造，没有过多展现科学内容。而科教片则具备了科学性中知识性、准确性、真实性，虽然也离不开人物在科学文化活动中的展现，但更侧重于深入事物内部，探求科学知识的奥秘。在科学探索中求得事物内在规律之时，人们求知的欲望得到满足，激发了对科学的热爱，情景交融中就产生了科学美感。

（二）科学美的创造

科学美大致可以分为科学事实美、科学实验美、科学理论美三大类。

1.科学事实美

科学事实美又称科学现象美，在依存共生的结构中及事物运动的方式中都可以体现这种美感。它所涵括的对象是广泛存在的，从宏观宇宙现象到自然界微观生物，其类别纷繁复杂，天文学、地理、物理学都可以被视作科学研究对象。

自然界本身就具有美感，科学视角下美有着多样的体现。在新媒体时代科教片中，不乏以呈现科学事实彰显科学美的例子。《黄金分割：地球远古文明的秘密》通过植物的形状、金字塔等建筑、赤道夹角、DNA 扭曲的螺旋结构、人体构造展现了自然现象中存在的黄金定律，影像展现了人类借助自然的力量实现了文明的进步。

2. 科学实验美

在新媒体时代科教片中，科学实验美体现在实验计划、实施过程的影像。影像能让受众领悟到科学实验周密的逻辑思路，更加直观地展示出实验装置的创新，体会到操作过程的规范与耐心，以及实验操作人严谨的科学态度，正是体现了科学对美的追求。

BBC 影片《现代材料的秘密》中呈现了关于材料工程师劳克林测试菌丝体特性的完整影像。劳克林将菌丝体腾空放在钢架上，并将冰冻的巧克力置于菌丝体上部，下面放置了一台 1000 摄氏度的喷灯，用喷灯在菌丝体材料底部均匀加热至燃烧后移开热源，发现火苗会自行熄灭。随后劳克林向观众展示了冰冻巧克力的完整性，进而向观众解释菌丝体是一种可降解材料，在没有热源的情况下会停止降解的原理，最终得出菌丝体具有良好隔热性能的结论。影像中劳克林有序的操作过程和细致的讲解具有强烈的感染力，让受众感受到了科学实验的趣味性，给观者以艺术享受；同时，在实验过程中劳克林为得到精准的结论，以缜密的钻研精神求得真相，最终得到科学结果，无形中强化了内心愉悦的感受，体现了对科学美的追求。

3. 科学理论美

自然界内部科学规律、科学理论等自然规律，本身就以简介概括、和谐统一等美学要素作为建构基础。但与艺术美相比，欣赏科学理论美对认知有更高的要求，需要具备完备的科学素养基础，才能更准确地捕捉到科学语言描绘的美。

艺术美学思维为科学研究与普及提供了便捷，这些给人以美的感受。《维度：数学漫步》以 CG 呈现了四维空间中的数学图形及方程式，四维空间中的球面具备表层意义上的对称美；从影像呈现的深层意义上来看，众多公式体现了科学家对复杂事物现象的提炼，这些公式、理论、数据是对众多同一事物内在规律的概括，使复杂的事物趋向于简洁、精准，体现了科学对简约、逻辑、精准美的追求。

二、开放与艺术美：相映成趣之美

新媒体时代下科教片的类别繁多，不同的类别对艺术性有着不同的要求。诸如技术推广片、科研片等面向特定专业技术人群的影片，不宜对艺术美感有过多的要求，在此也不过多赘述；此处对媒体艺术美的分析指的是在新媒体时代背景下，以广大人民群众为科普对象的科学普及片、科学故事片、科学家传记片等新媒体时代科教片。新媒体时代科教片是通过融合不同艺术的形式来展现科学，因此，在传播科学知识的同时也具备了媒体融合的时代特征。

（一）艺术美与艺术

艺术美不等同于艺术。艺术美指的是艺术作品中存在的美感，是艺术家运用特定物质载体进行审美创造，在表达对现实世界的审美情感过程中产生的美，它是对艺术作品审美属性的归纳。"艺术是一种社会意识形态，这是马克思列宁主义美学的一个基本原则"，因其具备自身特性，因此称之为审美的艺术形态。

李泽厚曾提出艺术是各类艺术作品的综合的观点，艺术美则寄存于一切艺术作品之中，艺术美产生艺术的美感，美感也影响美的创造。它不仅是一种审美经验，且依托物质态化的艺术实践活动作用于人的感官，唤醒受众的审美感受，能将艺术的审美意义更好的传达给审美者。艺术美是一种美的形态，也是美的高级形态，它归宗于自然美，对精神、认识具有高度概括性，是对客观世界的能动反映。艺术美产生艺术的美感，美感也影响美的创造。

（二）艺术美特征分析

艺术必然具备开放性，所处时代背景不同，审美者对艺术美的评判也有不同标准，艺术作品附着的物质载体也在不断丰富迭新的过程中。纵观科教片的发展进程可以看出，在数字化媒体盛行的时代，人们对于信息的接收有了更多的选择权，审美认知也有了更高的标准。若想留住更多的受众群体，为科教片收视起到增力作用，必然要发挥科教影像艺术美的创造力。新媒体时代教片作为实现艺术美的一种表现形式，需要审美者用审美眼光审视客观现象，践行寓教于乐的目标，唯其如此才能实现艺术创作中客观性与主观性的统一、一般性与个别性的统一、内容与形式的统一。

1.客观性与主观性的统一

新媒体时代科教片中的艺术美具备客观性。艺术作品的存在必须有物质作为载体，从科教片影像的创作层面上来看，科教片大多以客观世界中的物作为表现对象，天文、地理、生物等学科都根源于客观现实，为科教片提供了源源不断的创作素材。其次，从科教片影像审美的角度来看，这种客观性不仅体现在科教片创作依附的物质载体。影像创作的过程是创作者进行艺术实践的过程，创作是用意象表现情趣，影像作为物质符号凝聚着创作者的创作构思，积淀着不同的审美经验与生活经验，通过物质媒介可以将创作的审美思想转化为客观对象。另外，艺术作品虽然是一种社会意识形态，但其本质上具有精神性，需要借助一定的物质形式，以物态化的形式实现艺术品的价值。

新媒体时代科教片中的艺术美同样具备主观性。艺术创作必然离不开艺术家对作品的主观加工及审美创造，科教片虽然建立在真实性的基础之上，但在反映和再现客观现实的过程中，会有意无意表露出创作主体自身的文化人格，体现在意境的塑造、特殊的表现手法的运用。新媒体时代科教片创作同其他艺术作品一样，不仅是一种审美反映，更是一种审美创造，是对客观世界的再现与主体创作的统一，其审美意象是客观性与主观性的产物。

2. 一般性与个别性的统一

艺术创作是一般性与个别性的统一，即符合事物普遍性与特殊性的一般规律。艺术源于现实生活，但"比普通的实际生活更高，更强烈，更有集中性，更典型，更理想，因此就更带普遍性"。每个艺术作品都不应被看作是单独存在的个体，新媒体时代下科教片的创作也是如此，其自身积淀的客观性赋予了艺术作品独立于个体审美经验存在的本体性质，这些艺术现象符合社会时代的审美规律，理应看作是一个具有普遍联系的有机整体。

同时，任何事物都是一般性与个别性的统一，新媒体时代科教片的主观性也赋予科教片独特的创造力。科教片影像如何编排，或成为怎样的科教影像，很大一部分取决于主体欣赏者所处的时代背景、文化语境、社会等因素，以及个人经历、认知、审美经验等。这决定了科教片创作并非一成不变，这些复杂的主、客观环境也赋予了科教片影像个别性特征。

3. 内容与形式的统一

新媒体时代科教片的艺术性明显高于以往科教片作品，数字技术、网络技术、移动技术等先进技术给予了影像创作更多的发挥空间，出现了诸如短视频等视频媒介的新载体，不断扩充着影像的表现力。同时，数字技术也打通了同传统影像之间的壁垒，实现了艺术跨界的新飞跃。影像中沉浸的互动、有趣的情节、及时的反馈机制、生动的动画形象、灵动的解说……都紧扣科学内容，以多种多样的形式延伸着感官体验，调动起观众对知识的追求。

如前文所论述的画面的经营：构图、色彩、光影，运用的可视化信息图像与动画都相互配合，共同解析、演绎出科学文化知识，既便于受众理解又准确、形象地传达了科学知识。富有美质的科学内容通过形象、和谐的艺术形式传达出来，只有二者相互统一，才能更充分地展现出新媒体时代科教片的艺术美。

三、多媒融合与交互美：交相呼应之感

新媒体时代背景下信息传播数量庞大，若赓续传统媒体单向传输的传播模式，则无法与受众产生良好的情感联结。因此，原本单一的艺术美学理念走向了僭越与抵抗，逐渐向大众化、多元化的方向迈进，形成了多元化互动式的新媒体传播形式，更加适应当今受众的信息需求，成为新媒体时代科教片影像中独特的美学特征之一。

新媒体时代科教片中知识的传授者与接受者不再是互相隔离的单独个体，影像互动与开放的形态使二者相互连接在一起。"接受者"不再是秉持静默态度被动地接受，而是演变成主动参与再创造，减少了影像与受众之间的剥离。

（一）多样与融合

媒体融合本质是更立体、真实、全面地传播信息价值，通过多样化、跨界共生的信息传输渠道，借助二维码、互联网平台评论转发、弹幕等传播手段，促进科教片线上与线下信息交流渠道的交融，实现传统媒体同Web端、移动终端等新媒体传播渠道的有效连接，满足用户多样的互动需求，以开放、共享的态度优化科教片作品呈现方式。

技术将现实与虚拟表现相互融合，科教片影像在知识再创造的过程中会触发人们由感官到情感的体验感受，审美者在良好的审美体验中则会形成潜在的、互动的审美价值，进一步拓展人们的科学素养。诸如互联网思维的"跨界思维"参与到科教片影像构成中，以视角、行为等多方面参与影像互动，探求影像的内涵，不断探求、挖掘影像美学特质，为受众带来更加震撼的感官体验。

而媒体对受众的反馈不再持回避态度，更乐意吸引受众参与到互动环节中，在提升自身关注度的同时方便受众更深刻地从美学中感受影像的主旨含义，思维与影像之间的混合叠加不仅满足了受众的认知需要，也让科

教片的最终创作过程具备了更完整的面貌，在相互交流的过程中实现了对影像的再创作。

（二）交互美内涵论证

新媒体时代科教片借助数字虚拟技术创建的影像堪比真实，甚至可以超越真实，它的"现实"建立在"虚拟"基础之上，因此审美者在超真实环境中所交互的事物终究是非真实存在的。

诸如康德、托马斯·阿奎那等学者普遍认为：摆脱了实用功利性束缚的审美观照可以使人暂时忘却乃至在很大程度上解除劳苦之感，从而进入一种自由的精神境界之中。交互美作为美的特殊形态带有一定功利的快感，它不但追求浅层感官愉悦的需要，停留在科学表层现象；并且延伸到抽象的思维及精神层面，重视人自我价值的实现，在潜移默化中提升审美者的精神境界，这也体现了新媒体时代下交互创设出隐形的功利快感。

第一，交互美具备更强的互动性，审美主体与审美客体之间有着更频繁的交流和互动。传统科教片的观影模式大多属于群体观赏性的影像，屏幕位于中心，观者处于被动观看的状态，介质具有更多的主宰性与强制性，因此观看时欠缺互动性与沉浸感。

黑格尔认为"审美带有令人解放的性质"。新媒体时代科教片的交互性使观众冲破了传统观影模式的禁锢，受众在参与影像二次创作的过程中可以衍生出多个平行世界，观者作为审美主体不再被动地限制于审美客体，这种互相成全的互动关系满足了更多人群的审美需求，因此也赋予了影像更多的交互美感，进一步促进了参与式文化的发展。

第二，"媒介是人体的延伸"，交互美在新媒体时代科教片中的体现是多元的。在审美活动中，各项数字虚拟技术为交互提供了有力的技术支持，通过对耳目视听等多元化感知方式的建构，为审美者创设了全新的、深刻的审美感受。

第三，交互美具有追求简约化的审美倾向，为了方便审美者有更好的审美体验，需要减少失误操作带来的不愉快体验，摒弃复杂的交互操控，兼具实用性能让用户更加专注。

　　新媒体时代科教片中交互的审美性以视听等感官体验为基本，以精神层面的美好体验为灵魂。审美者通过耳目视听形成了对事物属性功能的外部体验（即感性体验），在感性体验背后隐匿着更高级、深层次的高峰体验，即对事物内部产生的本质联系及发展趋势的认识，是审美者对影像背后所蕴含的时代背景、文化背景、历史背景的认可，是一种被审美者理解、认可、悦纳的深层体验。这些体验感相互交织、互相渗透、彼此交融，最终促成了审美对象自我价值需求的实现，塑造了更加丰富的美感与愉悦的审美体验。

第七章　新媒体水墨影像互动装置的设计

第一节　新媒体影像互动装置

新媒体作为科技高速发展产生的新事物，影响人类社会的生产和生活方式，与此同时也在更新着当代社会的思想观念与表达方式，艺术家将数字技术、感应技术、识别技术、计算机技术、光电技术等技术媒介融入自己的艺术创作中，当代艺术便进入新媒体艺术时代。

一、新媒体艺术

相较绘画、雕塑等传统艺术而言，新媒体艺术建立在数字化技术手段上，是一种随着科技发展而更新的动态理念。新媒体艺术以声、光、电等为语言，包括互动装置艺术、影像艺术、虚拟现实艺术等通过不同的传播媒介表现出不同的艺术形式。新媒体艺术在技术性、互动性与媒介融合等方面区别于传统艺术，作为用新媒介创作的艺术类别，在媒介和技术发展的基础上，从思想观念、表现形式、艺术体验等方面多元融合，跨门类、多媒介成为新媒体艺术最为突出的艺术特征。

新媒体技术推动当代艺术的多元化和跨界融合，为艺术家提供一个全新的艺术创作媒介，让艺术家能够创造出更加丰富、多元化的作品形式。

新媒体艺术是一种既传承传统艺术语言，同时与当代数字技术相结合，不断地探索着数字技术与艺术表现之间的关系，创新出许多独特、前卫的作品。作为当代艺术的重要分支，新媒体艺术的兴起，不仅给艺术的表现方式注入新的元素，也推动文化、科技等多个领域的交流与发展。

二、影像互动装置

新媒体时代的影像互动装置艺术是"基于计算机的信息编辑，处理、交流、共享和采集技术，以及外挂软、硬件设备，并利用综合材料安装设置好的展示场景为平台，进行的以互动交流信息为主的艺术表现形式"。影像装置艺术是新媒体艺术分支，它综合影像和装置的特点。影像艺术在表现形式上大致可以分为游击录像、实验记录、影像短片以及影像装置这四种形式，而影像装置就是影像艺术在当今时代背景下最为主流的表现形式。

"互动"一词表示人与人或物与人之间相互作用和相互影响的过程，这是一种相互变化的过程。较早研究互动性的学者拉法力定义互动性为"任何第三次或以后的交流与前一次交流和更早的交流是相互关联的"。这也从交流的角度诠释主体双方不断回应对方的程度。"影像互动"作为一个完整的概念，描述的是具有互动性质的影像艺术，而"互动性"则是艺术形式中人机信息交换和传递的关键。

影像互动相较于其他艺术形式的优越性便在于其互动性，以前的艺术中，观众是看客，享受艺术成果。互动艺术重新定义艺术观赏经验，让人耳目一新，使观众更为直观地融入艺术作品。白雪竹、李颜妮在《互动艺术创新思维》所说："你既是观众，又是个创作者。你在参与的过程中享受艺术，感知艺术家的心灵。这正是多媒体艺术的'交互'性，只是它不是通过鼠标，而是通过观众的身临其境，这种互动装置艺术所体现出来的是一种互动理念。"数字技术将艺术品带向体验的个人化，艺术家不再满足于观众单纯的观看，希望个人思想内涵能够被观众更加直观地体会和感知。

第二节　水墨艺术

一、传统绘画中的水墨艺术

中国传统水墨画是国画的代表，以宣纸为媒介，以毛笔为工具，通过将水和墨调配成不同深浅墨色进行绘画，是中国画传统造型艺术的一种。与西方油画、水彩画和版画不同，水墨画注重笔法的运用、墨色的控制。传统水墨画最早可追溯至东晋，唐朝时确立笔墨的独立审美，张彦远在《历代名画记》中"运墨而五色具"用墨多层次的浓淡干湿进行绘画被提出，水墨成为画坛主流。五代时期水墨进一步发展创新，至宋元时期达到鼎盛状态，明清及近代持续发展。中国传统水墨画以墨为主，不同的浓度形成焦、浓、重、淡、清五个色度，结合运笔与节奏形成虚实和意境，传达思想和哲思。五代时期，荆浩在其《笔法记》中对笔墨形态进行具体描述，提出在绘画中削弱颜色的存在感。这些理论与实践在至今设计作品中仍旧盛行并普遍运用。

二、水墨艺术的当代嬗变

随着传统水墨的延续和发展的近代，水墨的表达更趋向于现代社会的反映和精神的共鸣展现。20世纪，受到西方影响，中国水墨发展在新的历史环境下潜移默化地发展变革，被注入某种"张力"，在审美价值进行创新的同时拓展传统水墨文化。20世纪末，水墨艺术进入百家争鸣、百花齐放的新时代，水墨画家对传统水墨的创新进行研究和思考，水墨绘画中的张力通过用笔、线条等进行表达，当代水墨则通过冲击力和画面感表达，引起人们共鸣。

水墨的发展源自于中国传统绘画艺术的历史基础，并受到西方艺术思潮的影响，任何时代都有艺术家通过水墨表达自身的情感和思想，展现个人意志。

继承和发展传统水墨，但又不拘泥于传统水墨的形态与样式。当代水墨具有表现性，是多元化发展、众多流派汇聚的一种具有生命活力的水墨艺术。

三、新媒体中的水墨艺术

经过千年的演变和近现代艺术设计的发展逐渐形成的水墨，不再局限于传统的笔墨手法。随着新媒体时代的到来，越来越多的技术媒介被用于水墨图形语言的表现。根据视觉形式，新媒体中的水墨可以分为两类。第一类是基于传统中国画元素进行艺术创作的水墨，如传世名画《千里江山图》被运用在不同媒介下进行艺术创作，后文中有具体分析。第二类是根据传统国画的艺术语言及技术方法，如笔法皴法、笔墨形态等，进行设计提炼水墨元素，将其进行新媒体转化，具有一定的现代性。

第三节　新媒体水墨影像互动装置的特性和价值

一、新媒体水墨影像互动装置的特性

新媒体、影像装置、互动技术等媒介解放绘画限制的同时，将艺术家领入一个新的领域和新的创作空间。部分艺术家将装置的语言、影像的形态、互动的技术、新媒体的理念引入水墨，开拓水墨的边界，扩展其表现力，不仅是对传统水墨艺术的继承和创新，某些方面甚至是颠覆。总体看来，水墨用在新媒体影像互动装置中，表现特性有深度沉浸的交互性、综

合媒介的多元性、身体感知的空间性和自由抽象的表现性这四个方面。

（一）深度沉浸的交互性

水墨带有的传统美学意境在新媒体影像互动装置的媒介表现下，能够给体验者直接的、互动的中式美学的体验。在互联网信息技术的影响下，人们的生活节奏普遍"快速""简单""便利"，这进一步改变了艺术传播方式。碎片化与泛娱乐化的生活环境中，人们接收的信息往往是短暂的。需要注意的是，并非所有观众都对传统的艺术形式具有较高的审美能力，水墨也不例外，沉浸式交互体验目的在于避免短暂的视觉体验，通过沉浸式互动水墨图像的变化，让观众了解水墨艺术的文化含义，让观众深入体验了解水墨这一传统艺术语言。

水墨影像互动装置的特性决定了它具有交互性。在艺术展中，水墨影像互动装置可以实现观者与传统文化的跨时空对话。通过与作品进行互动，观众可以丰富审美体验，改变以往传统艺术展览中被动欣赏的体验模式。这种交互性的特征使得水墨影像互动装置成为了一种极具吸引力的艺术形式。观众置身于水墨的沉浸式影像互动世界中时，通过交互设备实现人机交互，观众成为信息传递的主体，这种交互方式使信息在人与计算机之间传递和反馈，符合普遍认知模式，也更符合日常行为习惯。水墨影像互动装置以一种易于观众接受和参与的方式捕获人体信息，从而触发观众的情感与作品产生共鸣。水墨影像互动装置是一种具有交互性质的艺术形式，它不同于传统的被动欣赏模式，可以通过观众与装置之间的互动实现观众与传统文化之间的跨时空对话。这种互动模式丰富了观众的审美体验，使感性体验升华到精神层面，兼具艺术性和探索性。参与者可以通过亲身的实践体验获得感官与认知的双重体验，从而增强沉浸感。此外，水墨影像互动装置还能够帮助参与者跳出惯性思维，思考虚幻与现实之间的区别，并沉浸于感官和思维的双重境界，提高参与者的创造性思维能力。

例如，沉浸式故宫文物体验展《"纹"以载道》，采用 3D 裸眼与 AR 沉浸，以艺术的表现形式呈现出文化的高清画面，赋予文物全新生命。设计者运用传统图案进行沉浸式体验设计，使观众在参观过程中真正深刻理解其中蕴含的文化内涵，同时也能够展现传统博物馆所无法呈现的文物细节。这种以传播传统文化为主题的互动体验设计，具有普遍的适用性。

《河之恋》是扬州大运河博物馆展出的一种影像互动装置，体验感正如其浪漫的名字令人感受到格外的宁静祥和。该展览分成"水、运、诗、画"四个篇章，采用一个 540 度全沉浸式互动影院，四周环形墙壁和地面使观众如同沉浸在一个幻境之中。该展厅悬挂半透明古代凉亭造型装置，河水从四面八方倾注而下，汇入游客脚下，与巨型环幕、地面互动投影共同营造幻象空间。设计采用"预制影片＋实时渲染"的方式，展厅有 14 台投影，投影面积达 1200 平方米，配备 8 个红外采集设备及数十个音响系统。设备采集空间中观众的位置，使水波可以随着观众的脚步而荡漾，观众可以充分感受到水的千姿百态，获得别具一格的沉浸体验。地面上的"水波纹"互动既提供参观过程中的新鲜感，同时呼应"运河"主题。投影机被安装在吊顶，不会干扰观众的视线，最大限度地保持展览空间的整体性，不破坏美感。

（二）综合媒介的多元性

水墨带有的传统美学意境在声、光、电等综合媒介的表现下，能够给体验者全面的、多维度的中式美学的体验。在影像互动体验中，人们的五种感觉：视觉、听觉、嗅觉、味觉、触觉，被视作不同元素应用于交互影像。其中，视觉是最先被优先考虑的感知方式，也是营造交互效果的主要感受方式。随之而来的往往是听觉，视觉和听觉是交互效果的两大特性，它们总是伴随着彼此出现。在营造氛围方面，视觉和听觉起着主导作用。随着人们对交互体验的要求不断提高，嗅觉、触觉等逐渐融入交互设计中，以多角度感知作品，提高作品的质量和交互体验，让观众对作品有更深入的感受。理想的交互影像技术应该具有五感的感知功能，而随着科技的发展和进步，交互设计也在不断完善其感知性。

传统的艺术形态主要通过造型和材质来吸引观众，而互动影像不仅通过静态造型，还可以利用光、声、动作等来创造独特的效果。数字技术赋予数字艺术综合性的多媒体功能，包括声音、影像、体感等多种感官体验，数字化艺术不再是单一的视觉画面或声音感受，而是一种综合体验。数字化艺术品在还原视听真实感方面的表现非常出色，通过巨大的投影、清晰的影像，环绕音响再现声音方位感，虚拟技术的头盔装置使人身临其境，获得传统艺术无法达到的综合体验。

例如，艺术家林俊廷所创作的作品《响》，以北宋范宽的《溪山行旅图》为基底进行视觉创作，并通过一块巨大的荧幕进行展示。作品邀请每个体验者面对群山进行呼喊，观众能隐隐听到山洞回音，仿佛身处此地，同时也像是现代文明对古代的跨时空呼唤。交互方式为每次观众的呼喊后，视觉上静止的古画中会逐渐飘出现代化产物和作者对未来科技的畅想。同时在声音上，中国民族乐器古筝音逐渐掺杂入机械电子声，形成一种特殊的合奏。作者在画面和声音的设计上，重新构建山水画，将过去、现在和未来联系起来，将体验者带入影像。

（三）身体感知的空间性

水墨的传统美学意境对场景空间的塑造，可以给体验者带来沉浸的中式美学的体验。数字艺术家通过对真实图像进行改造，使其呈现出不同于现实的真实状态。在数字泛滥的时代，人们的视觉体验不再可信。过去即使再逼真写实的传统绘画，也无法让观众完全沉浸在其中，将其当做现实世界，而数字化仿真和三维空间拟像可以做到，其效果理论上几乎可以达到人类思维体验极限。数字化的艺术创作和展示，通过与观众进行互动，增强感性体验和认知体验，但也可能削弱人们对真实性的信任，进而营造出一种"真实的谎言"氛围，法国哲学家让·鲍德里亚将这种追求完美、削弱真实性的现象称为"完美的罪行"。

新媒体影像互动装置通过空间显示特征，运用数字技术，使水墨画面及墨的浓淡层次从二维平面转换为三维空间，填补单一内容形成的空洞，给观者带来不同的感触，通过加入时间概念，可以让观众感受四维视角的艺术品，从而改变人们看待自己和世界的方式。新媒体影像互动装置的呈现方式具有超视觉的属性，使观者由原来的被动接受转变为主动感受，通过将作者的思想、观念和情感融入作品中，新媒体影像互动装置在接受方式上使观众更加积极主动，刺激他们的感官和视觉。文艺复兴时期达·芬奇提出"相较于平面透视，采用曲面透视的方法，图像所表现的视点并不会出现扭曲现象"。沉浸式空间布置多以曲面屏幕为显示，影像所呈现的空间多数通过球幕、环幕等异形显示空间，影像显示则通过投影或 LED 显示屏。

例如，《浮山之白》以中国传统的"有无""虚实"为基础，构建一个大型的水墨场域，采用东方绘画中动态的形式展示一幅奇幻的山水景色。在这个空间中，蓝色的浮萍是实的，而云雾则是虚的，这也就是传统美学所说的"空白"。同时，云雾也不是静止不动的，而是在流动，这体现了时间的概念，引导着观众的视线和思维。通过这种设计，作品为观众打开一扇探究东方艺术哲学的窗口，使观众在感受美的同时也能够领略到其中的思辨之美。

《金鳞墨池》是艺术家李昊哲于 2018 年创作的水墨画风格交互装置。利用投影技术，他将空间变成一个锦鲤鱼塘，让观众仿佛置身于水面之上，与游动的金鱼共舞，留下逐渐消逝的水墨笔痕。随着观众的漫步，金鱼群会被惊扰散开，避免被观众的脚步踩中，重新在空旷无人的区域聚集。整个作品中的元素都是实时变化的，观众不可预测的动线将为鱼塘带来不同的变化。这样的墨池充满生机和活力，展现出水墨画独特的魅力。

（四）自由抽象的表现性

水墨本身带有的自由抽象在新媒体影像互动装置的媒介表现下，能够给体验者抽象多元的中式美学的体验。水墨的表现力体现在其跨媒体的画面表现和多样化的数字媒介应用中，在新媒体时代发挥着更加重要的作用。水墨绘画的图形语言和文化传承在艺术领域中得到广泛应用，能够传达各种情感和思想，为观众带来精神层面上的启示。人们对于传统文化的认知和理解在不断深入，利用水墨的创作手法和形式语言再现文化内涵，不仅能够彰显传统美学和形式美感，还可以展现更加深刻的文化理念和价值观。通过水墨的再创造，艺术家们能够创造出新的艺术形式和视觉效果，让观众体验到不同于传统绘画的视觉冲击和情感震撼。

同时，这种艺术创作也能够推动传统文化的传承和发展，为人们传递智慧和力量。多元化的数字媒介使得水墨艺术有了更加广阔的表现空间，同时也使得水墨的表现力得到了更好的提升。

传统中国绘画中，水墨被当作技法、媒介、元素和形式固定存在于画卷之中。20 世纪 80 年代，抽象水墨实验和水墨向抽象化方向发展的趋势逐渐兴起，90 年代逐步成熟。印象派的兴起改变再现的标准，使艺术家们分离了以往的再现性和主题叙事性倾向，而将重心放在表现形式上。将互动影像艺术引入水墨创作中，有助于消解传统的写实主义，使作品呈现出更加抽象化的趋势。水和墨本身是没有固体形态的，它们交融所形成的形象是动态变化的。这种动态和随机的特点，正好可以在新媒体影像中得到表现。这种不确定性的表现方式与影像互动装置艺术的"多文本化"概念相吻合，具有一定纯粹自然形态的艺术表现效果。

例如，艺术家陈湘波的数字水墨交互艺术装置作品《玄·升》，以抽象动态的水墨作为基本元素，以中国传统卷轴画卷的形式为蓝本，融合现代的数字媒体交互技术，与观众在现场互动。每当观众进入互动区域时，观众身体轨迹将实时改变画布中的水墨形态，以生动有趣的交互方式，让观众沉浸感受到东方水墨的独特韵味，共同体验艺术创作的雅趣。

在 2019 年的 DesignInspire 创意设计博览会上，展出了一件名为《山与水：AI 的水墨想象》的作品。该作品制作团队使用"学习机器 GAN"技术，研究数千幅中国山水画，开发出一套山水画算法。当观众在机器上画上简单的线条时，GAN 会实时将其转换为媲美经典山水画的线条画作。这幅高达 3 米的山水画作不仅展现高超的 AI 技术，也允许观众拍照留念，成为打卡热门。

曹雨西工作室的两件动态水墨互动公共艺术作品，《水墨互动图》和《云山过海图》，现已被北京大兴国际机场航站楼收藏。《水墨互动图》的参数粒子系统以 Kinect 为生成器，通过新的图层端口以应用程序的形式进行实时视觉展示，观众的左右手也成参数粒子的生成端口之一。同时，观众的身体剪影也被捕捉并叠加在原系统视觉之上，形成差异性图层。这种创意将水墨粒子模拟成中国传统山水画的江河湖海、云天雾风等自然韵律形态，同时结合中国各大城市的城市地标天际线作为山水画的点睛之笔，形成新的飞行主题作品。

二、新媒体水墨影像互动装置的价值

水墨是中华民族千百年历史进程中产生的中国韵味艺术，自诞生以来就承载传统文化精髓，源于中华民族生活方式与哲学思考。水墨元素有以下两大价值：其一，水墨可以彰显传统文化内涵；其二，水墨的应用有助于展现中式意境美。水墨艺术的特点在于化繁为简的艺术风格和内涵精神，用简洁凝练的元素呈现出丰富多样的效果，水墨艺术通过创新性的水墨表达方式呈现经典，不仅令传统艺术焕发出新的生命力，也让观众在情感共鸣中体验到民族自豪感，不仅丰富了艺术形态，同时也让水墨艺术更深入人心，成为当代文化中不可或缺的一部分。

（一）传统文化两创，科技艺术融合

科技的进步促进了文化的创新和发展，消费需求和群体不断增加，西方技术和艺术思潮也不断涌入。近年来，随着国家综合国力的提升，传统文化守正创新、坚定文化自信成为重要文艺创作方向，国潮复兴、非遗创新、古风兴起，水墨不再局限于绘画领域，而是逐渐融入大众生活中，在现代人的审美价值和精神文化需求中扮演着越来越重要的角色。随着市场的不断成熟和国际化，水墨不仅在传统艺术领域得到了广泛应用，还在宣传、包装、动画、视频等传播媒介中广泛采用。水墨艺术作品在商业领域

的应用，不仅体现了其市场价值和商业吸引力，更是一种具有民族特色的文化符号的扩散和传承。作为中华文化的重要组成部分，水墨艺术在表现形式、创作理念和文化内涵等方面，具有独特的魅力，通过对水墨进行当代转化，不仅能够更好地理解和把握中华文化的本质和精髓，而且能够在当代文化中发扬光大，实现文化的创新和传承。

不同于西方写实艺术的具体表现，水墨意境和神韵的表达符合传统文化，承载中华传统哲学思想以及对文化精神的理解。除了水墨艺术本身意义，也能提供更多视觉风格，艺术家们在创作时考虑本土的艺术语言，用水墨讲好"中国的故事"，是水墨运用在新媒体艺术中的意义所在。新媒体水墨影像互动装置通过将传统水墨艺术与现代科技相结合，创造出新的艺术形式，不仅使得传统文化得到了传承与创新，也展现了科技在艺术领域的广泛应用，从而扩展了艺术的边界和可能性。

2008年北京奥运会开幕式上，一幅巨幅《画卷》采用中国独有的卷轴画艺术形式，为开幕式创造一个跨越时空的叙事空间。绘制《画卷》的过程摒弃传统的笔，而是通过身体作画，融入现代舞蹈元素，成为整个开幕式演出的重要组成部分。画作长20米，宽11米，由艺术家、运动员等15000多人共同完成。回顾2008年北京奥运会开幕式，人们至今仍然陶醉于其匠心独运、颇具中国创意的灵感。无论是留白的艺术手法，还是中华几千年文明盛景陆续呈现，孩子们为画作涂上五彩缤纷的颜色，运动员踏出五彩斑斓的大道，皆是对中国美学"意"的完美诠释。

2022年北京冬奥会开幕式上的"冰雪五环"，利用中国水墨动画，展示冬季奥运会的发展历程。冰立方从舞台中央缓缓升起，通过数字装置和影像激光互动，让观众欣赏到人物动态和水墨流动契合的效果，用水墨影像赋予传统文化的质感和精神。作品采用传"观象取意"的方式，提取人形的内在"神情"和"妙意"，将水墨笔触化作生命的表达形式。该作品不仅服务于冬奥会，而且兼具艺术性、科技性、创新性和传统性，通过水墨图形语言在国际舞台上书写"中国故事"，展示中华民族文化内涵的创新传承。

（二）打破程式限制，拓展创作边界

"水墨"即中国画的一种广义的绘画表现形式，也是中国画的狭义代表。水墨在历经时代的演变中，展现出其独特的艺术风格和规范化的表现形式。这种独特的艺术形式被称作"程式化语言"，区别于其他艺术门类的文化表现形式和文化感受。在不同的艺术类别中，都有独特的程式化特性和艺术特点，如京剧的"唱念做打"和古诗词中的曲牌词牌与格律等。

水墨的程式化主要表现在：一是对客观世界以水墨技法主观表现的程式化，二是受传统文化思潮影响下的意象程式化，三是文人画和自然山水的题材程式化。经长期发展，程式化语言确立，由于这种特性，传统水墨艺术在大众审美上具有一定的门槛，也使水墨受限于程式化语言，将水墨表现的主题所限定，摆脱原有的表现形式较为困难。由于新媒体影像互动装置媒介和技术的原因，传统水墨技法表现的程式化自然被打破，水墨不仅形态多样化、抽象化，甚至能够由二维平面图像衍生成三维形象，突破技法和形态的限制。当代水墨的表现形式与主题也在科技发展的时代背景下发生转变，立足传统水墨绘画文化内涵的基础上，进行创新转化。新时代对水墨提出新的诉求，水墨影像互动装置顺应时代的潮流，在题材的选择上更为多样、广泛。

艺术家徐冰的作品"天书"系列，为我们提供一个典型的范例。随着互联网社会的发展，语言文字越来越多地被网络符号所替代，这种符号更容易被接受，更易于传播，且不易被误解。因此，徐冰创作了一本仅由符号组成的《地书》，以此探讨符号在当代文化中的价值。此外，徐冰还耗费大量时间收集各种符号，包括网络、数学、化学、乐谱和商标等，制作了一套符号字库软件，与《地书》相匹配。展览中，观众可以通过预先安装好符号字库的电脑输入文字，软件会自动将其转化为由各种符号组成的"地书"文字，并且还可以通过两台联网的电脑进行对话。这件作品的展示形式，是艺术家和观众共同努力的结果。在这个作品中，徐冰的工作是搜

集和编纂各种符号，而观众的工作则是将自己的感知和体验融入作品中。因此，我们可以将这个作品理解为艺术家思想的外在表现，以及观众的个体经验与作品的互动结果。《地书》融合多媒体装置和符号表达，呈现艺术性、科技性、创新性和文化内涵，是符号在当代文化中的重要探索。

新媒体水墨影像互动装置摆脱了传统水墨艺术的静态表现形式，利用科技手段实现了动态化的展示方式，并且采用互动设计，赋予观众参与的机会，打破了传统水墨艺术的程式限制，扩展了艺术创作的边界和创新空间。

(三) 突破媒介局限，多元体验感受

传统水墨绘画的表现方式中，水墨的写意效果与材料的选择密不可分，因此在图像表现上具有一定的随机性特点。每一幅水墨作品都具有独特的个性和风格，因此要在宣纸上复制一幅水墨作品，使其水墨图像的变化和笔墨形态完全相同是不现实的。这种随机性的特点体现了水墨绘画的独特魅力和表现力，使得每一幅作品都充满了无限的可能性和想象空间。墨通过水的调和，产生出纯度变化不同的图像效果，水墨必须依赖纸这一媒介，才能生动地表现变化的特点，两者间不可分割。材料的限制，使主题表现更容易偏向固定化。

新媒体影像互动装置的形式、语言介入水墨，解放传统水墨形式和观念，为艺术家提供广阔的创作空间，现在从事水墨的创作，可以将创造性的想象通过相关材料和技术为载体变为作品。新媒体影像互动装置作为水墨新的表现形式，加之媒介的多元化和丰富性，开拓艺术家的形象思维与创作空间，使他们可以在水墨相关媒介和技术上无限想象，并变为现实；同时改变艺术家的创作方法，使他们进入自由和宽阔的创作维度。新媒体水墨影像互动装置将传统的水墨艺术与现代的多媒体技术相结合，实现了跨媒介、跨时空的艺术体验，观众可以通过多元化的方式来感受艺术作品，拓展了观众的体验空间，使艺术更加亲民化和大众化。

新媒体时代出现很多新的技术，具有中国特色的水墨与数字媒介协

同发展，不同领域的艺术家们开始大量使用水墨创作。新媒体技术下的水墨艺术更方便创作和储存，不受时间空间的影响。在与 AR、VR、MR 等技术结合时，水墨的传统美学意境的塑造不仅给体验者沉浸中式美学的体验，也丰富水墨在新媒体时代的视觉表现。在创作上，艺术家大多立足传统，借用传统美学观念精华，以新媒体影像互动装置为媒介，以水墨为平台，以全球化的视角，探索水墨更多可能，将传统艺术精华同当下语境串联，改变观者以往对水墨的认知，为水墨注入活力的同时也为其探索在当代的可行之路。

参 考 文 献

[1] 柴文娟编著 . 新媒体艺术设计：创作与文化思维 [M]. 广州：广东高等教育出版社，2013.

[2] 但敏著 . 新纪录电影的影像建构 [M]. 成都：四川大学出版社，2021.

[3] 狄丞著 . 中国交互媒体时代动画与数字影像的多元透视 [M]. 长春：东北师范大学出版社，2018.

[4] 高世强著 . 时间的敌人：新媒体影像创作与教学研究 [M]. 杭州：浙江人民美术出版社，2016.

[5] 李兴国，徐智鹏著 . 影像数字化的历史沿革与媒介功能研究 [M]. 北京：中国传媒大学出版社，2015.

[6] 刘世文著 . 中国新媒体艺术实践及批评研究 [M]. 合肥：黄山书社，2014.

[7] 刘旭光著 . 新媒体艺术概论 [M]. 石家庄：河北美术出版社，2012.

[8] 罗飞著 . 新媒体影像传播研究 [M]. 成都：巴蜀书社，2013.

[9] 马景凤著 . 新媒体艺术设计与中国传统文化的创新融合发展研究 [M]. 北京：中国纺织出版社，2019.

[10] 孟伟等著 . 理解新媒体 [M]. 北京：中国广播影视出版社，2018.

[11] 潘可武主编 . 新媒体研究：方法与观念 [M]. 北京：中国传媒大学出版社，2015.

[12] 谭天著.当代艺术影像的研究与探索 [M].北京：新华出版社，2021.

[13] 汤莉萍著.影像叙述现实：网络视频新媒体播客传播研究 [M].成都：四川大学出版社，2012.

[14] 田园著.互联网背景下新媒体动画艺术的创新形式与发展趋势 [M].北京：九州出版社，2019.

[15] 王庚年主编.全媒体技术发展研究 [M].北京：中国国际广播出版社，2013.

[16] 王艳妃著.数字媒体艺术的应用研究 [M].长春：吉林美术出版社，2019.

[17] 吴洁编.媒体传达新时态 [M].上海：同济大学出版社，2018.

[18] 杨成著.媒介融合语境下中国电影的跨媒体叙事发展 [M].杭州：浙江大学出版社，2019.

[19] 杨华，任丙忠，高明武编著.新媒体艺术之互动影像装置艺术 [M].济南：山东美术出版社，2009.

[20] 俞传飞著.从图解到影像：当代建筑空间的数字化图解与影像解析 [M].南京：东南大学出版社，2022.

[21] 张琪著.数字媒体设计 [M].长春：吉林美术出版社，2019.

[22] 中国摄影家协会编著.超媒体时代的影像：第二届国际摄影研讨会论文集 [M].北京：中国摄影出版社，2019.

[23] 周建青著.当代影像传播与媒体发展研究 [M].上海：世界图书上海出版公司，2013.

[24] 周清平著."互联网 +"时代的现代影像艺术 [M].北京：新华出版社，2017.